Matthias Blazek

Carl Großmann und Friedrich Schumann

Zwei Serienmörder in den zwanziger Jahren

*Schon von Jugend an leide ich an Anfällen derart,
daß ich die Besinnung verliere und nicht weiß,
was ich tue.*

Carl Großmann
bei seiner Vernehmung am 12. Oktober 1921

Matthias Blazek

CARL GROSSMANN UND FRIEDRICH SCHUMANN

Zwei Serienmörder in den zwanziger Jahren

ibidem-Verlag
Stuttgart

Bibliografische Information der Deutschen Nationalbibliothek
Die Deutsche Nationalbibliothek verzeichnet diese Publikation in der Deutschen Nationalbibliografie; detaillierte bibliografische Daten sind im Internet über http://dnb.d-nb.de abrufbar.

Bibliographic information published by the Deutsche Nationalbibliothek
Die Deutsche Nationalbibliothek lists this publication in the Deutsche Nationalbibliografie; detailed bibliographic data are available in the Internet at http://dnb.d-nb.de.

Umschlaggestaltung, Bildbearbeitung und Satz: Matthias Blazek

Abbildungen auf dem Umschlag: Oben links: Carl Großmann, daneben Friedrich Schumann. Unten: Polizeifoto von Großmanns Küche.
Der Abdruck der Fotos in diesem Band geschieht mit freundlicher Genehmigung der Polizeihistorischen Sammlung Berlin. Autor und Verlag danken Frau Dr. Bärbel Fest.

Die Schreibweise "Carl Großmann" entspricht orthographisch der eigenen Schreibweise des Serienmörders. Bei Zitaten wurde die jeweilige Schreibweise der Quellen übernommen.

Lektorat: Felix Schuermann

∞

Gedruckt auf alterungsbeständigem, säurefreien Papier
Printed on acid-free paper

ISBN-10: 3-8382-0027-6

ISBN-13: 978-3-8382-0027-9

Printed in Germany

Geleitwort

Serienmörder sind Mörder, die in zeitlicher Abfolge mehrere Morde begehen. Sie handeln nicht spontan aus einer besonderen Situation heraus („im Affekt"), sondern bei der Ausübung ihrer Tat wie unter einem inneren Zwang, wie z.B. ein Quartalssäufer, der trotz guter Vorsätze immer wieder rückfällig wird. Das Mordmotiv ist unterschiedlich. Es kann visionär sein (der Täter empfängt Befehle), missionarisch (bestimmte Personengruppen sind nicht lebenswert) oder Lust und Erregung oder Machtgefühl sein. Meist sind die Taten geplant, und das Opfer wird vorher beobachtet. Sie wählen ihre Opfer nach gleichen Maßstäben aus und führen den Mord nach dem gleichen Schema aus.

Serienmorde werden häufig durch Medien bekannt und erfahren ein starkes öffentliches Interesse.

Das Thema „Serienmörder" wird oft in Büchern oder Filmen aufgegriffen. In diesen Darstellungen hängen sich oft häufig Einzeltäter an eine Mordserie heran, um ihre Einzeltat zu verbergen, indem sie bei dieser das ihnen bekannte Schema des Serienmörders zu kopieren versuchen.

Das Faszinierende an diesem Thema, z.B. bei der filmischen Umsetzung, ist die Darstellung der akribischen Untersuchung durch die Polizei bei der Jagd nach dem Mörder wobei das zu Grunde liegende Schema dargestellt wird und häufig der Nachahmungstäter durch Fehler, da ihm nicht alle Details bekannt sind, auffällt. Z.B. wenn der Mörder rothaarige Frauen tötet, und ein Einzeltäter seinem Opfer nach der Tat eine entsprechende Perücke aufsetzt.

In dem vorliegenden Buch werden die Vorgehensweisen und Neigungen von drei unterschiedlichen Serienmördern Carl Großmann, Friedrich Schumann und Karl Denke ausführlich geschildert.

Der Autor verwendet als Quellen die Polizei-, Gerichtsprotokolle, Zeitungsartikel, Zeugenaussagen und die dokumentierten Erinnerungen des Verteidigers. Die Morde fanden in der schlechten Zeit der 20er Jahre statt. Während Carl Großmann und Karl Denke alleine leben, führt Friedrich Schumann mit seiner Frau ein „bürgerliches Leben". Seine Frau hat von seinen Taten nichts „mitbekommen".

Carl Großmann lebt in Berlin. Der innere Zwang für seine Taten ist sexueller Natur. Das ist durch seine Vergangenheit und seine Vorstrafen dokumentiert. Er sucht seine Zielpersonen genau aus. Seine Opfer sind weiblich, er lockt sie mit Essen und dem Versprechen auf eine Anstellung als Hauswirtschafterin und tötet sie meist bei seinen Praktiken. Es sind auch Aussagen von Frauen dokumentiert, die er nach sexuellen Handlungen nicht umgebracht hat.

Friedrich Schumann tötet hingegen Menschen, die in seinem Revier, dem Wald, sind und ihn irgendwie „stören". Sowohl Personen, die „im Wald zu laut" sind, als auch die Männer von Liebespaaren, um ungestört die Frauen vergewaltigen zu können, die er anschließend auch tötet. Sein Revier ist der Wald. Wie ein Jäger sammelt er Trophäen von seinen Opfern.

Karl Denke bringt Obdachlose um, um sie zu verwerten. Er zerlegt seine Opfer, verwendet nicht nur das Fleisch, sondern stellt auch Bedarfsgegenstände, wie z.B. Hosenträger aus Haut her. Er dokumentiert die Daten seiner männlichen Opfer, von den weiblichen nur den Vornamen.

Die Festnahme aller drei Serienmörder ist nicht der Aufklärungsarbeit der Polizei, sondern den Umständen zuzuschreiben. Im Falle Großmanns durch Nachbarn, die durch den Lärm aufmerksam werden, Schumann wird bei einem Schusswechsel verletzt und durch einen aufmerksamen Arzt gefasst; Denke wird festgenommen, weil ihm ein Opfer entkommen ist.

Großmann tötet sich im Verlauf des Prozesses selber, Denke unmittelbar nach seiner Verhaftung. Schumann wird verurteilt und besteht auf seiner Hinrichtung, da er anscheinend unter der Ungewissheit leidet.

Es ist interessant die Schilderungen des Verteidigers von Schumann und Großmann zu lesen, da sie die Rechtsauffassung und -praxis der damaligen Zeit widerspiegeln. Es sind Parallelen mit der Gegenwart zu erkennen. So werden die Täter auf Unzurechnungsfähigkeit hin untersucht, und der Verteidiger ist der Anfeindung durch die Medien und der Zuschauer ausgesetzt. Die Taten und die Prozesse werden ausführlich in den Zeitungen dokumentiert, und die Gerichtsverhandlungen sind gut besucht, weil das öffentliche Interesse an den Morden bzw. an den Mördern, d.h. die menschliche Sensationsgier, damals genauso stark ausgeprägt war wie heute. Bestimmt ließen sich die Dokumentationen erfolgreich verfilmen. Auf eine Aufzählung aktuell bereits verfilmter Serienmördergeschichten verzichte ich an dieser Stelle.

Viel Vergnügen kann man dem Leser bei der Lektüre wirklich nicht wünschen, aber sie gewährt einen interessanten Einblick in die Handlungsweise bzw. Psyche von unterschiedlichen Serienmördern und deren Darstellung und juristische Aufarbeitung im damaligen Zeitgeist.

Hannover, im Juni 2009
Dr. Matthias Froeck

Vorwort

Carl Großmann und Friedrich Schumann. Zwei Serienmörder. Während der Weimarer Republik versetzten wiederholt Berichte von Mördern, die angeblich das Fleisch oder das Blut ihrer Opfer konsumiert hatten, die Bevölkerung in Angst und Schrecken. Straftätern, wie Karl Denke (Münsterberg), Carl Großmann (Berlin), Fritz Haarmann (Hannover) und Peter Kürten (Düsseldorf), wurde mehrfacher Mord sowie der Verzehr des Blutes und/oder des Fleisches ihrer Opfer vorgeworfen.

Weitere Verbrecher im damaligen Deutschland waren Friedrich Schumann und Adolf Seefeld. Friedrich Schumann wurde 1920 angeklagt, elf Morde und 13 versuchte Morde, Vergewaltigungen und Brandstiftungen begangen zu haben. Er wurde am 27. August 1921 in Plötzensee enthauptet. Adolf Seefeld ermordete zwischen 1933 und 1935 auf seinen Reisen eine unbekannte Anzahl Knaben. Am 23. Mai 1936 wurde er wegen zwölffachen Mordes in Schwerin mit dem Fallbeil hingerichtet.

Carl Großmann wurde des Mordes in drei Fällen überführt; er erhängte sich vor dem Ende der Hauptverhandlung 1922. Karl Denke ermordete zwischen 1903 und 1924 in Münsterberg/Schlesien mindestens 31 Menschen. Er entzog sich am 22. Dezember 1924 der irdischen Gerechtigkeit.

Die Häufung von Serienmördern zeichnet auch ein Bild vom Deutschland der 1920er Jahre. Der Erste Weltkrieg und damit verbundene Hungersnöte sowie die Industrialisierung Deutschlands und die damit einhergehenden gesellschaftlichen Umwälzungen könnten beim Herausbilden von Serienmördern eine Rolle gespielt haben. Ebenso gab es eine große Zahl von entwurzelten Personen, die auf der Suche nach Arbeit unterwegs waren und deren Verschwinden selten auffiel, wenn sie einem Mörder zum Opfer fielen. „Wir leben in einer auf Angst gegründeten Gesellschaft", sagt der amerikanische Filmemacher David Fincher über die schaurige Faszination für Serienmörder.

Über die hier genannten Mörder ist in der Regel nur wenig überliefert. Vertraut man auf das, was das Internet preisgibt, riskiert man, zahlreichen Irrtümern aufzusitzen. Quellen sind nur selten genannt, und es wird schnell deutlich, dass Webseitenbetreiber häufig den Weg ins Archiv scheuen.

Das vorliegende Werk liefert insofern vordergründig eine auf einschlägigen Quellen gegründete Darstellung des Gewesenen.

Der Heimatkundler und Publizist Matthias Blazek lädt den Leser ein auf einen Streifzug durch Schattenseiten der deutschen Geschichte.

Matthias Blazek

Gliederung

Carl Großmann

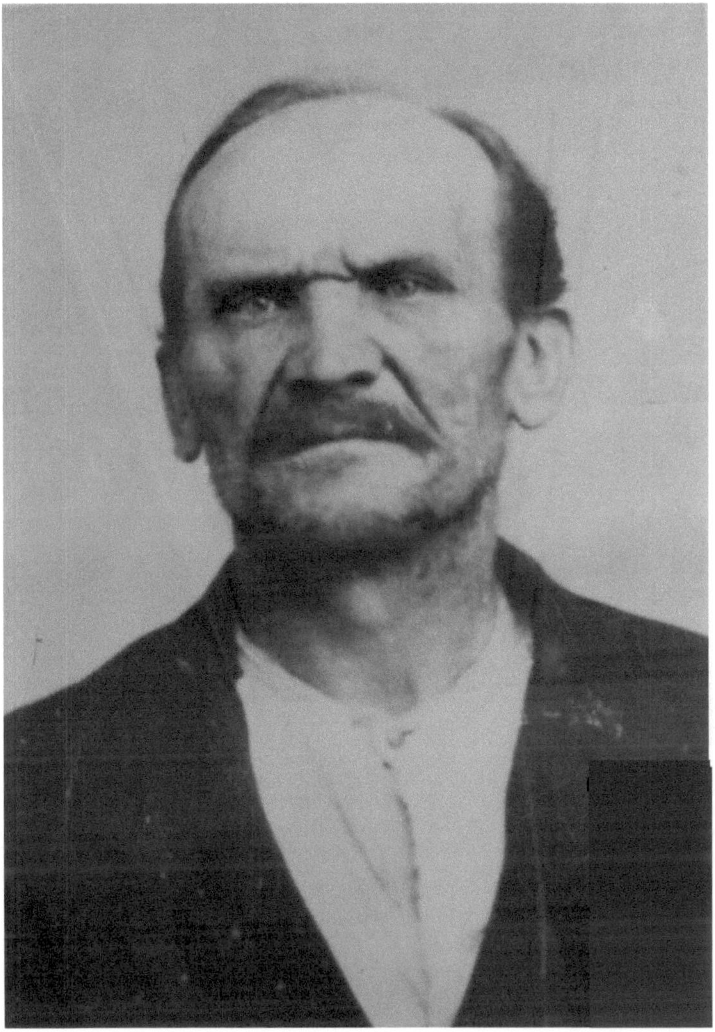

Fleischer und Mörder: Carl Großmann (1863-1922)

Zwischen 1918 und 1921 wurden rund um den Schlesischen Bahnhof im Berliner Osten die zerstückelten Leichenreste von 23 Frauen gefunden, auf Parkbänken, in Abfallkörben und Kanälen. Die Todesschreie eines Opfers alarmierten am 21. August 1921 Nachbarn, die den wegen Sexualverbrechen bereits vorbestraften Hausierer Carl Großmann bei der Polizei anzeigten.

Er wird als die Bestie vom Schlesischen Bahnhof bezeichnet, fast ein Jahr lang tauchte sein Name in den Gazetten auf, fast ein Jahr lang versuchten die Behörden, Licht hinter das Dunkel um Großmanns Verbrechen zu bringen. Hingebungsvoll war Carl Großmann angeblich nur zu seinem Zeisig – sein innigster Wunsch soll die Anschaffung dieses Vogels gewesen sein.

Carl Friedrich Wilhelm Großmann, wie er mit vollem Namen hieß, wurde am 13. Dezember 1863 als gemeinsames Kind von Carl Großmann und seiner Ehefrau, Sophie, geborene Brüssel, in der Fontanestadt Neuruppin geboren. Er wuchs in einem armen Haushalt neben sieben Geschwistern auf. Der Vater war Lumpensammler und für seine Familie unerträglich, wenn er getrunken hatte. Der junge Carl, kein gut aussehender und wohlriechender Junge, wurde von anderen Kindern gemieden, nur die Ziegen nahmen ihn so an, wie er war. Sie wurden seine Freunde, und so wurde Carl schnell zum „Ziegenkarl". Die einzige Freude seines Lebens war Sex, und sein Trieb war stark. Im Laufe seines Lebens entwickelte er äußerst ungewöhnliche und zu damaligen Zeiten abartig genannte sexuelle Wünsche.

In der Vernehmung am 12. Oktober 1921 gab Großmann seine Wahrnehmung von seiner Kindheit zu Protokoll. Großmann stand inzwischen unter Mordanklage. Zugegen waren außer ihm Landgerichtsrat Dr. Walter Böhmert als Untersuchungsrichter und der Kanzleiassistent Karl Drenske als Gerichtsschreiber. Großmanns Beruf wurde mit Händler bezeichnet, die Vermögensverhältnisse mit 700 Mark beziffert.

Carl Großmann unterschrieb am Ende, was Kanzleiassistent Drenske mit der Schreibmaschine zu Papier brachte. Berichtigt wurde die Zahl seiner Brüder von drei in zwei und die seiner Schwestern von fünf auf vier.

Mein Vater war Händler in Neuruppin. Ich hatte zwei Brüder und vier Schwestern, mit denen ich seit langem nicht mehr in Verkehr stand. Ich habe in Neuruppin die Volksschule bis zur 3. Klasse besucht und bin dann eingesegnet worden. Schon während ich noch zur Schule ging, arbeitete ich in einer Tuchfabrik in Neuruppin. Dort blieb ich auch nach dem Verlassen der Schule. Mit 16 Jahren bin ich von Hause ausgerückt und mit einem Schulkameraden zusammen nach Berlin gegangen. Ich habe mich dann vom Handel mit Streichhölzern u.s.w. ernährt. Ich habe überhaupt von Jugend an bis jetzt meinen Lebensunter-

halt durch Hausierhandel mit allen möglichen Gegenständen bestritten. Nur vorübergehend etwa 6 Wochen lang war ich einmal, als ich etwa 18 Jahre alt war, bei einem Schlachter in Berlin im Alexanderplatzviertel tätig. Bei dem Schlächtermeister war ich als Hausdiener tätig. Beim Schweinschlachten bin ich nie mittätig gewesen. Ich habe das Fleischerhandwerk überhaupt nicht erlernt. Wenn ich mich später häufig als Schlächter ausgegeben habe, so habe ich dies mehr aus Ulk getan. Von 1886 bis 1887 war ich Soldat beim 12 Grenadier=Regiment in Frankfurt a/O. Ich bin dort nach einem Jahr entlassen worden, weil ich eine Strafe zu verbüssen hatte.

Der Alexanderplatz auf einer kolorierten Postkarte, die Hans Ullrich in Berlin seinem Bruder Bruno in Brandenburg an der Havel am 3. Oktober 1899 schickte. Repro: Blazek

Carl Großmann hatte also das Fleischerhandwerk nicht erlernt. In der Zeit von 1879 bis 1895 lebte er aber als Bettler, Hausierer und Kleinkrimineller in Berlin und zog später als Obdachloser durch Süddeutschland, um als Schlachter und dann als Lumpensammler zu arbeiten. Eine Frau fand er nicht, so nahm er sich wehrlosere Opfer, um seinen Trieb zu befriedigen. Er machte sich mehrfach strafbar, unter anderem wegen Hausfriedensbruchs, Körperverletzung und Sexualdelikten, und verbüßte mehrere Gefängnisstrafen.

Unter den Akten der Staatsanwaltschaft I Berlin befindet sich eine Abschrift des vom Amtsgericht Würzburg am 9. Dezember 1898 gegen Carl Großmann und eine weitere Person gesprochenen Urteils. Wörtlich heißt es da:

Das Amtsgericht Würzburg erläßt in dem Strafverfahren gegen Großmann Karl wegen Bettels in der öffentlichen Sitzung vom 9ten Dezbr. 1898 in Gegenwart 1. des Amtsrichters Gäbhard, 2. der Schöffen: a) -, b) -, 3. des Amtsanwalts Scheuring, 4. des Gerichtsschreibers Rgr. Faulhaber auf Grund der Hauptverhandlung folgendes Urteil:

I. p.p.

II. Karl Großmann, led. Metzger, evang., geb. 13. Dezbr. 1863 zu Neu-Ruppin, ohne festen Wohnsitz und Stellung, sind schuldig je einer Übertretung des Bettels + werden hiewegen zu einer Haftstrafe von je fünf Tagen, sowie zum Tragen der Kosten des Strafverfahrens + Strafvollzugs verurteilt.

Erwägung, daß beide Angeklagte geständig sind, u. z.

a.) p. p.

b.) Großmann am 8. Dezember c. b. dem Restaurateur Lang in der Frankfurterstraße 34 dahier gebettelt zu haben, mußten beide Angeklagte je einer Übertretung des Bettels gemäß § 361 4 St.G.B. schuldig erkannt werden. Beim Strafausmaß kam einerseits als mildernd in Betracht, daß p.p. Großmann wegen Bettels noch nicht vorbestraft ist; andererseits mußte als strafschärfend in Erwägung gezogen werden, daß p.p. Großmann beim Begehen der ihm zur Last gelegten Übertretung ein äußerst freches Benehmen an den Tag legte. Daher erschien eine Haftstrafe von je 5 Tagen dem Verschulden der beiden Angeklagten angemessen. Der Ausspruch im Kostenpunkte erfolgte gemäß § 496, 497 St.G.B.

Der K. Amtsrichter
gez. Gäbhardt

Zur Beglaubigung mit der Bestätigung, daß die Haftstrafe von 5 Tagen am 14. Dezember 1898 verbüßt war.

Würzburg, 15. Dezember 21.
Gerichtsschreiberei des Amtsgerichts.

Zuletzt wurde Carl Großmann am 4. Oktober 1899 in Bayreuth wegen Sittlichkeitsverbrechen zu 15 Jahren Zuchthaus verurteilt. Er hatte zwei zehn- bzw. vierjährige Mädchen missbraucht. Die Vierjährige starb später an den Folgen der Tat. 1914 wurde Großmann aus der Haft entlassen, wurde aus Bayern verwiesen und kehrte nach Berlin zurück.

Das Vernehmungsprotokoll vom 12. Oktober 1921 bestätigt:

In den 90 . Jahren war ich dann vielfach in Süddeutschland, ich habe auch dort Handel betrieben. Nach Verbüssung einer 15 jährigen Zuchthausstrafe wurde ich im Spätsommer 1914 nach Ausbruch des Weltkrieges aus dem Zuchthaus Ebrach entlassen und begab mich wieder nach Berlin. Von 1914 bis jetzt habe ich mich dann wieder durch Hausierhandel ernährt. Ich hatte mein gutes Auskommen. Ich hatte zeitweise Ersparnisse von etwa 10000 Mark, die ich unter den Kohlen verwahrte. Körperliche Krankheiten habe ich sehr wenig gehabt; insbesondere bin ich niemals geschlechtskrank gewesen.

Großmanns jüngerer Bruder Wilhelm starb bereits im Jahre 1911 im Alter von 39 Jahren. Wunschgemäß berichtete der Direktor der Brandenburgischen Landesirren-Anstalt in Eberswalde unterm 5. November 1921: „Großmann ist hier an Gehirnerweichung, die sich auf Syphilis aufbaute, behandelt worden und ist dieser Krankheit am 6. Oktober 1911 erlegen.“

In den letzten Kriegsmonaten lebte Carl Großmann in einer Laube mit Garten in der Laubenkolonie „Klein Landsberg" am Rande der Stadt in Altlandsberg. Er hatte sie sich von seinem Ersparten kaufen können. Das Interesse der Berliner Bevölkerung an den Kleingärten hatte im Ersten Weltkrieg zugenommen, denn die Gärten waren für die Ernährung von Bedeutung.

Am 1. Januar 1918 holte sich Carl Großmann die am 20. November 1893 in Berlin geborene Marie Felz zu sich auf sein Laubengrundstück. Sie hatte soeben ihre Stellung, bei der Schweinemästerei Büssow in Hohenschönhausen, verlassen und war zu Wilms an der Frankfurter Allee gegangen, um sich ein Paar Schuhe zu kaufen, wie sie später zu Protokoll gab (27.08.1921). In einem Lokal traf sie dann auf Großmann, der ihr eine Stulle gab, ein Bier spendierte und sie dann mitnahm. Carl Großmann handelte damals, so Marie Felz später, mit Briefbögen, Kuverts und Heftpflastern.

Mitte Februar 1919 trat Minna Felz dann eine Stellung beim Schlächtermeister Honke in Spandau an. Drei Wochen später, als sie ihren ersten Ausgang hatte, war Minna Felz noch einmal in der Laube von Großmann, der inzwischen Minna Schulz bei sich aufgenommen hatte.

Eine weitere Frau, die Großmann gegen Ende des Ersten Weltkriegs kennen lernte, war die unverheiratete Lucie Alt. Sie, am 29. Januar 1899 in Berlin geboren, gab später (am 27. August 1921) ihre Erinnerungen zu Protokoll:

Ich habe den Großmann im Sommer 1918 durch die mir bereits von früher her bekannte Marie Fels auf der Arbeitsstelle in Adlershof kennen gelernt. Hier wurde damals das Gefangenenlager gebaut und wir mußten Schipparbeiten verrichten. Hier habe ich mit der Felz zusammengearbeitet. An einem Abend im September 1918 trafen wir den Großmann auf dem Schlesischen Bahnhof. Damals lebte er mit der Felz zusammen. Als er uns am Schlesischen Bahnhof traf, sagte er, er wäre zufällig hier vorbeigekommen. Die Marie Felz sagte mir einige Tage später nach dem Bekanntwerden mit Großmann, daß ich sie doch einmal auf dem Laubengelände besuchen möchte. Als ich mich einige Zeit in der Laube aufgehalten hatte, machte mir Großmann den Vorschlag, mit ihm geschlechtlich zu verkehren. Die Felz, die anfänglich in der Laube gewesen war, grub das Laubenland um.

Wie Lucie Alt weiter erzählte, sei es dann auch zum Geschlechtsverkehr zwischen Großmann und ihr gekommen, in dessen Folge sie im Rudolf-Virchow-Krankenhaus am Augustenburger Platz 1 auf die Geschlechtskrankheit Lues (Syphilis) behandelt worden sei.

Im Sommer 1918 war auch die Margarete Knop, geboren am 12. Mai 1895 in Berlin, bei Großmann. Angesprochen und zum Mitkommen eingeladen hatte sie Großmann am Andreasplatz, wie sie später aussagte (28.08.1921). Sieben bis acht Wochen lang führte sie Großmanns Wirtschaft, bis sie Beschäftigung bei der Fensterputzergesellschaft fand. In dieser Zeit habe sie, wie sie sich später erinnerte, noch zwei Mädchen bei Großmann gesehen. Beide sollen frühere Wirtschafterinnen bei Großmann gewesen sein. Eine der Frauen habe Anna oder

Klara Fischer geheißen. An der linken Hand sollen ihr ein bis zwei Finger gefehlt haben.

Der Arbeiter August Conde gab später zu Protokoll (28.08.1921), dass er Carl Großmann im September 1918 kennen gelernt habe, und zwar im Weltspeisehaus Ullrich, unweit des Andreasplatzes. „So oft ich hierherkam, traf ich Großmann mit Frauenspersonen zweifelhaften Rufs“, sagte er.

Nach seinem etwa ein Jahr währenden Laubendasein bezog Großmann zunächst in eine Wohnung an der Kleinen Andreasstraße. August Conde erinnerte sich, dass er damals, im April 1919, in nähere Berührung mit Großmann gekommen sei. Von einer gewissen Frau Sabin habe er ein halbes Küchenspind gekauft. Marie Reincke konnte über diese Frau nähere Angaben machen (ebenfalls am 28.08.1921). Demnach handelte es sich um Marta Sabin, geborene Hans, die im Haus Lange Straße 43, Hof rechts, Seitenflügel, lebte und 14 Tage bei Großmann als Wirtschafterin tätig war. Sie hatte damals gerade geheiratet. „Ich ließ das Spind noch 8 Tage bei Großmann stehen“, so Conde, „dann holte ich es mir von ihm ab“.

Im August 1919 zog Großmann in eine Wohnküche an der Langen Straße 88/89 im Berliner Bezirk Friedrichshain-Kreuzberg, unweit des heutigen Ostbahnhofs.

Einen Eintrag im Berliner Adressbuch bekam er nicht.

Berlin-Friedrichshain, Lange Straße 4 um 1906, Nachdruck von 1988. Repro: Blazek

Wie August Conde angab, habe Großmann damals mit Hemdenknöpfen, Sicherheitsnadeln, Heftpflastern, Zwirn und Ansichtskarten gehandelt.

Für seine Wohnung suchte Carl Großmann immer wieder Wirtschafterinnen. Stellungslose Haushälterinnen und Frauen, die keinen Pfennig mehr zum Leben hatten und als Prostituierte arbeiten mussten, in der ständigen Angst, dabei von der Polizei erfasst und dafür mit Zuchthaus bestraft zu werden, gingen zunächst gern auf Carl Großmanns Arbeitsangebot ein. Vermutlich sprach Großmann die Frauen am Andreasplatz in der Nähe des Schlesischen Bahnhofs an, wo er nach Presseinformationen einen Wurststand eröffnet haben soll, an.

Die Frauen und Mädchen, die sich Großmann ins Zimmer holte und mit ihnen seine spezifische Sexualität auslebte, hießen Margarete, Maria, Martha, Johanna, Helene und Anna. Die größte Lust verspürte er, wenn er sie fesselte und folterte. Wiederholt zeigte Großmann allerdings seine Opfer bei der Polizei an. Jedes Mal behauptete er, eine Wirtschafterin habe ihn bestohlen und sich anschließend aus dem Staub gemacht.

Das Stadtviertel Berlin-Friedrichshain war eine der ärmsten und verruchtesten Gegenden, es galt als „Chicago Berlins". In und um die Lange Straße waren das Milieu und Kriminalität zu Hause, die Gegend galt als Teil der Berliner Unterwelt, wie ein entsetzter Reporter H. R. B. am 5. Januar 1929 unter der Überschrift „Wie ist die Berliner Unterwelt organisiert?" in der „Vossischen Zeitung" (M), einer überregional angesehenen Berliner Zeitung, deren Erscheinen 1934 eingestellt werden musste, schrieb.

Großmanns späterer Verteidiger, Dr. jur. und Dr. phil. Erich Frey, der vorher schon den soeben hingerichteten Serienmörder Friedrich Schumann verteidigt hatte, konnte aufgrund seiner Gespräche mit Großmann und der Berliner Polizei recht gut die Lebensverhältnisse Großmanns rekonstruieren. Er erinnerte sich später:

Der sechsundfünfzig Jahre alte Händler Carl Großmann galt im Hause Lange Straße 88, nicht weit vom Schlesischen Bahnhof, als ein ruhiger Mieter. Er hatte im vierten Stock des Quergebäudes eine Wohnküche. Von dort ging er jeden Morgen mit einem zerbeulten Kunststoffkoffer auf Arbeit. Im Koffer hatte er Schnürsenkel, Spiegel in Zelluloid-Einfassung, Kämme aus Hartgummi, Sicherheitsnadeln, Druckknöpfe, Haarspangen und Lockenwickler. Es war lauter billiger Kram. Aber ob Großmann so fleißig war oder ob er in seinem abgerissenen Jackett, dem verwitterten Hut und den viel zu langen Korkenzieherhosen Mitleid erregte – jedenfalls schien er keine schlechten Geschäfte zu machen. Sonst hätte er es ja wohl kaum zu einer Laube mit Garten draußen vor der Stadt in Alt-Landsberg gebracht. Diese Laube hatte er allerdings gegen Kriegsende verkauft. „Damit ich meiner Tochter eine anständige Aussteuer kaufen kann."

Wahrscheinlich hatte er ein bißchen von dem Geld für sich auf die hohe Kante gelegt. Denn seit es mit der Laube aus war, stellten die Bewohner des Hauses Lange Straße 88 und der Umgebung fest, daß Großmanns Bedarf an Freundinnen ständig wuchs. Er nannte sie stolz „Wirtschafterinnen".

„Na, laß doch den ollen Herrn seinen späten Frühling", meinten manche Leute der Langen Straße, wenn vor dem Haus Nr. 88 oder beim Grünkramfritzen darüber geklatscht wurde, wie oft Großmann seine Wirtschafterinnen wechselte.

Daß es in der Wohnküche im vierten Stock manchmal laut wurde, daß man Schläge und Schreien hörte – auch das nahm man in dieser grauen Elendsgegend nicht sehr tragisch: „Krach kommt in die besten Familjen vor ..."

„Wo der olle Zausel die Meechens immer herbringt", wunderte sich eines Abends Großmanns Nachbar, der Arbeiter Robert Iglinsky, als es in der Wohnküche nebenan wieder mal hoch herging.

„Na, brauchste dir wundern!" meinte seine Frau und machte die Bewegung des Geldzählens. „Marie hatter und ne warme Bude hatter. Und een Kafalier isser ooch ..."

Ja wirklich, er ist ein Kavalier, dieser Carl Großmann. Ein Kavalier für die kleinen armen Mädchen aus der Provinz, wie sie zu Hunderten täglich auf dem Schlesischen Bahnhof aus den Wagen vierter Klasse für Reisende mit Traglasten klettern, um in der Weltstadt Berlin ihr Glück zu machen.

Manche von ihnen werden abgeholt. Manche haben eine Adresse, zu der sie sich durchfragen müssen. Manche wissen überhaupt nicht, wohin. Und wenn es dann Nacht wird in Berlin, wenn die Lichter in den Läden und über den Straßen angehen, dann sinkt solch ein Mädchen schließlich zerschlagen und mutlos auf eine Bank am Andreasplatz. Die kleine Hand ängstlich in die Verschnürung des Pappkartons gekrallt, blickt sie auf die vorüberhastenden Menschen, deren Gesichter so grau sind wie die Fassaden der Häuser. Und dann ahnt solch ein unerfahrenes Ding dumpf, daß man nirgendwo so allein ist wie da, wo die Menschen sich am dichtesten ballen, in der Stadt.

Doch plötzlich steht eine Gestalt da, und eine Stimme spricht: „Na, Fräuleinchen, mal een bißken vapusten, wa?"

Plötzlich ist ein Mensch da. Er sieht zwar alt und verwittert aus, der Anzug schlottert ihm um die Gestalt. Aber es ist doch ein Mensch. Er braucht nur noch zwei, drei Fragen zu stellen, dann hat er in wenigen Sekunden das Vertrauen des Mädchens. Und nach ein paar Minuten kennt er dessen ganze Geschichte.

„Nu weenen Se man nich, Fräuleinchen. Können von Glück sagen, daß ick Ihnen jetroffen habe. Ne Schmalzschrippe und een Topp Kaffee jibts bei mir immer", sagt Carl Großmann.

Und wenn die Kleine noch immer zögert, meint er nebenbei: „Übrijens, bei mir is ne Stelle als Wirtschafterin frei."

Wirtschafterin – das ist ein Zauberwort für ein Mädchen, das bestenfalls auf eine Anstellung als Hausmädchen gehofft hat. Und so kommt es, daß schließlich das obdachlose Mädchen mit dem einsamen Witwer Carl Großmann in Richtung Lange Straße davonschiebt.

Wieder hat Carl Großmann eine Wirtschafterin gefunden. Wie lange wird sie bleiben? Wird es schon nach einem Tag Krach in der Wohnküche geben oder wird es acht oder vierzehn Tage dauern? Wird auch die Kleine aus Oberschlesien eines Tages bei Nacht und Nebel aus der Langen Straße verschwinden wie ihre Vorgängerinnen? Wird Großmann auch nach ihrem Verschwinden zum Polizeirevier 50 in der Kleinen Andreasstraße laufen? Und dem Revier-Oberwachtmeister Klähn in den Ohren liegen: „Det Aas hat mich beklaut, wo ick ihr doch nur Jutes jetan habe."

Auf dem 50. Polizeirevier lächelt man nur noch über die Anzeigen Großmanns. Ein einziges Mal hat er außer dem Rufnamen auch den Nachnamen des Mädchens angeben können. Nur einmal gelang es, eine dieser verflossenen Wirtschafterinnen zu fassen. Es war die Polnische Anna, kein „unterstandsloses Mädchen", sondern eins der verrufensten Frauenzimmer der ganzen Gegend. Und im Strumpf der Anna fand die Polizei tatsächlich noch vier blaue Lappen, vier Hundertmarkscheine, die der gewitzte Alte unauffällig gezinkt hatte ...

Die Polnische Anna sitzt deswegen am 21. August 1921 noch in der Frauenabteilung des Untersuchungsgefängnisses Moabit. Sie schimpft wie ein Rohrspatz darüber, denn draußen, jenseits der Gitter, ist die Luft lau, und es zieht die Anna nach draußen. Sie weiß gar nicht, wie sicher so eine Zelle in Moabit ist, verglichen mit einer gewissen Wohnküche am Schlesischen Bahnhof.

Die Wohnung im 4. Stock des Hinterhauses an der Langen Straße 88/89, mehr eine Kochstube, fiel nicht aus dem Rahmen. Nur dass es hinter der Wohnungstür mitunter etwas lauter zuging als anderswo und dass auf dem Treppenabsatz manchmal tagelang beißender Gestank klebte. Die Nachbarn kümmerte es nicht. Auf dem Türschild stand der Name Manheim Itzig, Carl Großmann lebte bei dieser Familie als Untermieter. Itzigs hatten selbst erst seit wenigen Monate in der Wohnung gelebt.

Das Adressbuch Berlins für 1920 nennt niemanden von beiden, 1921 taucht immerhin der Schlosser Manheim Itzig in der Liste der Mieter auf. Ferner sind alphabetisch und tabellarisch untereinander aufgelistet (vorweg wie sonst auch Eigentümer und Verwalter).

88. 89 E. Eberhard, E., Frau Hauptm. (Jüterbog 11.) B. 4.
V. Krüger, A., Verwalterin.
Adolf, A., Näherin.
Bayer, B., Bäcker.
Braun, G., Modistin.
Breiter, F., Federarbtrin.
Clemenz, N., Kraftw.Führ.
Domke, A. Schlosser.
Dreher, A., Böttchermstr.
Eckert, B., Komiker.
Gellner, J., Ww.
Haake M., Fabrkarb.
Hann & Co., Schuhmmstr.
Hartung, Gebr., Postaushelf.
Hirschbruch, S., Kfm.
Itzig, M., Schlosser.
Kallin, E., Tischler.
Karpenkiel, W., Schaffn.
Kästner, M., Expedient.
Kersin, B., Kutscher.
Klobe, E., Buchbind.
Krause, J., Konditor.
Kröcher, H., Schaffn.
Kuhring, H., Kassenbote.
Lemm, M., Kutscher.
Leumann, B., Maler.
Mehring, Kfm.
Neumann, M., Hausdien.
Piasek, P., Zimmerm.
Pietz, M., Frau.
Pyschka, F., Tischler.
Radke, A., Bahnbeamt.
Ranke, A., Wagenaufseh.
Ratz, I., Klempner.
Röstel, A., Näherin.
Schulz, W., Klempn.
Siebert, M., Rentiere.
Stenzel, F., Stellm.
Walter, R., Wäscherin.
Wendorff, G., Kfm.
Winter, E., Pol. Wachtmstr.
Wittstock, A., Dachdeck.
Zahn, M., Handelsfr.

Mit vollem Namen finden sich alle Hausbewohner im Verzeichnis der Einwohner Berlins und seiner Vororte des Adressbuchs wieder.

Seit 1918 waren im Luisenstädtischen Kanal und im noch nicht zugeschütteten Engelbecken 23 zerstückelte Frauenleichen gefunden worden.

Nach den damals im Polizeipräsidium Berlin vorliegenden Akten wurde am 5. Mai 1919 der Brustkorb einer Leiche gelandet. Das Fleisch war ringsum bis auf die Rippen abgeschält. Nach dem ärztlichen Befund war die Person weiblichen

Geschlechts und 20 bis 30 Jahre alt. Am 17. Mai wurden der Kopf der Ermordeten, die Beckenknochen und einige Fleischteile am Bahnhof Jungfernheide aus der Spree gelandet. Der Fall wurde in Charlottenburg bearbeitet. Die Tote konnte nicht mehr festgestellt werden. Die ganze Art der Zerteilung der Leiche ließ, wie später von Seiten der Polizei mitgeteilt wurde, auf die Tat Großmanns schließen. Die Rede war vom ersten Fall, „Lietzensee".

Am 7. September 1920 wurden im Jagen 76 in der Nähe der Kaiserbrücke (Station Nikolassee) in einer Schonung an der Kronprinzessin-Chaussee Leichenteile gefunden. Von den Knochenteilen war überall das Fleisch abgeschält. Der Kopf war durch Verkohlung unkenntlich gemacht worden. Auch hier, so die Kripo später, ließ die Abtrennung des Fleisches von den Knochenteilen darauf schließen, dass die Zerteilung von Carl Großmann vorgenommen worden sei. Das war der zweite Fall, „Nikolassee".

Am 13., 15. und 18. Oktober 1920 wurden an verschiedenen Stellen des Landwehrkanals Knochenteile gefunden, die, wie die Ermittlungen des Kriminalkommissars Gotthold Lehnerdt ergaben, Teile der ermordeten Kontrolldirne Frieda Schubert waren. Das war der dritte Fall, „Schubert".

In den beiden letzterwähnten Fällen hatten die Ermittlungen ergeben, dass eine Identität der Täterschaft vorliegen müsse. Die Tat musste in beiden Fällen in einem abgeschlossenen Raum (Wohnung, Keller, Waschküche, Schuppen etc.) ausgeführt worden sein. Der Tatort war nach den Vermutungen der Polizei die Gegend des Schlesischen Bahnhofs. Im Fall Nikolassee wurde bei den Leichenteilen eine Krimmermütze (Lammfellmütze) gefunden, und zwar von einem Polen am Schlesischen Bahnhof. Von Frieda Schubert war erwiesen, dass sie am Schlesischen Bahnhof strichen gegangen war.

Im Fall Nikolassee konnte, da der Kopf schon total verkohlt war, die Identität der Toten nicht mehr festgestellt werden. Die Fleischteile waren derartig aus dem Becken herausgekratzt worden, dass sich anfangs überhaupt nicht feststellen ließ, ob es sich bei dem Fund um die Teile einer männlichen oder einer weiblichen Leiche handelte.

Im Fall Schubert war durch die Zeugin Martha Balzer der Verdacht bereits auf Carl Großmann gelenkt worden. Sie war bei ihm in der Wohnung gewesen und von ihm geschlechtlich gebraucht worden. Als die Balzer bei dem perversen Geschlechtsverkehr (Großmann „wühlte" mit seiner Hand in der Scheide der Balzer) schrie, soll Großmann gesagt haben, sie solle ruhig sein, sonst würde er etwas anderes mit ihr machen.

Als dann der Mord an Frieda Schubert bekannt wurde, brachte Martha Balzer die Polizei auf die Spur. Es wurde auch am 21. Oktober 1920 in dessen Wohnung eine Durchsuchung vorgenommen, die aber ergebnislos blieb. „Eine genaue Durchsuchung des Ofens hätte vielleicht noch Menschenteile zutage gefördert", vermuteten später die Leiter der Mordkommission Großmann.

In der Wohnung Großmanns wurden damals zwei Frauen angetroffen, von denen die eine später wieder ermittelt werden konnte. Außerdem war der Verdacht durch den früheren Geliebten der Schubert – den Töpfermeister Otto Tannenbaum – auf eine Person im Alter von 60 bis 70 Jahren gelenkt worden. Tannenbaum erkannte später in Großmann die Person wieder, die am 2. Oktober 1920 in der Markthalle am Andreasplatz mit der Schubert gesprochen hatte.

Eine eingehende Nachprüfung der besagten drei Fälle konnte wegen der nun folgenden Ereignisse nicht mehr durchgeführt werden.

In der Zeit vom 7. bis 10. August 1921 wurden aus dem Luisenstädtischen Kanal an der Köpenicker Brücke die Teile einer zerstückelten Leiche bis auf den linken Fuß, die ersten drei Halswirbel und Weichteile gelandet. Schleusenwärter Alexander Schulz zog die Funde aus dem Kanal heraus. Der Vertreter des Polizeipräsidenten, Regierungsrat Dr. Max Hagemann, startete Plakataufrufe, die eine Belohnung von 5000 Mark auslobten. Man war sich offensichtlich bereits sicher, dass es sich um die Leiche einer weiblichen Person von 1,50 bis 1,60 Metern Größe handelte und dass die Frau „vermutlich den untersten Volksschichten angehörig" gewesen sei. Es wurden bereits Zusammenhänge mit dem Fall Schubert bezüglich Ort des Verbrechens und Täterschaft vermutet. Mitteilungen würde jede Polizeiwache sowie die Mordbereitschaft, Kriminalkommissare Dr. jur. Heinrich Riemann und Ludwig Werneburg, entgegennehmen.

Zerstückelte weibliche Leichen!

Obige Bilder zeigen den Daumen der rechten Hand einer in der Zeit vom 7. bis 9. August ds. Js. in dem Luisenstädtischen Kanal an der Köpenicker Brücke aufgefundenen zerstückelten weiblichen Leiche. Größe etwa 1,50 bis 1,60 m, Alter nicht unter 35 Jahren, Oberkiefer nur noch drei Zähne, rechter Weisheitszahn, linker Eckzahn und linker Weisheitszahn, Unterkiefer 9 Frontzähne, Haare dunkelblond, Daumen der rechten Hand mit übergewachsenem Nagel, vorderstes Glied mit Narbe. An der Spitze des linken Zeigefingers ebenfalls Narbe. Person vermutlich den untersten Volksschichten angehörig. Da an derselben Stelle im Oktober vorigen Jahres die zerstückelte Leiche der Kontrolldirne Frieda Schubert gefunden wurde, besteht die Möglichkeit, daß die Tat in beiden Fällen in der Nähe des Luisenstädtischen Kanals ausgeführt worden ist. Die Gleichartigkeit bei der Ausführung der Zerstückelung läßt darauf schließen, daß der oder die Täter personengleich sind oder in Beziehung zueinander stehen.

Obige Belohnung ist für Personen aus dem Publikum bestimmt, deren Mitteilung zur Feststellung der Persönlichkeit der Toten und Aufklärung der Verbrechen führen.

Mitteilungen nimmt jede Polizeiwache, sowie die Mordbereitschaft, Kriminalkommissare Dr. Riemann und Werneburg, Telephonanruf Polizeipräsidium, Hausanschluß 499, Zimmer 35, entgegen. Vertrauliche Mitteilungen werden entgegengenommen.

Der Polizeipräsident.

J. V.: gez. **Dr. Hagemann,** Regierungsrat.

Die Leichenteile wurden im Leichenschauhaus ausgelegt. Sie wurden durch den Leiter der im Leichenschauhaus angesiedelten Unterrichtsanstalt, Dr. Fritz Strassmann, vorläufig ärztlich begutachtet.

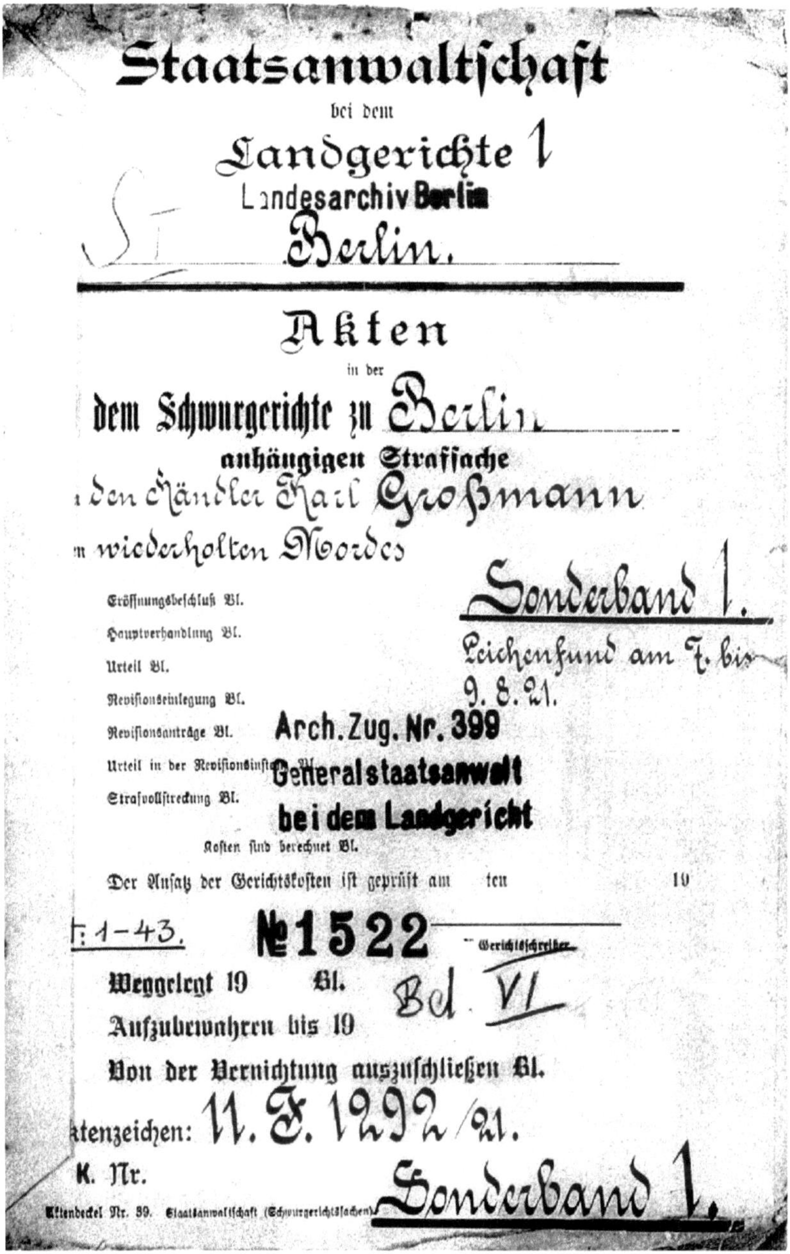

Staatsanwaltschaft
bei dem
Landgerichte I
Landesarchiv Berlin
Berlin.

Akten
in der
dem Schwurgerichte zu Berlin
anhängigen Strafsache
... den Händler Karl Großmann
... wiederholten Mordes

Sonderband 1.
Leichenfund am 7. bis 9. 8. 21.

Eröffnungsbeschluß Bl.
Hauptverhandlung Bl.
Urteil Bl.
Revisionseinlegung Bl.
Revisionsanträge Bl.
Urteil in der Revisionsinst... Bl.
Strafvollstreckung Bl.

Arch. Zug. Nr. 399
Generalstaatsanwalt
bei dem Landgericht

Kosten sind berechnet Bl.
Der Ansatz der Gerichtskosten ist geprüft am ten 19

...: 1–43.
№ 1522
Gerichtsschreiber.
Weggelegt 19 Bl.
Bd. VI
Aufzubewahren bis 19
Von der Vernichtung auszuschließen Bl.
...tenzeichen: 11. J. 1292/21.
K. Nr.
Sonderband 1.
Aktendeckel Nr. 39. Staatsanwaltschaft (Schwurgerichtssachen).

Titelblatt der Akte zum Leichenfund vom 7. bis 10. August 1921.

In den folgenden Tagen fanden sich mehrere Personen auf dem Polizeipräsidium Berlin ein, die zu dem Leichenfund im Luisenstädtischen Kanal Angaben machen zu können glaubten. So wurden am 11. August 1921 der Althändler Paul Kablitz (40 Jahre alt), die ledige Emilie Drewick (67, sie wollte das Dienstmädchen Else Thiele wieder erkannt haben), der Kaufmann Alfred Seiffert (21), am 13. August der Kaufmann Louis Bass (35, er war sich sicher, dass die Getötete eine „Penne“ sei, die in „Pennerkreisen“ unter dem Namen „polnische Anna“ bekannt gewesen sei), der Spediteur Fritz Westphal (42, er war davon überzeugt, dass der Täter auf dem Rummelplatz am Engelbecken zu suchen sei), Alfred Koranski (32), die ledige Dora Pilz (25, sie vermisste ihre Nachbarin Margarete Simon), Wilhelm Sommerfeld (67, er glaubte, beim Kopf der Ermordeten die Kriegerwitwe Wilhelmine Poppel wieder zu erkennen), am 15. August der Kontrollbeamte Otto Helmhake, am 18. August Hugo Winkelmann (38), der Arbeiter Gustav Eichler (32) und am 19. August der Bildhauer Alfred Wolf (36, er verdächtigte einen gewissen Ernst Brandt) zur Sache gehört.

Der aufnehmende Kripobeamte war meistens der Kriminalanwärter Franz v. Ostrowski. Er war später Kriminalkommissar im Polizeiamt 2, Tiergarten.

Mit Schreiben vom 15. August 1921 gab Kriminalkommissar Dr. Riemann eine vage Personenbeschreibung der noch nicht identifizierten weiblichen Leiche, die seit dem 7. August aus dem Luisenufer gelandet worden war, heraus. Seine Forderung: „Ich bitte die obigen Beschreibung sämtlichen Beamten der S.P. bekannt zu geben. Zugleich bitte ich um die baldige Aufstellung einer Liste sämtlicher unter Kontrolle stehenden Frauenspersonen in dem angegebenen Alter, die sich seit dem 15. Juli d.Js. nicht mehr gestellt haben.“

Am 19. August 1921 gab es einen zweiten Leichenfund im Luisenstädtischen Kanal. Diesmal wurden ein vollkommen abgelederter Kopf, ein Becken mit Kreuzbein (rechte Beckenhälfte) und zwei Füße gefunden.

Nun endlich, am 21. August 1921, sollte, unter der Führung des Kriminalkommissars und großen Mordexperten der Kripo Ernst Gennat, damals 41 Jahre alt, die Festnahme Großmanns in der Wohnung unweit des Schlesischen Tores erfolgen. Die Eheleute Itzig hatten die Polizei alarmiert, als sie die Todesschreie des Opfers gehört hatten.

Carl Großmann hatte soeben die am 22. Juli 1886 in Dresden geborene und gerade aus dem Untersuchungsgefängnis Moabit aus der Haft entlassene gelernte Köchin Marie Nitsche umgebracht.

Wie Großmann sein Mordopfer kennen gelernt haben will, gab er in Gegenwart von Kriminalkommissar Dr. Riemann später zu Protokoll.

Er war an diesem Tag wieder auf der Suche nach einer neuen Wirtschafterin gewesen. Erst am Vortag war er wieder auf dem Revier Nr. 50 gewesen und hatte Anzeige erstattet. Und als Oberwachtmeister Richard Klähn ihn abwimmelte, soll er nach den Erzählungen von Dr. Erich Frey gekeift haben: „Wozu zahln wa denn Steiern, wenn ihr uns anständije Bürger nich mal gegen dieses Aaszeug schützen könnt?“

Am 21.8.21 war ich den ganzen Vormittag in meiner Wohnung. Ich habe meine Hose und meine Stiefel repariert. Dann habe ich mir 4-5 Stücken Pferdefleisch gebraten, das Pferdefleisch hatte ich mir am Sonnabend aus einer Roßschlächterei am Andreasplatz gekauft. Gegen 11 3/4 Uhr habe ich zu Mittag gegessen. Von dem Pferdefleisch habe ich 2 Stücken gegessen, nach dem Mittagessen habe ich mich gewaschen und bin nach dem Andreasplatz gegangen und zwar nur aus Langeweile. Am Andreasplatz habe ich mich auf die dortstehenden Bänke gesetzt und zwar bis 3 bezw. 4 Uhr nachmittags. Ich war allein. Dann habe ich 2-3 Glas Bier in mehreren Kneipen am Andreasplatz getrunken. Dann bin ich verschiedene Straßen in der Nähe des Andreasplatzes durchgegangen. Gegen 6 Uhr abends, als ich gerade vom Grünen Weg kam, traf ich die Nitsche, die vom Schlesischen Bahnhof herkam, jedenfalls aus der Richtung des Schlesischen Bahnhofs kam, vor dem Varietee von Reitmeier. Die Nitsche kam auf mich zu und sagte: "Ach ich bin heute lustig, ich habe ordentlich einen genippt." Ich ging mit ihr in eine Restauration Ecke Lange- und Koppenstraße und zwar auf der Seite, wo sich das Varietee von Reitmeier befindet. Hier haben wir noch jeder 2 Dänische Korn getrunken. Der Schnaps hatte eine weiße Farbe. Ich habe für die Schnäpse 6 M bezahlt. Außerdem hat noch jeder ein Glas Bier a 70 Pf. getrunken. Die Getränke haben wir am Buffet zu uns genommen und zwar stehend. Auf meine Frage, von wo sie käme, gab sie mir zur Antwort, daß sie von irgendeinem Hause käme, Krankenhaus oder einem anderen Hause. Sie hat mir erzählt, daß sie 14 Tage in einem "Hause" gewesen wäre, ob in einem Krankenhause oder Gefängnis weiß ich nicht mehr. Den Geburtsort hat sie mir nicht genannt. Hiernach habe ich sie auch garnicht gefragt. Von dem Lokal aus gingen wir auf meinen Vorschlag hin in das Varietee von Reitmeier, wo die Vorführungen nach 6 Uhr begannen. Hier bei Reitmeier traf ich den mir schon seit Jahren bekannten Arbeiter Gustav Schmidt, Kleine Andreasstr. 6 Hof Keller rechts wohnhaft. Außerdem traf ich noch einen mir bekannten Händler mit Vornamen Willi. Schmidt kennt ihn näher. Die von mir genannten Personen saßen schon an dem Tisch, an den ich mich mit der Nitsche setzte. Ich muß meine Aussage dahin berichtigen, daß sich der Schmidt bereits in meiner Begleitung befand. Auch Willi befand sich bereits in meiner Begleitung. Der Willi war, als ich mit der Nitsche bekannt wurde, zugegen. Ich hatte ihn am Andreasplatz getroffen.

Der Vorgang hat sich, soweit ich mich jetzt erinnere, folgendermaßen abgespielt. Nachdem ich mich eine Stunde auf dem Andreasplatz aufgehalten hatte, ging ich zu dem Schmidt. Da sein Mittagessen noch nicht ganz zubereitet war, ging ich in die im Hause, in dem Schmidt wohnt, befindliche Restauration, wo ich allein ein Bier und einen Schnaps trank. Nach ca. ½ Stunde kam auch Gustav in die Restauration. Als Gustav bereits mit mir im Restaurant war, kam auch der Willi hinzu. Ich kann jedoch nicht mit Bestimmtheit sagen, ob er noch in das Restaurant gekommen ist oder ob wir ihn draußen getroffen haben. In der Begleitung des Willi befand sich seine Wirtschafterin bezw. seine Wirtin Frau Biedermeier (sic!, Biedermann). Willi wollte mit seinem Verhältnis nach dem Varietee Konkordia gehen. Ich machte sie jedoch darauf aufmerksam, daß dies ein teures Vergnügen wäre und machte den Vorschlag, entweder nach dem Rummel oder zu Reitmeier zu gehen. Wir wurden uns schließlich einig, das Varietee aufzusuchen.

Wir gingen auch tatsächlich alle vier zu Reitmeier, wo wir jeder ein Glas Bier tranken, nachdem wir jeder 2 M Eintrittsgeld bezahlt hatten. Um noch einen Schnaps mit dem Willi zu trinken, sagten wir zu dem Gustav und der Frau Biedermann, daß wir einmal austreten gehen müßten. Ich ging mit dem Willi in ein Eckrestaurant, Lange- Ecke Koppenstraße, wo wir jeder 2 Schnäpse, Dänische, tranken. Als ich mit dem Willi von dem Restaurant nach dem Varietee von Reitmüller (sic!) zurückkehren wollte, trafen wir die Nitsche, die aus der Richtung der Frankfurterstraße bezw. Grünerweg kam. Die Nitsche kam auf mich zu und sagte: "Ach, habe ich heute einen Schwips weg." Ich sagte zu Willi: "Ach, guck die mal an die kleine Maus, die nehmen wir gleich mit." Da Willi mich darauf aufmerksam machte, daß Frau Biedermann etwas ahnen könnte, gingen wir zusammen in das Varietee von Reitmeier zurück. Wir setzten uns dann an den Tisch, wo sich der Gustav mit der Biedermann befand. Ich sagte auch noch zu dem Gustav: "Na, siehste, ich habe schon eine!" und fragte, ob ihm die nicht gefalle. Die Nitsche, die offenbar schon etwas angetrunken war, war sehr lustig und begann schon, die Vorstellungen zu stören. Ich mußte ihr wiederholt die Hände herunterhalten.

Wo die Nitsche bereits gekneipt hatte, hat sie mir nicht gesagt, ich habe auch garnicht danach gefragt. Hier bei Reitmeier hat noch jeder 4-5 Schnäpse getrunken, auch dänische. Außerdem hat noch jeder ein Glas Bier getrunken. Wieviel ich an Zeche für mich und die Nitsche bezahlt habe, kann ich nicht mehr angeben. Ich habe die Nitsche aufgefordert, keinen Schnaps mehr zu trinken. Sie wollte jedoch noch trinken. Ich ermahnte die Nitsche, die sehr laut wurde, wiederholt zur Ruhe, sie hörte aber nicht darauf. Da die Nitsche zu laut wurde, forderte uns der Inhaber des Varietees Reitmeier auf, das Lokal zu verlassen. Der Reitmeier forderte nur die Nitsche auf, das Lokal zu verlassen. Ich erklärte jedoch, daß ich dann auch ginge. Die Zeche hatte ich schon vorher bezahlt. Ich verließ mit ihr allein das Lokal, während die anderen drei mir bekannten Personen in dem Lokal sitzen blieben. Wir suchten nochmals – d.h. die Nitsche und ich – das Eckrestaurant Andreas- Ecke Koppenstraße auf, wo wir noch jeder am Buffet einen bis 2 dänischen tranken. In dem Varietee hatte ich ihr bereits gesagt, daß sie heute mit mir gehen und die Nacht über bei mir schlafen sollte. Die Nitsche erklärte sich mit meinem Vorschlage sofort einverstanden, ohne eine Geldforderung an mich zu richten. Daß ich Geld bei mir hatte, hat sie beim Begleichen der Zeche gesehen. Ich hatte ungefähr 750-760 Mark in Zeitungspapier eingewickelt bei mir. Meine Brieftasche war mir vorher durch ein anderes Mädel gestohlen worden. Ich trug mein Geld immer in der linken Hosentasche. Gegen 8½ Uhr ca. habe ich mit der Nitsche das Lokal verlassen. Ob mich jemand gesehen hat, weiß ich nicht. Die Haustür war noch offen. Auf der Treppe ist mir, soweit ich mich erinnere, niemand begegnet. Als ich meine Stubentür öffnen wollte, kam ein Mann hinzu, der mir hierbei half und auch die Tür öffnete. Er hat sowohl die Korridor als auch die Stubentür geöffnet. Ich bin derart betrunken gewesen, daß ich nicht mehr sagen kann, wer die Tür geöffnet hat.

Ob ich zuerst mein Zimmer betreten habe oder die Nitsche, kann ich nicht mehr sagen. Ich kann auch nicht mehr sagen, ob die Nitsche oder ich die Lampe angezündet haben. Die Lampe hängt gewöhnlich an der Wand links neben der Maschine nach dem Fenster zu. Da die Nitsche den Aufbewahrungsort der Lampe nicht kannte, so kann nur ich bezw. die Person, die mir die Tür geöffnet hat, mir die Lampe angezündet haben. Daß die Lampe gebrannt hat, weiß ich. Ob ich nun die Lampe auf den Tisch gestellt habe oder die Person, die mit ins Zimmer gekommen ist, oder ob sie an der Wand hängen blieb, kann ich nicht sagen. Die Nitsche fragte mich, ob ich keinen Kaffee dahätte, da sie Durst hätte. Ich zeigte der Nitsche, wo sich die Kaffeetassen befanden. Sie nahm 2 Tassen, die ich mit Kaffee aus dem Kochtopf, der auf der Maschine stand, füllte. Den Kaffee hatte ich, bevor ich aus der Wohnung bin, gekocht. Die Nitsche setzte sich auf einen Stuhl, der ständig neben der Maschine am Tische steht, während ich mich auf meine Holzbank vor dem Tische setzte. Ob die Holzbank bereits vor dem Tische stand, oder ob ich sie dorthin setzte, kann ich nicht sagen. Mein in Zeitungspapier eingewickeltes Geld hatte ich schon vorher zu einer Zeit, als die Lampe bereits brannte, auf die linke Tischecke gelegt.

Ob ich ihr den Kaffee eingegossen habe, oder ob sie ihn eingegossen hat, kann ich nicht sagen. Ich weiß aber genau, daß ich den vormittags gekochten Kaffee in einen anderen Topf gegossen habe, um noch frischen Kaffee zu kochen. Ich habe dann erst Zeitungspapier zusammengesucht und Holz zerkleinert, um Feuer anzumachen. Ich habe auch den Topf erst ausgespült.

Während dieser Zeit saß die Nitsche auf dem Stuhl. Als das Feuer brannte, habe ich mir auch Kaffee eingegossen und mich auch an den Tisch gesetzt. Ich hatte der Nitsche auch Schrippen, Butter, Speck und Schinken auf den Tisch gelegt. In welchem Augenblick ich ihr diese Sachen auf den Tisch gelegt habe – ob vor oder nach dem Feueranmachen – kann ich nicht mehr sagen. Ob sie gegessen hat, kann ich nicht mehr sagen. Ich glaube auch nicht, daß ich noch gegessen habe. Worüber wir uns beide, als wir am Tisch saßen, unterhalten haben, kann ich nicht sagen. Als die Nitsche Kaffee getrunken hatte, sprang sie plötzlich auf und zog sich aus. Nur die Strümpfe behielt sie an. Die Kleidungsstücke warf sie auf den Fußboden. Wahrscheinlich habe ich mich dann auch ausgezogen. Den anderen Kaffee, den ich noch gekocht hatte, haben wir unberührt stehen lassen.

Was folgt, sind ausführliche Schilderungen Großmanns über seine vergeblichen Annäherungsversuche, das Zusammenbinden der Hände von Marie Nitsche und Festbinden ihres linken Beins an der eisernen Feldbettstelle. Angeblich weil er vermutete, dass sie ihn bestohlen habe, habe Großmann schließlich mit einer Reibekeule auf den Kopf seines Opfers eingeschlagen. Danach richtete er sie grausam zu.

Als sich die Schupo-Beamten Oberwachtmeister Klähn und Oberwachtmeister Ernst Engesser von der Revierhauptmannschaft Ost Zutritt zu Großmanns Wohnung verschafft hatten, sahen sie die dem Anschein nach tote Frau unbekleidet auf dem Bett liegen. Ihre Arme waren auf dem Rücken zusammengebunden und das linke Bein mit einer Schnur am Bett befestigt.

Der herbeigeholte Arzt, Dr. Kuhlmann von der Rettungswache 13, konnte nur noch den Tod feststellen. Marie Nitsche soll beim Eintreffen des Arztes laut Presseinformationen noch schwache Lebenszeichen von sich gegeben haben.

Bei der Wohnungsdurchsuchung fanden die Kriminalbeamten außer der schrecklich zugerichteten Leiche mehrere Frauenkleider, einen blutigen Sack und menschliche Körperteile im Kohleherd. Carl Großmann wurde unbekleidet neben der ermordeten Frau festgenommen. Im Kochherd fanden die Beamten weitere menschliche Körperteile.

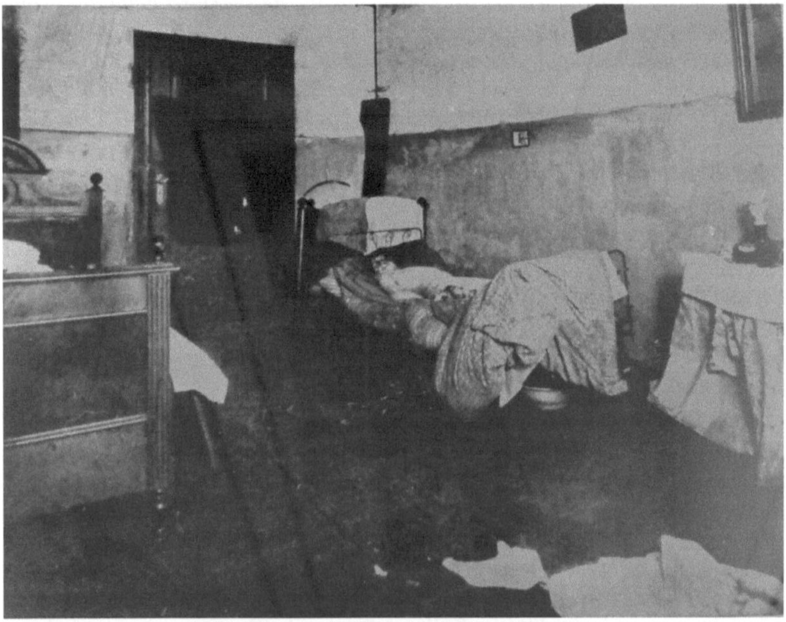

Polizeifoto von der toten Marie Nitsche im Bett.

Nach den Schilderungen von Erich Frey hat sich die Festnahme folgendermaßen zugetragen (Itzigs Namen gibt Frey mit Iglitzki an):

Um neun Uhr abends gelangt das Paar vor der Langen Straße 88 an. Die Zeit steht fest, weil der Arbeiter Iglitzki zur gleichen Zeit vor der Haustür anlangte und vorher seine silberne Einsegnungsuhr nach der Uhr an Schlesischen Bahnhof gestellt hatte.

„Die beeden warn schon een bißken beschickert", gab Iglitzki später vor der Kriminalpolizei an.

Eine halbe Stunde später schrickt Iglitzki aus dem Schlaf. Seine Frau rüttelt ihn an der Schulter. „Wach doch uff, Mann. Hör doch mal ..."

Durch die altersschwachen Wände hört Iglitzki Schreien und Stöhnen.

„Laß doch den Ollen", sagt Iglitzki und dreht sich auf die Seite. Aber er bekommt keine Ruhe: „Steh uff, Mann, steh uff!" Und immer wieder das Rütteln von Iglitzkis Frau an seiner Schulter.

Robert Iglitzki steht auf. Er schlieft in seine Hosen, greift dem Jackett.

„Mach schnell, Mann, mach schnell", drängt die Frau.

„Immer die Weiber", brummt Karl Iglitzki und rennt die Treppen hinunter und um die Ecke zum Revier. Im Polizei-Revier 50, Kleine Andreasstraße, hat sich Oberwachtmeister Klähn gerade seinen Uniformkragen aufgeknöpft, als Iglitzki durch die Tür stürmt.

Der herbeigeholte Arzt konnte nur mehr den Tod konstatieren. Die Beine des Mädchens waren von Großmann bereits durch Abschnüren zur Zerstückelung vorbereitet. Aufnahme des Polizei-Präsidiums Berlin

„Na wat denn, wat denn", brummt Klähn und hakt automatisch die Kragenösen wieder ein.

„Herr Oberwachtmeister, komm Se sofort bei uns!"

„Sie ham wohl den Kaiser jesehn, Mann", brummt Klähn.

„Nee, Herr Kommissar, diesmal isset ernst bei den Jrossmann. Wenn meine Olle det sagt ..."

Oberwachtmeister Klähn hat viele Jahre Dienst rund um den Schlesischen Bahnhof hinter sich. Er weiß, wann es Ernst wird. Er greift nach seinem Koppel und stößt mit der Rechten die Tür zum Nebenzimmer auf: „Wachtmeister Kuhnke, Sie übernehmen das Revier ... Wachtmeister Urban, Sie kommen mit mir ..."

Seit der Heimkehr Carl Großmanns und seiner neuen Wirtschafterin ist genau eine Stunde vergangen.

„Aufmachen, Polizei!" Hinter der Tür, an der ein Pappschild mit der Aufschrift Carl Großmann angepinnt ist, rührt sich nichts.

Bummern an der Tür: „Machen Sie auf, Großmann, Polizei!" Drinnen hört man Matratzenfedern quietschen, dann eine verschlafene Stimme: „Könnt ihr denn een alten Mann nich schlafen lassen? Kommt morjen wieder ..."

Einen Augenblick zögert Oberwachtmeister Klähn. Dann sieht er in der Nebentür das bleiche Gesicht der Frau Iglitzki. Er sieht ihre flackernden Augen, sieht die Angst. Er sagt sich noch einmal den Paragraphen der Polizei-Verordnung: „Eingriffe in die bürgerliche Wohnung sind nur zu rechtfertigen, wenn Leib und Leben oder das Eigentum eines Staatsbürgers auf dem Spiel steht ..."

Mit einem Krach stemmt sich der Beamte gegen die Tür. Sie ist aus starkem Holz. Er drückt auf die Klinke. Sie gibt nach ...

Polizeifoto von Großmanns Küche.

Das erste, was Oberwachtmeister Klähn im Licht der Gasfunzel sieht, ist eine ihm wohlvertraute Gestalt: Großmann.

Als zweites sieht er, daß Großmanns Hände blutig sind. Als drittes: Großmann hält in der einen blutigen Hand eine Steingut-Tasse. Er will die Tasse an den Mund setzen.

„Nein, du Hund!“ Klähn schlägt schwer zu. Klirrend fällt die Tasse zu Boden. Am nächsten Morgen werden die Gerichtschemiker feststellen, daß sich in ihr halb gelöstes Zyankali befand.

„Halt den Kerl fest!“ schreit Klähn seinem Begleiter zu. Dann stürzt er zum Bett. Er reißt das Deckbett hoch, prallt zurück.

Durch die offene Tür hört man einen dumpfen Fall im Treppenhaus. Robert Iglitzki hat in der Tür gestanden. Er hat gesehen, was Wachtmeister Klähn sah. Er ist ohnmächtig geworden.

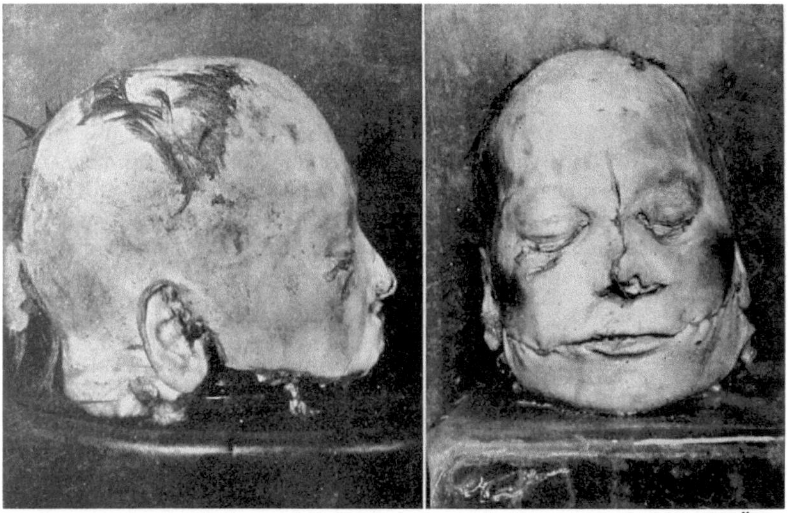

Unter dem Bett wurden zwei abgeschnittene Frauenhände gefunden, im Küchenherd Überreste mehrerer Hände, Teile eines Brustkorbes und verbrannte Frauenkleider. Großmann musste nach dem stummen Zeugnis dieser Funde innerhalb der letzten drei Wochen mindestens drei Mädchenmorde begangen haben. Die fortgesetzten Nachforschungen förderten bald noch zahlreiche weitere Leichenteile zutage. Die Identifizierung eines Opfers gelang durch die so genannte „Leichentoilette“. Die getrennt aufgefundenen Teile eines Kopfes wurden gesäubert, zusammengenäht und so lebensähnlich und rekognoszierbar gemacht. Leichenteile, die lange vor der Verhaftung Großmanns in Berliner Gewässern aufgefischt wurden, fanden ihre nachträgliche Erklärung. Aufnahme des Polizei-Präsidiums Berlin

Ein, zwei Sekunden steht Oberwachtmeister Klähn schaudernd vor der blutüberströmten Frau. Dann legt er sein Ohr an ihr Herz. Er hört drei schwache Schläge. Dann nichts mehr. Aus. Schwer richtet sich der Beamte auf. Langsam geht er auf Großmann zu.

Der weicht zurück. In seinen Augen funkelt hündische Angst. Ein-, zweimal schlägt der Beamte zu. Es ist ihm egal, ob Zeugen es sehen.

„So“, sagt er und atmet schwer. Er wischt sich das Blut von der Hand, weiß nicht, ob es von der Frau ist oder von Großmann, aus dessen Oberlippe es rot quillt. Dann zieht Oberwachtmeister Klähn sein schweres Notizbuch aus der Rocktasche.

„Ich habe bloß Rache genommen, denn das Aas hat mich bestohlen", wimmert Großmann.

Als Großmann eine Stunde später gefesselt abgeführt wird, muß er durch eine hundertköpfige Menschenmenge Spießruten laufen. Hunderte von Fäusten erheben sich, Stöcke werden geschwungen, und besonders die Frauen schleudern ihm die wüstesten Beschimpfungen ins Gesicht.

„Du bist ein Mörder!" schreit ihm eine Frau zu.

Seine Hände, die auf den Rücken gefesselt sind, zucken.

„Ein Mörder bin ich nicht, ich bin ein Totschläger", erwidert er.

„Mensch, das kostet dir deine Kohlrübe", schreit ein Mann. „Det weeß ich alleene", antwortet Großmann.

Carl Großmann ist also am späten Abend des 21. August 1921 vorläufig festgenommen worden. „Depesche an Dauerdienst ist um 10,15 Uhr nachmittags gegeben", notierte Kriminalwachtmeister Paul Lietz, Ebertystr. 39. „Die Leiche wurde auf Anordnung des Kommissars vom Dienst bis zum Eintreffen der Mordkommission in der Wohnung belassen. Letztere ist verschlossen und wird von einem Schupo-Beamten bewacht. Bericht an Staatsanwaltschaft I ist erstattet."

Gebildet wurde die Mordkommission Großmann unter der Führung der Kriminalkommissare Dr. jur. Heinrich Riemann, wohnhaft in Stieglitz, und Ludwig Werneburg, Berlin SO 16.

Unbekannt war Großmann der Polizei nicht gewesen. Erst wenige Wochen zuvor, am 25. Juli 1921, hatte er auf dem Polizeirevier in Gegenwart von Kriminalwachtmeister Karl Schultz Strafantrag gegen die am 31. Juli 1894 in Hannover geborene Melkerin Frieda Thomas wegen Diebstahls und Unterschlagung gestellt. Er habe sie am 9. Juli des Jahres auf dem Andreasplatz kennen gelernt und sie zu sich auf eine Tasse Kaffee eingeladen. Frieda Thomas habe bei ihm die Wirtschaft geführt, habe dann aber am 11. Juli 2000 Mark zur Aufbewahrung an sich genommen und eine Brieftasche mit 600 Mark aus seiner Jacketttasche entwendet.

Als er sie am 25. Juli auf dem Grünen Weg sah, ließ Großmann die bereits zweimal vorbestrafte Frieda Thomas festnehmen. Ihre Wahrnehmungen waren aber, wie sie im Verhör wiedergab, andere als die ihr zur Last gelegten Anschuldigungen. Wenigstens den Punkt mit der Brieftasche stritt sie ab. Der gegen sie daraufhin vom Amtsgericht Berlin-Mitte am 28. Juli 1921 ausgesprochene Haftbefehl wurde am 9. September des Jahres von demselben wieder aufgehoben. Unter Anklage hatte gleichzeitig übrigens Großmanns 26 Jahre alte Nachbarin Helene Itzig gestanden, die von der Thomas beschuldigt wurde, an jenem 11. Juli 200 Mark, von denen sie gewusst haben soll, dass sie Großmann gehört hatten, „an sich gebracht zu haben".

Aktenzeichen:

Familienname: Großmann

Vornamen (Rufname unterstreichen): Karl Friedrich Wilhelm

Vor- und Zuname des Vaters: Karl G. †

Vor- und Zuname der Mutter: Sophie geb. Brüssel †

Geburts-Tag, -Monat und -Jahr: 13.12.63

Geburts-Ort: Neu-Ruppin

Verwaltungsbezirk: [illegible]

Staat:

Familienstand, ob ledig, verheiratet, verwitwet, geschieden (Vor- und Zunamen der Ehegattin)

Letzter Wohnort, Gemeinde: Langestr. 88/89

Für Reichsausländer Heimatstaat:

Glaubensbekenntnis: ev.

Stand (Beruf, Gewerbe): Handelsmann

Heeresverhältnis:

Vorbestrafungen: Körperverl. pp.

Jetzt verhaftet wegen: Mordes.

Bemerkungen:

Beschreibung. 2)

(Die zutreffenden Angaben sind zu unterstreichen.)

1. **Größe:** 1 m 71 cm (sehr klein, klein, mittel, groß, sehr groß).
2. **Gestalt:** (schwächlich, schlank, untersetzt, kräftig, stark).
3. **Schulterneigung:** (schräg, wagerecht).
4. **Haar:** (Farbe: hell-, mittel-, dunkel-, bl., braun), schwarz, rot, grau, graugemischt, weiß). Glatze
5. **Bart:** (Farbe: hell, mittel, dunkel, bl., braun, schwarz, rot, grau, graugemischt, weiß). Form: Schnurr-, Spitz-, Vollbart.
6. **Gesicht:** (Farbe, Form, Fülle).
7. **Stirn:** (hoch, geneigt, niedrig).
8. **Auge:** (blau, grau, gelb, gelbrot, hell-, dunkelbraun, schwarz).
9. **Augenbrauen:** helle (Farbe, Form: bogenförmig oder zusammengewachsen).
10. **Nase:** (klein, mittel, groß, dick, schmal, breit, eingebogen, geradlinig, gebogen, wellig, Stumpf-, Adlernase).
11. **Ohren:** (klein, mittel, groß, abstehend, anliegend, durchlocht).
12. **Mund:** (klein, mittel, groß, dünne Lippen, aufgeworfene Lippen).
13. **Zähne:** (vollständig, lückenhaft, auffallend groß oder klein, schräg gestellt, falsches Gebiß oben oder unten). besitzt nur noch 1 Zahn
14. **Kinn:** (spitz, breit, Doppelkinn, Grübchen).
15. **Hände und Füße:** (wenn besonders groß oder klein).
16. **Gang und Haltung:** (wenn besonders auffallend).
17. **Sprache:** (Mundart, fremde Sprache, stotternd, lispelnd, auffallend tiefe oder helle Stimme).
18. **Besondere Kennzeichen:** (ins Auge fallende Eigenheiten: Narben, Leberflecke, Muttermale, X- oder O-Beine, Verkrüppelungen, Tätowierungen usw.).

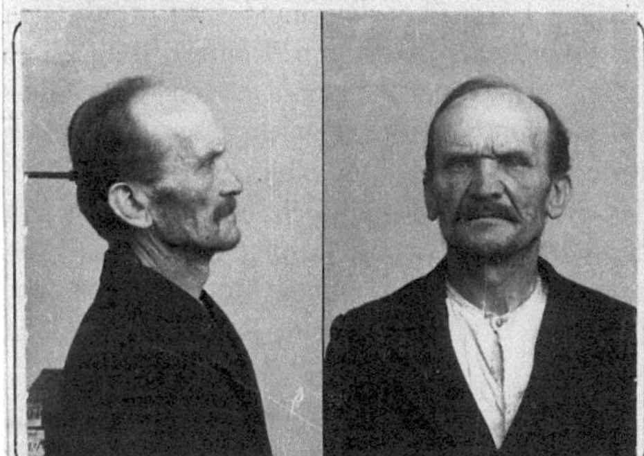

II tat bei: „Erinnerung an Berlin K.G." mit Lorbeerkranz eingezeichnet.

Eigenhändige Unterschrift der Person:

Carl Großmann

Über die Geschehnisse in den Tagen nach der Festnahme Großmanns erzählt Dr. Frey:

Als das 50. Polizei-Revier die Meldung von der Verhaftung des Frauenmörders Carl Großmann an die Reserve-Mordkommission durchgab, fiel im Polizeipräsidium am Alexanderplatz hörbar ein Groschen.

Es gab nämlich in jenen Tagen keinen Berliner und erst recht keinen Kriminalbeamten, der nicht durch die Leichenfunde im Luisenstädtischen Kanal aufs äußerste beunruhigt gewesen wäre. Seit dem Mai des Jahres waren zwischen der Schillingsbrücke und dem Engel-Becken beinahe täglich Teile weiblicher Körper gefunden worden.

Ein Frauenkörper konnte als Johanna Sosnowski, neunundzwanzig Jahre alt, identifiziert werden.

Kriminalkommissar Werneburg war der erste, der die Funde aus dem Kanal und die Meldung des Polizei-Reviers 50 in Verbindung brachte. Er kannte nämlich Berlin wie seine Westentasche. Er wußte sofort, daß es von der Langen Straße bis zur Schillingsbrücke nur ein Katzensprung war.

Polizeifotos von Carl Großmann.

Die Mitteilungen in der Presse überschlugen sich: „Unter sechsfachem Mordverdacht verhaftet", titelte das „Berliner Tageblatt" tags darauf in seiner Abendausgabe und gab bereits zahlreiche Hintergrundinformationen zur Bluttat an der Langen Straße. Die folgende Morgenausgabe ging bereits auf die Ergebnisse der ersten Verhöre ein („Die Mädchenmorde im Berliner Osten"). Regelmäßig wurden die Berliner Leser über den Stand der Ermittlungen informiert, und zwar unter den Überschriften „Der Frauenmörder" (zweimal), „Die Untaten des Frauenmörders – Drei Morde nachgewiesen", „Der Frauenmörder und seine Opfer" (hier war bereits vom Lustmörder Großmann und möglicherweise fünf Opfern die Rede, und es wurde mitgeteilt, dass die „Wirtschafterinnen" Marie Feld, Melanie Sommer, Emmi Baumann, Luise Werner, Emma Boritzki, Lisbeth Potske und Frieda Thomas zurzeit nicht auffindbar seien).

Am 22. August 1921 erschien die ledige Gertrud Haag auf dem Präsidium und erklärte, dass sie von Großmann „in perverser Weise" geschlechtlich missbraucht worden sei. Nach ihren Äußerungen zu urteilen hatte Großmann sie mit einem Schlafmittel betäubt. Sie erinnerte sich, dass Großmann ein „schmutziger Kerl" gewesen sei, dass seine Wohnung einen schmutzigen Eindruck gemacht habe und dass auf dem Tisch Ungeziefer herumgelaufen sei.

Der Kriminalbetriebsassistent Rehberg holte am 23. August 1921 gegen 14 Uhr eine Reihe von Gegenständen zur Anstellung weiterer Ermittlungen im Untersuchungsamt ab: 1 Kaffeetasse, angeblich mit Gift, und ein Stück Zyankali, 4 Küchenmesser, 2 Hammer, 4 Gabeln, 2 Scheren, 1 Quirl, 2 Holzlöffel, 1 Reibekeule, 1 Eimer mit Asche, 1 Tüte mit Asche und Knochenresten, 1 Steppdecke, 1 Schalsticktuch, 1 Stück Leinewand, 1 Oberhemd, blutbespritzt, 1 Sack mit Blutflecken, 1 Bank, 1 Kochtopf mit Kaffee, 1 Teller mit Fleischteilen, 1 Unterrock in einer Fleischschüssel, 1 Läufer, 1 blaue Hose, 1 Handtuch, 1 Handtuch gez. I.S., 1 blutbeflecktes Handtuch, 1 blutbeflecktes Herrenhemd, 1 blutbeflecktes Umschlagetuch, 1 Stück Unterjacke, scheinbar mit Blut befleckt, 1 Bluse mit Blut, 1 weißer Lappen mit Blut, 1 ganzer Riemen, 1 blutbeflecktes Stück Zeitungspapier.

Ziel der beschlagnahmten Gegenstände: die stattliche Nahrungsmittel-Untersuchungsanstalt für den Ortspolizeibezirk Berlin in Berlin-Charlottenburg, zu Händen Dr. Brüning.

Großmanns Unterschrift.

Am 23. August 1921 wurden die Zeugenaussagen des Arbeiters Willi Bendit (18 Jahre alt), der im Haus Lange Straße 88/89 hochparterre bei Wolf lebte, dadurch Großmann seit August 1919 kannte und Ende Juli 1921 auf dem Andreasplatz eine gewisse Emma Boritzki kennen gelernt hatte, der Schlosser Bruno Reinicke (22), dessen frühere Braut aufgrund Großmanns Aussage, sie habe ihm am 31. März 1921 2600 Mark gestohlen, verhaftet worden sei, der Kutscher Louis Hirsch (24), der sich den Angaben seiner Vorredner anschloss, und die Hausmitbewohnerin Frieda Klippel (25), die Angaben zu Großmanns Frauenbesuch in der Mordnacht machen konnte, vernommen.

Am 24. August 1921 wurden mehrere Zeugenaussagen aufgenommen. Kriminalanwärter Franz v. Ostrowski führte an diesem Tag Protokoll.

Die ledige Frieda Buchholz (28 Jahre alt) war zuvor von zwei Beamten zum Leichenschauhaus geführt worden, um die 7. und 8. August gefundenen Leichenteile zu besichtigen. „Mit bestimmter Sicherheit“ wollte sie die Hände und den Kopf der Emma gerufenen Wirtschafterin des Großmann wieder erkannt haben.

Die unverheiratete Gertrud Neumann (24) berichtete von ihrem Aufenthalt in der Krankenstation Fröbelstraße im Januar 1920. Neben ihr habe Martha Balzer gelegen und über furchtbare Unterleibsschmerzen geklagt. Dieselbe habe auch über ihren schlimmen Tag bei Großmann gesprochen. Durch Großmanns brutales Vorgehen sei sie im Schambereich erheblich verletzt worden, und Großmann habe ihr gesagt, sie könne ruhig schreien, es höre sie niemand. Schließlich habe er sie doch hinausgeworfen. Gertrud Neumann sagte am Schluss: „Bei der Mordsache Schubert habe ich dieselben Aussagen gemacht, da ich sofort auf Großmann Verdacht hatte.“

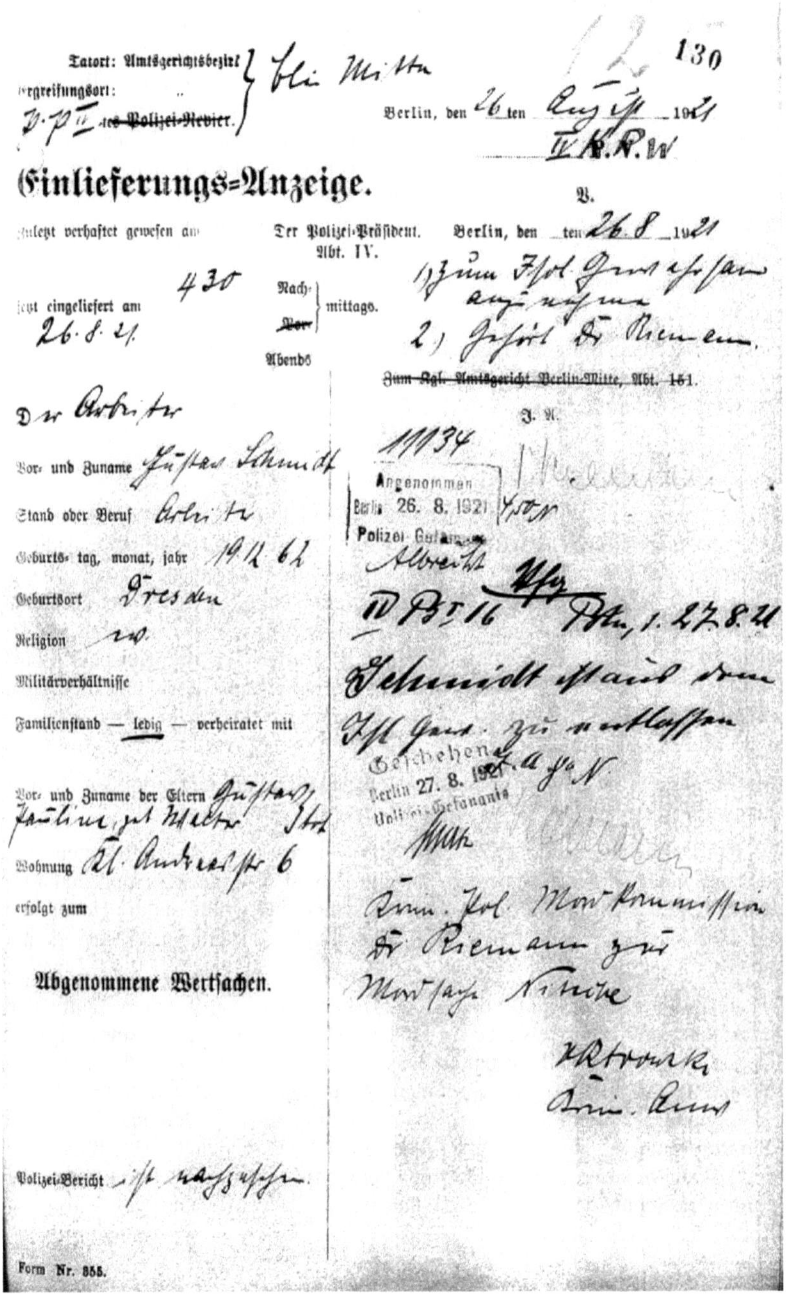

130
Tatort: Amtsgerichtsbezirk
Ergreifungsort: } Berlin Mitte
V.P.II tes Polizei-Revier.
Berlin, den 26ten August 1921
IV K.R.W
Einlieferungs-Anzeige.
B.
Zuletzt verhaftet gewesen am
Der Polizei-Präsident. Abt. IV.
Berlin, den 26.8. 1921
Jetzt eingeliefert am 26.8.21. 430
Nach- Vor- mittags
Abends
1) Zum Pol. Gewahrsam aufzunehmen
2) Gehört Dr. Riemann.
Zum Kgl. Amtsgericht Berlin-Mitte, Abt. 151.
J. A.
Der Arbeiter
Vor- und Zuname Gustav Schmidt
Stand oder Beruf Arbeiter
Geburts- tag, monat, jahr 19.12.62
Geburtsort Dresden
Religion ev.
Militärverhältnisse
Familienstand — ledig — verheiratet mit
Vor- und Zuname der Eltern Gustav, Pauline, geb. Walter
Wohnung Kl. Andreasstr. 6
erfolgt zum
Abgenommene Wertsachen.
Polizei-Bericht ist nachzusehen.
Form Nr. 855.
11134
Angenommen
Berlin 26. 8. 1921 4.50 N
Polizei-Gefängnis
Albrecht
IV Bz 16 Bln, d. 27.8.21
Schmidt ist aus dem Pol. Gew. zu entlassen
Geschehen
Berlin 27. 8. 1921
Polizei-Gefängnis
Zum Krim. Pol. Mordkommission Dr. Riemann zur Mordsache

Die unverheiratete Emma Sackuwitz (23) wusste von ihren Begegnungen mit Carl Großmann im Zeitraum Februar 1919 bis Februar 1920 zu berichten, als sie im Weltspeisehaus, Grüner Weg 84, Inhaber K. Ullrich, unweit des Andreasplatzes, beschäftigt gewesen sei. „Dort verkehrte Großmann", sagte sie. „Er wechselte dort sein Kleingeld in großes Geld ein. Dabei bot er mir auch an, ich solle zu ihm kommen und ihm die Wirtschaft führen. Ich schlug es ihm regelmäßig ab, weil er mir zu dreckig war. Als ich später unter Kontrolle kam, sprach er mich wieder an (...)"

Die Ehefrau Helene Briesemeister, geb. Greitschert, geboren am 24. Oktober 1897 in Lichtenberg und wohnhaft Hübenerstraße 14 bei der Mutter, erklärte, wie sie im Sommer des vorigen Jahres die Wirtschafterin Großmanns auf dem Andreasplatz kennen gelernt habe. Gemeinsam seien sie mit Großmann in dessen Wohnung gegangen. Dessen Annäherungsversuche habe sie ignoriert. Etwa neun Tage später sei sie wieder dort gewesen und habe Großmann am Genick von einer 18-Jährigen zurückgezogen, weil diese aufgeschrieen und sich furchtbar gewehrt habe.

Weiterhin wurden an dem Tag vernommen: der Maler Konrad Böhm, der im gleichen Haus wie Großmann lebte und am Abend des 21. August gemeinsam mit der Polizei dessen Zimmer betreten hatte, und der Lagerist Wilhelm Eumann (35 Jahre), dem aufgefallen war, dass Helene Itzig ein Gespräch zwischen ihm mit seinem Freund Böhm belauscht habe, ehe diese zum Polizeipräsidium gegangen seien.

Am 25. August 1921 wurde das Gelände bei der Laube in der Laubenkolonie „Klein Landsberg" bei Weißensee, die Großmann früher besessen hatte, durch drei hinzugezogene Arbeiter in Gegenwart der Kriminalkommissare Dr. Riemann und Werneburg umgegraben. Insbesondere wurde der ungedielte Boden in der Laube selbst sowie um die Laube herum tiefer umgegraben, da vermutet wurde, dass Großmann die Leichen in der Laube selbst oder hinter der Laube vergraben hätte. Es wurde aber nichts gefunden.

Überschattet wurden die Ereignisse im Fall Großmann von der am 26. August 1921 verübten Ermordung des Abgeordneten und Reichsministers a. D. Matthias Erzberger (Zentrumspartei). Das Berliner Polizeipräsidium ermittelte auch in dieser Sache, wie der damaligen Tagespresse zu entnehmen ist.

Am 26. August 1921 wurde der am 19. Dezember 1862 in Dresden geborene Arbeiter Gustav Schmidt, jetzt wohnhaft an der Kleinen Andreasstraße 6, in das Polizeigefängnis eingeliefert. Er war am 21. August mit Großmann unterwegs gewesen. Er wurde von Dr. Riemann verhört und nach einem Tag wieder auf freien Fuß gesetzt. ***(Bilddokument links: die Einlieferungsanzeige vom 26. August.)***

Emma Preußer, verheiratet und 1891 in Karlowitz geboren, wurde am gleichen Tag zur Sache gehört. Sie will im Juni oder Juli auf dem Rummelplatz an der Köpenicker Straße ihrer Freundin Emma Biedermann begegnet sein, die in Begleitung von Großmann gewesen sei. Gemeinsam hätten sie in Großmanns Wohnung Kaffee getrunken. Auch ihr sechs Jahre alter Sohn, Ernst, sei dabei gewesen. Großmann habe ihr vier Mark pro Tag und freies Essen versprochen, außerdem habe er ihre Miete in Höhe von 24 Mark bezahlen wollen. Tags darauf (und auch später) hätten beide Geschlechtsverkehr gehabt. Die damalige Wirtschafterin, Frieda, etwa 20 bis 21 Jahre alt und laut ihren Angaben aus Mecklenburg stammen, soll auch in der Wohnung gewesen sein, und zwar nackt. „Die Frieda hat mir noch erzählt, daß Großmann ihr den Unterleib kaputt gemacht hätte."

Lucie Alt wurde am 27. August 1921 von der Mordkommission vernommen. Alt, die nach ihrer ersten Begegnung mit Großmann im September 1918 bis 1921 in Landwirtschaften in Pommern, Bayern und Mecklenburg als Schnitterin gearbeitet hatte und seit ca. sechs Wochen wieder in Berlin lebte (beim Obsthändler Paul Knopp im Haus Bulackstr. 17) hatte, wie sie zu Protokoll gab, ungefähr acht Tage vor der Ermordung von Marie Nitsche zufällig Großmann getroffen. Sie sei mit ihm zu dessen Wohnung gegangen, wo ein 22 Jahre altes Mädchen, das von Großmann mit Gertrud angesprochen worden sei, die eigene Wäsche gewaschen habe. Dieses Mädchen habe über Unterleibsschmerzen geklagt, die von Großmanns Berührungen hergerührt haben sollten. Zwei Tage später sei sie, Lucie Alt, selbst noch einmal zu Großmann gegangen (im Anschluss an ihren Besuch bei Helene Itzig). Dort habe sie sich zum Geschlechtsverkehr mit Großmann verleiten lassen, diesen dann aber unterbunden, als er ihr mit seiner rechten Hand „tief in den Kehlkopf" gedrückt habe.

Der Buchhändler Bernhard Beyer, 29 Jahre, der sein Papier- und Schreibwarengeschäft an der Langen Straße 82/83 führte, wurde am gleichen Tag vernommen. Seit einem Jahr sei Großmann in sein Geschäft gekommen, um Papier, Papierwäsche, -kragen und -serviteurs zu kaufen. Auch Bindfäden, Packbögen und Paketadressen, „die er gleich immer bei mir schreiben ließ", und Schmöker habe er bei Beyer gekauft.

Ebenfalls am 27. August wurde die verheiratete Marie Woyte, geb. Felz, 27 Jahre, die nach dem Verlassen ihrer Stellung Anfang 1918 Großmann kennen gelernt hatte (siehe oben), vernommen. Sie konnte sehr ausführlich über ihre gemeinsame Zeit mit Großmann in der Laubekolonie berichten und auch über das extrem brutale Vorgehen Großmanns in sexueller Hinsicht.

Die 28 Jahre alte ledige Marie Reincke, wohnhaft an der Kleinen Andreasstraße 6, wurde am 28. August 1921 vernommen. Seit acht Jahren sei sie bei Gustav Schmidt wohnhaft und führe ihm genauso lange die Wirtschaft. „Großmann kenne ich seit 4 Jahren. Gewöhnlich sind wir – Schmidt, Großmann und ich – – Großmann hatte gewöhnlich einige Mädchen mit – sonntags nach außerhalb gefahren. Ich bin auch öfters mit Schmidt zusammen in Großmanns Wohnung gewesen." Folgende Wirtschafterinnen, die bei Großmann tätig gewesen sein sollen, konnte Marie Reincke benennen: Frau Sabin, Lange Straße 44, Frau Becker, Kleine Markusstraße 26, Martha Templin, Wohnung unbekannt, und Berta Reichel oder Reichert, ca. 48 Jahre alt, seit zwei Jahren spurlos verschwunden.

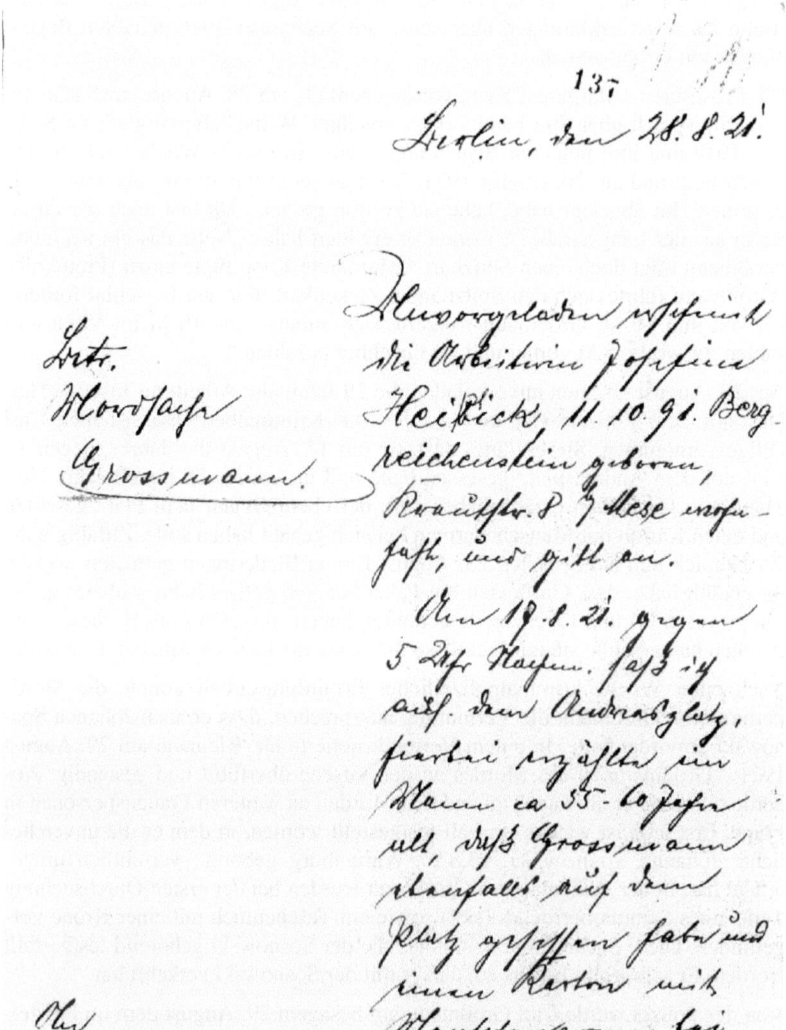

137

Berlin, den 28. 8. 21.

Betr. Mordsache Grossmann.

Vorgeladen erscheint die Arbeiterin Josefine Heipick, 11. 10. 91. Bergreichenstein geboren, Krautstr. 8 b/Mese wohnhaft, und gibt an.

Am 19. 8. 21. gegen 5 Uhr Nachm. saß ich auf dem Andreasplatz, hierbei erzählte ein Mann ca 55-60 Jahre alt, daß Grossmann ebenfalls auf dem Platz gesessen habe und einen Karton mit Wurstwaren bei sich hatte.

An Abt. IV. [illegible]

Zufällig traf ich heute die Frau [illegible]

Aus dem Protokoll der Vernehmung von Josefine Heipick (28. August).

Am gleichen Tag gab der 42 Jahre alte Arbeiter August Conde, Kleine Markusstraße 22, seine Erklärungen über seine seit September 1918 gehabten Begegnungen mit Großmann ab.

Die Prostituierte Margarete Knop wurde ebenfalls am 28. August zur Sache gehört. Sie sprach über ihre bereits oben erwähnte Wirtschaftertätigkeit im Sommer 1918 und ihre jüngeren Begegnungen vor etwa sechs Wochen (als sie ihn stehen ließ) und am 20. August 1921. Diesmal sei er mit zu ihr gekommen. Als er seinen Hut abgelegt habe, habe sie zu ihm gesagt: „Du bist doch der Großmann aus der Langestraße?“, worauf er erwidert habe: „Nein, das bin ich nicht. Großmann trägt doch einen Spitzbart.“ Margarete Knop fügte hinzu (Protokoll): „Großmann führte auch den Spitznamen Zickenkarl. Für den Beischlaf forderte ich von ihm 10 M. Großmann weigerte sich anfangs, die 10 M im Voraus zu zahlen. Er wollte 5 M vorher und 5 M nachher bezahlen.“

Am 28. August erschien unvorgeladen die 29 Jahre alte Arbeiterin Josefine Heipick auf dem Polizeirevier und wurde vom Kriminalbetriebsassistenten Carl Dillge vernommen. Sie erklärte, dass sie am 17. August des Jahres, gegen 17 Uhr, auf dem Andreasplatz gesessen habe und ihr ein ca. 55 bis 60 Jahre alter Mann von Großmann erzählt haben soll, der ebenfalls auf dem Platz gesessen und einen Karton mit Menschenarmen bei sich gehabt haben solle. Zufällig habe die Heipick nun am besagten 28. August Emma Biedermann getroffen, welche ihr erzählt habe, dass Großmann ein Paket bei sich gehabt habe, welches gerissen gewesen sei und Leichenteile enthalten haben soll. „Ob Frau B. diese Teile gesehen hat, erzählte sie mir nicht“, so die Notiz im handschriftlichen Protokoll.

Nach einer Woche kriminalpolizeilicher Ermittlungsarbeit konnte die Mordkommission Großmann die Vermutung aussprechen, dass er auch Johanna Sosnowski ermordet hatte. In einem Vermerk notierte Dr. Riemann am 29. August 1921: „Großmann ist des Mordes an der Nitsche überführt und geständig. Außerdem kommt er aber auch zu anderen Morden an weiteren Frauenspersonen in Frage. Erst jetzt ist wieder ein Fall festgestellt worden, in dem er die unverehelichte Johanna Sosnowski, 13.8.97 Wartenburg geboren, vermutlich umgebracht hat. In der Wohnung des Großmann wurden bei der ersten Durchsuchung Teile eines Sammtoberrockes (sic!) sowie ein Taschentuch mit einer Krone vorgefunden. Diese Sachen sind bereits als die der Sosnowski gehörend festgestellt worden. Er selbst gibt bereits zu, daß er mit der Sosnowski verkehrt hat.“

Von der Polizei wurde Carl Großmann am besagten 29. August dem im Polizeipräsidium tätigen Vernehmungsrichter des Amtsgerichts Berlin-Mitte vorgeführt, der an demselben Tage Haftbefehl gegen den Frauenmörder erließ und sodann die Akten an die Generalstaatsanwaltschaft bei dem Landgericht I Berlin abgab. Großmann kam jetzt in das Polizeigefängnis Berlin in Untersuchungshaft.

Medizinalrat Prof. Dr. Curt Strauch, der in Berlin NW 6, Luisenplatz 9, arbeitete, legte am 30. August 1921 seinen Bericht über die Untersuchung der Aschen, die man in Großmanns Wohnung aus dem Herd und Ofen entnommen hatte, vor. Am Schluss schrieb er: „Wenn ich mein Gutachten jetzt vorläufig zusammenfasse über die Untersuchung der Aschen aus der Großmannschen Wohnung, so muß ich erklären, daß nach meiner Untersuchung mindestens zwei menschliche Hände, wahrscheinlich aber auch noch Teile des Brustkorbes eines Menschen verbrannt worden sind, außerdem eine große Anzahl von Gegenständen, die zu weiblicher Kleidung gehörten."

Zeitgleich legten Dr. Constant Griebel und Dr. Ernst Barnes von der staatlichen Nahrungsmittel-Untersuchungsanstalt dem Polizeipräsidenten, Abteilung IV, Berlin, unterm 30. August ihr Urteil und Gutachten zu den blutbefleckten Gegenständen aus Großmanns Wohnung vor. Dabei kam auch zum Vorschein, dass sich in einer beschlagnahmten Kaffeetasse ein Kaffeegetränk befand, das mit 2,7 Gramm Zyankali gemischt gewesen war.

Am 30. August 1921 erschien die 24 Jahre alte Hedwig Stiebe bei der Mordkommission. Das Protokoll wurde handschriftlich verfasst. Da heißt es: „Ich habe Großmann im März oder April 1920 in der Koppenstr. kennen gelernt. Er sprach mich an und fragte mich, wie es mir ginge und wo ich herkäme. Ich klagte ihm meine Not und darauf lud er mich ein, mit ihm in die Wohnung zu gehen. Vorher besuchten wir noch eine Kneipe und tranken dort mehrere Schnäpse. Dann gingen wir in seine Wohnung. Dort angekommen, bot mir Großmann zu essen an. Ich lehnte dies jedoch ab, weil es mir zu unappetitlich aussah. Großmann wollte mir Geld geben, wenn ich mit ihm geschlechtlich verkehren würde. (...)"

Am 31. August 1921 wurden die Packerin Hertha Hermann und die Prostituierte Anna Wendel im Polizeipräsidium zur Sache gehört.

Die Gerichtsärzte Prof. Dr. Paul Fraenckel und Gerichtsmedizinalrat Dr. Felix Dyrenfurth in Charlottenburg legten dem Herrn Generalstaatsanwalt des Landgerichts I Berlin unterm 1. September 1921 das Gutachten über die von ihnen am 23. August ausgeführte gerichtliche Obduktion vor. Ihre Ergebnisse fassten sie am Schluss wie folgt zusammen:

1) Die Getötete ist lebend mißhandelt worden durch Schläge mit einem stumpfen Gegenstande gegen die Stirn und das linke Auge; durch Einpressen eines festen Gegenstandes tief in den Rachen; durch Einführen eines langen festen Gegenstandes, wahrscheinlich des beschlagnahmten Kochlöffels, tief in den Mastdarm; durch Einführen desselben oder eines ähnlichen Gegenstandes in die Scheide und Quetschungen der äußeren Geschlechtsteile.

2) Sie hat dabei die in dem vorläufigen Gutachten aufgezählten Verletzungen erlitten.

3) Ihr Tod war die Folge der erlittenen Verletzungen, da sich eine andere Todesursache nicht gefunden hat. Die eigentlich tötliche (sic!) Verletzung ist aber nicht mit Bestimmtheit zu bezeichnen; die größte Wahrscheinlichkeit besteht für Erstickung an dem Fremdkörper im Rachen, vielleicht in Verbindung mit Betäubung durch die Schläge gegen den Kopf. Aber es können auch alle Verletzungen zusammen durch Erschöpfung den Tod herbeigeführt haben.

4) Einen Anhalt für geschlechtlichen Verkehr des Angeklagten mit der Getöteten hat die Untersuchung des Scheideninhalts der Leiche nicht ergeben.

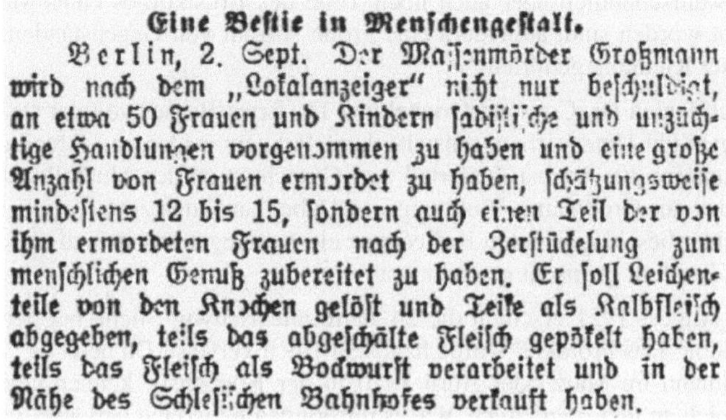

Eine Bestie in Menschengestalt.

Berlin, 2. Sept. Der Massenmörder Großmann wird nach dem „Lokalanzeiger" nicht nur beschuldigt, an etwa 50 Frauen und Kindern sadistische und unzüchtige Handlungen vorgenommen zu haben und eine große Anzahl von Frauen ermordet zu haben, schätzungsweise mindestens 12 bis 15, sondern auch einen Teil der von ihm ermordeten Frauen nach der Zerstückelung zum menschlichen Genuß zubereitet zu haben. Er soll Leichenteile von den Knochen gelöst und Teile als Kalbfleisch abgegeben, teils das abgeschälte Fleisch gepökelt haben, teils das Fleisch als Bockwurst verarbeitet und in der Nähe des Schlesischen Bahnhofes verkauft haben.

Cellesche Zeitung vom 2. September 1921

Wegen der früheren Wirtschafterin Großmanns Liesbeth Purche, die noch am 15. Juli 1921 bei Großmann tätig gewesen sein soll und einen zehn- bis elfjährigen Jungen hatte, wurden am 5. September 1921 Frieda Buchholz, Helene Itzig und Marie Reincke vernommen. Erstere vermuteten, dass der ihnen von der Mordkommission vorgelegte Kopf der von der Purche sei, und Marie Reincke erklärte, dass die Purche nach der Weinstraße 7 abgemeldet sei.

Am 7. September 1921 wurde der Luisenstädtische Kanal unter Zuhilfenahme eines Tauchers nach eventuell noch im Wasser befindlichen Leichenteilen abgesucht. Insbesondere wurden die Stellen durchsucht, an denen Großmann nach den Aussagen der Zeuginnen Loh und Lieffers Pakete ins Wasser geworfen haben soll. Es wurden keine Teile mehr vorgefunden.

Im „Volksblatt für Stadt und Land" (Wien) verlautete am 11. September 1921:

Der Berliner Frauenmörder Großmann.
Das Fleisch der Ermordeten verkauft.

Die Untersuchung gegen den Händler Großmann, der des Mordes an einer Reihe von Frauen beschuldigt wird, die er in seinen Haushalt lockte unter dem Vorwand, daß sie ihm den Haushalt führen sollten, hat, wie aus Berlin gemeldet wird, immer mehr Material von ungeheurer Schwere zusammengetragen. Gegen Großmann, der sein Leugnen noch immer beibehält, liegt ein ausgesprochen schlüssiges Beweismaterial vor. Er wird beschuldigt, gegen eine Anzahl von etwa sechzig Frauen und Kindern unzüchtige Handlungen vorgenommen zu haben und eine größere Anzahl von Frauen im Verlaufe dieser Handlungen ermordet, die Leichen zerstückelt und verbrannt zu haben. Die Zahl der Gemordeten beläuft sich schätzungsweise auf 12 bis 15.

Weiter wird er beschuldigt, einen Teil der von ihm gemordeten Frauen zum menschlichen Genuß zubereitet zu haben. Er soll Leichenteile von den Knochen gelöst und das Fleisch als Kalbfleisch verkauft, teils aus ihm Blut-

wurst gemacht haben, das er in der Nähe des Schlesischen Bahnhofes verkauft haben soll.

Lange sollte es dauern, bis Carl Großmann sein Schweigen brach. Er gab zwar schon bald zu, Marie Nitsche getötet zu haben, allerdings ohne Überlegung; ansonsten leugnete er hartnäckig. Über die Ermittlungsarbeit der Mordkommission und das Geständnis des Frauenmörders wusste Dr. Frey zu berichten:

Vierzehn Tage saß Großmann im Polizeipräsidium Werneburg gegenüber. Vierzehn Tage lang behauptete er, die Marie Nitsche nur deshalb umgebracht zu haben, weil sie ihn bestohlen habe wie all die Mädchen vorher. Und wirklich – man hatte bei ihr ein paar Hundertmarkscheine gefunden ... „Reiner Totschlag, Herr Kommissar", beteuerte Großmann hartnäckig. Tag für Tag dasselbe. Und nach jedem dieser hoffnungslosen Verhöre wurde Großmann wieder in seine Zelle zurückgeführt.

Was danach im Zimmer 34 der Mordkommission Werneburg vorging, ahnte er nicht. Dort marschierten nämlich die Mädchen auf, die dem Tod durch Carl Großmanns Hände entgangen waren. Sie hatten lange geschwiegen. Aus Scham, aus Furcht vor der Polizei, aus Angst vor Rache ... Nun packten sie endlich aus. Sie kannten den kleinen Zeisig, der in der Wohnküche gelebt und gezwitschert hatte. Sie kannten jede Diele und jedes Brett in der Wohnküche. Sie sagten hemmungslos aus, was ihnen als Wirtschafterin des Massenmörders widerfahren war.

Dann erschien im Zimmer des Polizeipräsidiums am Alexanderplatz eines Tages Frau Iglitzki. Sie erzählte von dem kleinen Zeisig, der seit der Verhaftung seines Herrn die Flügel hängen ließ.

„Bringen Sie mir das Tierchen", schrie Großmann. „Bringen Sie mir den Zeisig, und ich will gestehn!"

Als Großmann am folgenden Morgen ins Zimmer 34 geführt wird, bleibt er verdutzt auf der Schwelle stehen. Da, zwischen den Fenstern hängt das Vogelbauer.

„Hänseken!" Er stürzt darauf zu. Er will an die Stäbe klopfen, aber seine Hände sind gefesselt. Erst auf einen Wink Werneburgs nimmt ihm der ihn begleitende Beamte die Handschellen ab. Eine halbe Stunde lang versinkt für Carl Großmann die Welt ringsum. Er ist allein ... mit seinem Hänseken.

Mit unendlicher Geduld wartet Kriminalkommissar Werneburg. Er blättert in Akten, tritt ans Fenster und sieht den Vorortzügen zu, die draußen über den Stadtbahnbogen rollen. Werneburg hat Zeit. Er weiß: Jede Minute, die Großmann sich mit seinem Zeisig beschäftigt, bringt ihn dem Geständnis näher. Jedes Piepsen des Tierchens, jedes Wort, das Großmann dem Vogel zärtlich zuflüstert, macht ihn weicher.

Eine geschlagene Stunde läßt Werneburg dem Mörder Zeit für seinen Zeisig. Dann tritt er interessiert neben Großmann: „Ich glaube, wir müssen ihn mal mit Insektenpulver einstreuen. Er kratzt sich ja, als hätte er Milben."

„Ach nee, meinen Sie wirklich, Herr Kommissar?"

„Ja, bestimmt." Werneburg macht die Tür zum Vorzimmer auf. Er ruft nach Oberwachtmeister Wild, der die Außenermittlungen in der Großmann-Sache leitet. „Wild, schicken Sie doch mal schnell einen Mann 'rüber in die Tierhandlung in der Grunerstraße und lassen Sie Milbenpulver holen."

„Wird jemacht."

Zehn Minuten später hält Großmann den Vogel vorsichtig in der Hand, und Kriminalkommissar Werneburg streut ein feines Pulver auf das Gefieder. Ängstlich zucken die Augen des Tierchens hin und her.

„Na, na, ick tu dir doch nischt", sagt Großmann. „Dir tu ick doch nischt. Du bist doch mein Hänseken ..."

„Wenn die Menschen so gut wären wie die Tiere, dann gäb's keine Kriminalpolizei und kein Präsidium", sagt Werneburg.

„Da ham Se recht, Herr Kommissar ... übrijens, wat ick Ihnen schon lange erzählen wollte ...

„Na, nun tun Sie man erst Hänseken in seinen Käfig."

Großmann läßt die Gittertür des Vogelbauers herunter. Er blickt dem Kommissar offen in die Augen: „Weil Se so nett zu mein Hänseken waren, will ick Ihnen die Wahrheit sagen ... Ja, ick ha die Marie Nitsche umjebracht und ooch die andre, die Johanna."

„Die hat Sie also auch bestohlen, die Johanna?"

„Nicht doch, Herr Kommissar", Großmann macht eine vertrauliche Geste. „Det war doch allet nur, weil ick mir nicht beherrschen konnte, wenn son Mädchen bei mir war ..."

Und nun sprudelt es aus Großmann hervor. Er, der bisher nur stockend und nach langem Überlegen geantwortet hat, spricht jetzt so schnell, daß der Kommissar ihm kaum folgen kann. Mit der Weitschweifigkeit und Umständlichkeit älterer Leute schildert er, wie er die beiden Mädchen zu sich gelockt, wie er sie bewirtet, wie er sie zu Werkzeugen seiner Triebe gemacht und sie schließlich getötet, zerhackt und in die Spree geworfen hat.

Dem Kommissar stockt der Atem. Er hatte geglaubt, sich alles, was es im Sumpf der Großstadt an Schlechtigkeit und Entartung gibt, an den Stiefelsohlen abgelaufen zu haben. Jetzt muß er zugeben, daß er nichts wußte. Und genauso geht es den Beamten der Sittenpolizei, die Oberwachtmeister Wild rasch herbeiholt.

Sechs Stunden lang erzählt Großmann ... Er hält eine Vorlesung darüber, wie er die beiden jungen Frauen fachgerecht getötet hat ... Er doziert noch immer, als die Gaslampen angezündet werden. Bleich, zusammengesunken hängen die Kriminalisten auf ihren Stühlen.

„Und genauso haben Sie es bei den anderen gemacht?" fragt plötzlich Werneburg.

Wie von einer Nadel gestochen, fährt Großmann hoch: „Ick weiß von keine andern! Kommen Se mir bloß nicht so, lieber Mann!"

Sechs Stunden lang hat Großmann mit seinen grausigen Erzählungen abgegolten, was Kriminalkommissar Werneburg seinem Hänseken Gutes getan hatte. Nun sind sie quitt. Meint Großmann.

Werneburg bittet, Oberwachtmeister Wild droht. Großmann schweigt. Die Beamten stehen auf, rauchen, lassen Großmann stehen wie ein ungezogenes Kind in der Ecke. Sie beschäftigen sich mit anderem, beobachten ihn dabei aus den Augenwinkeln.

Allmählich merken sie, daß Großmann sich ändert. Ein verschmitztes Grinsen geht über sein Gesicht. Er sagt: „Een Anwalt will ick haben. Sonst sage ick überhaupt nischt mehr."

„Einen Anwalt?" Darauf ist Werneburg nicht gefaßt.

„Ja, een Anwalt, lieber Mann. Und zwar den, der den Schumann so schön runterjekricht hat."

„Runterjekricht?" Oberwachtmeister Wild lacht höhnisch. „Den Schumann haben se vorichte Woche in Plötzensee einen Kopp kürzer gemacht."

„Janz ejal, den will ick haben, oder ick sage keen Ton mehr."

Kriminalkommissar Werneburg ist erschöpft: „Schon gut, Wild. Lassen Sie dem Kind die Boulette, und rufen Sie den Doktor Frisch – Fromm – Fröhlich – Frey an. Benachrichtigen Sie ihn von dem großen Glück, daß der Olle ausgerechnet ihn haben will.

Die Kriminalkommissare Werneburg und Dr. Riemann von der Mordkommission fassten die bisherigen Ergebnisse in einem umfassenden Bericht zusammen. Zunächst berichteten sie über die drei Leichenfunde der Jahre 1919 und 1920, dann über die beiden jüngsten Leichenfunde im Luisenstädtischen Kanal und schließlich über das Verhalten Großmanns in den polizeilichen Vernehmungen. Optimistisch waren sie in Bezug auf die drei zunächst bearbeiteten Mordfälle von 1919 und 1920:

Die eingehende Nachprüfung der zuletzt aufgeführten drei Fälle konnte nicht mehr durchgeführt werden, da die Ermittelungen in der Sache Nitsche und den beiden andere Leichenfunden – 7.-10. und 19.8.21 – zu viel Zeit in Anspruch nahmen. Sollte die Mordkommission noch weiterhin mit dem Untersuchungsrichter Hand in Hand arbeiten können, so dürften auch die drei Fälle ihre völlige Aufklärung finden.

Mittäter will Großmann nicht gehabt haben. Er behauptet zwar, daß Frau Itzig von dem Morde an der Martha insofern Kenntnis gehabt habe, als sie die Martha tot im Bette neben ihm hätte liegen sehen. Diese Behauptung des Großmann erscheint wenig glaubhaft. Es war allerdings von der Mordkommission anfangs vermutet worden, daß Frau Itzig, die fast täglich das Zimmer des Großmann betrat, von seinem Treiben nähere Kenntnis hatte. Es hat sich jedoch nicht beweisen lassen, daß sie tatsächlich von den Mordtaten des Großmann unterrichtet war. Im Falle Nitsche ist es die Itzig gewesen, die mit ihrem Manne die Polizei von ihren Beobachtungen benachrichtigt hat, sodaß Großmann festgenom-

men und überführt werden konnte. Es scheint sich bei der Anschuldigung der Frau Itzig um einen Racheakt des Großmann zu handeln, da sie ihn zur Anzeige gebracht hat.

Wie bereits erwähnt, will Großmann in sämtlichen von ihm zugegebenen Fällen die Frauenspersonen erschlagen haben. Er spricht auch nur von Totschlag. Tatsächlich scheint er jedoch systematisch vorgegangen zu sein. Er hat sich als Opfer stets Frauen ausgesucht, die mittellos, wohnungslos und ohne Anhang waren. Er wußte also von vorn herein, daß diese Personen niemals vermißt werden würden und daß die Ermittelung dieser Personen sehr schwierig bezw. unmöglich sein würden. Die von ihm angegebenen Gründe für den Totschlag sind in sämtlichen drei Fällen unglaubhaft. Im Falle Nitsche fingiert er einen Diebstahl. Die Sosnowski will er erschlagen haben in der Wut, weil sie ihm geleugnet hätte, daß sie noch einen Bräutigam habe. Die Martha hat er angeblich erschlagen, weil sie ihm den Geschlechtsverkehr verweigert hätte. In Wirklichkeit wird er wie im Falle Nitsche die mit Vorbedacht ausgewählten Opfer gefesselt und sie dadurch, daß er ihnen die Finger in den Hals steckte, erstickt haben.

Großmann ist ausweislich seines Strafregisters ein schwer vorbestrafter Mann, dem die Praxis der Polizei- und Gerichtsbehörden durchaus vertraut ist. Auf diese Kenntnis baut er mit großem Raffinement seine Verteidigung auf. Seine Jugend und sein Mannes-Alter bis zum 34. Lebensjahr sind charakterisiert durch ein unstetes Vagabunden- und Wanderleben. Er ist seinem zügellosen Triebe nach Freiheit und Umherstreifen in der Welt ebenso zügellos gefolgt. Sein Sexualempfinden hat sich frühzeitig auf abnormem Wege befunden, was einwandfrei aus seinen einschlägigen Vorstrafen hervorgeht. Als Grund für diese Zuchthausstrafen gibt er in dem einen Falle Bestialität (§ 175 Str.G.B. Mißbrauch einer Ziege) im anderen Falle Sittlichkeitsverbrechen an einem siebenjährigen Mädchen an. Letzteres ist nach seiner Angabe nach Rechtskraft des Schwurgerichtsurteils an den Folgen seiner Handlungsweise gestorben. Dies ungezügelte, sexuelle Triebleben hat ihn dann auch zu den hier in Frage kommenden Verbrechen getrieben.

Großmann wurde am 21.8.1921 festgenommen. Seine äußere Erscheinung machte einen durchaus verwahrlosten und vollkommen ungepflegten Eindruck, wie sie selbst in den Kreisen, zu denen er gehört, nur in ganzen Ausnahmefällen zu finden ist. Auffallend an ihm war besonders sein helles Auge, das einen klaren, durchdringend kalten Blick hatte. Trotz seines äußerlich ruinenhaften Aussehens besitzt er eine für sein Alter als bedeutend anzusehende Kraft.

Die Vernehmungen des Großmann stießen auf die allererheblichsten Schwierigkeiten, die aus seiner großen Vorsicht und seiner außerordentlichen Gerissenheit sowie aus seinem durch kein Zureden zu beseitigenden Mißtrauen resultierten. Allen Tatsachen und Beweisen, die ihm von den vernehmenden Beamten vorgehalten wurden, setzte er ein stumpfes "Nein" oder ein "Ich weiß nicht" entgegen. Oft genug gab er sich das Ansehen, als ob er den Verhandlungen garnicht oder nur mühsam folgen könne. Hielt man ihm aber einige Tage später ältere Zeugenaussagen oder sonstige weiter zurückliegende Ereignisse vor, wußte er bis auf das Kleinste bescheid und korrigierte den Vernehmenden auch in den allerunwesentlichsten Umständen. Ein weiterer Beweis für sein phänomenales Gedächtnis ist die Tatsache, daß er sich sowohl geringfügiger Kleinigkeiten seines Vorlebens als auch bis in das Kleinste der Vorgänge bei der Beiseiteschaffung der verschiedensten Frauenleichen zu erinnern vermag.

Seine Verteidigung lief von vorn herein auf das Bestreben heraus, seine Taten – wie bereits erwähnt – als Totschlag zu konstruieren. Fallfragen nach dieser Richtung hin merkte er sofort, wußte sie auch, solange ihm nichts bewiesen werden konnte, oder er kein Geständnis abgelegt hatte, derart scharfsinnig mit Gründen zu belegen, daß sie das Aussehen absoluter Glaubwürdigkeit hatten. Mit dieser Intelligenz ist verbunden ein außerordentlicher Geschäftssinn und eine ausgeprägte Habsucht.

Allen äußeren Eindrücken gegenüber, die dem normal empfindenden Menschen ein Grauen oder ein tiefes Mitleid mit den Verwandten seiner Opfer einflößten, blieb er kalt gegenüber, bezw. zeigte er eine zynische Rohheit. Es wird hierzu auf den bereits erörterten Vorfall zwischen Großmann und dem Bruder der Sosnowski hingewiesen. Geradezu typisch für den Mangel an irgendwelchem menschlichen Empfinden war sein Verhalten im Leichenschauhaus. Nicht nur, daß er die herumliegenden Leichenteile, von denen er wußte, daß er gerade sie in diesen grauenhaften Zustand versetzt hatte, demonstrierte er sowohl an der Leiche der Ermordeten Nitsche als auch an den einzelnen im Kanal gefundenen Leichenteilen auf das eingehendste, wie seine erlogenen Behauptungen mit dem ihm vorgelegten Tatsachenmaterial in Einklang gebracht werden konnte.

Großmann ist weder durch Güte noch durch Härte zu fassen. Seine Geständnisse legte er schließlich unter der Wucht des gehäuften Beweismaterials und unter der Vorstellung ab, daß diese geeignet seien, ihn ins Irrenhaus zu bringen und ihn vor der von ihm so gefürchteten Todes bzw. Zuchthausstrafe bewahren könnten.

Sein Auftreten sowohl den vernehmenden Beamten als auch denjenigen Zeugen gegenüber, die Belastendes gegen ihn aussagen, ist frech und anmaßend. Eine Flut roher und gemeinster Schimpfworte ergießt er gelegentlich über alle Personen, die mit ihm in Berührung kommen. Manches Mal wieder sucht er den schlechten Eindruck, den er macht, durch einen ihm eigentümlichen urwüchsigen Humor abzuschwächen.

Seine raffinierte Verteidigung ist mit größter Vorsicht aufzunehmen, da er aus den oben angeführten Gründen die Untersuchungführenden ständig zu dupieren sucht.

Großmann ist am 29.8.1921 dem Untersuchungsrichter vorgeführt worden.

Bei seiner Vernehmung am 15. September 1921 hat Großmann noch einen weiteren Fall eingestanden. Er hatte im Sommer des Jahres ein Mädchen mit Vornamen Martha kennen gelernt und wiederholt mit ihr geschlechtlich verkehrt. Wie Großmann behauptete, habe sich das Mädchen am Morgen eines Tages aus irgendwelchen Gründen geweigert, ihm den Beischlaf zu gestatten. Aus Wut hierüber wollte er ihr mit einem Gegenstand einen Schlag auf den Kopf versetzt haben, wonach sie sofort tot gewesen sei. Dann wollte er in demselben Bett, in der die Leiche lag, neben dieser mehrere Stunden geschlafen haben und in diesem Zustand von seiner Nachbarin Helene Itzig überrascht worden sein.

„Wie Großmann nicht unglaubwürdig behauptet", so Staatsanwaltschaftsrat Hayner in seinem Bericht an den Generalstaatsanwalt vom 16. September 1921, „hat Frau Itzig von ihm 50 Mark Schweigegeld gefordert und erhalten".

Großmann gestand, in seiner Wohnung „höchstens fünf" Lustmorde verübt zu haben. Im polizeilichen Vernehmungsprotokoll vom 16. September 1921 heißt es: „Auf die Frage, ob er beim Zerteilen der Leiche – also in dem Augenblick, wo Blut zum Vorschein kommt – eine geschlechtliche Erregung habe, erklärt Großmann, dass dies nicht der Fall sei, und zwar unter keinen Umständen. Auch bei den lebenden Frauenspersonen rege ihn Blut nicht auf."

Großmann hatte sich den bekannten Verteidiger Rechtsanwalt Dr. Erich Frey als Rechtsbeistand gewünscht. Dieser kam schließlich am 22. September 1921 in die Haftanstalt Berlin-Moabit. An diesem Tag erteilte Großmann Dr. Frey die Strafprozess-Vollmacht. Nach dessen Erinnerungen schien der Anwalt recht voreingenommen gewesen zu sein.

Seine ersten Gedanken:

Es war eine unruhige Zeit, damals im Jahre 1921. Geldentwertung, Teuerung, Hunger, Aufstände, Streiks ... Die Staatsmaschine der jungen Weimarer Republik ging stockend, unter Knarren und Ächzen. Nur der Apparat der Justiz lief auf Hochtouren. Für ihn hatten Krieg und Revolution eine noch nie dagewesene Hochkonjunktur herbeigeführt. Der Krieg hatte nicht nur Millionen Menschen verschlungen oder zu Krüppeln gemacht, er hatte auch die Seelen verwundet, manche völlig entstellt und verheert. Die Zahl der Verbrechen stieg ins ungeheure. Hunderttausende, die aus dem Kriege heimgekehrt waren, fanden nicht wieder zurück in ein geordnetes Leben. Hunderttausende fanden keine Arbeit und konnten sich nicht wieder an geregelte Arbeit gewöhnen. Riesig war die Zahl derer, die aus Haltlosigkeit oder auch aus Not das Gesetz brachen.

Noch war die Erregung über den Massenmörder vom Falkenhagener See nicht ganz verklungen, da mußte ich schon einen neuen Fall übernehmen, der Grauen und Schrecken über ganz Berlin verbreitete. War ich dazu ausersehen, die abseitigen Kreaturen zu verteidigen? Fast schien es mir so ...

Der Mann, den ich diesmal wochenlang täglich in seiner Zelle besuchen und schließlich im Großen Schwurgerichtsaal von Moabit verteidigen sollte, hieß Carl Großmann, mit C. Darauf legte er besonderen Wert.

(...)

Ich kam an einem Septembertag nach Moabit. Es war noch nicht viel Zeit vergangen, seit im Gefängnis Plötzensee mein Mandant Schumann hingerichtet worden war. Schumann war der erste Massenmörder, ja der erste Mörder in meiner Praxis gewesen. Ich trug an diesem einen Erlebnis schon schwer genug. Und jetzt, als ich Großmann gegenüberstand, war ich erst recht entschlossen: Den verteidigst du nie ...

Dagegen schien Großmann von dem Ereignis seiner Musterung befriedigt zu sein. Er wandte sich Werneburg zu: „Isser det wirklich?“

„Das ist er wirklich. Sind Sie endlich zufrieden, Großmann?“

In dem verwitterten Gesicht des Mannes arbeitete es. In seine Augen trat ein beinahe ängstlicher Ausdruck: „Ob er ihn nimmt, Herr Kommissar?“

„Ob wer wen nimmt?“

Statt einer Antwort deutete Großmann auf die Wand zwischen den beiden Fenstern. Ich sah dort ein einfaches Vogelbauer hängen. Zwischen den Stäben hüpfte ein graugrünes Tierchen auf und ab. Ein merkwürdiges Idyll im nüchternen Vernehmungszimmer einer Mordkommission.

Großmann sah von mir zu dem Vogel, dann wieder zu mir.

„Na, dann fragen Sie den Herrn Rechtsanwalt doch“, ermunterte ihn Werneburg.

Der Unterkiefer des Massenmörders bewegte sich mahlend hin und her. Endlich brachte er stotternd hervor: „Det kleene Tierchen da ... Ick dachte, ob Se det vielleicht würden nehmen, Herr Doktor ...“

Ich begriff kein Wort. Werneburg sprang ein: „Der Zeisig da gehört dem Großmann. Und weil der nun bald überführt ist ...“

„Nee, nee, nich so, Herr Kommissar“, protestierte Großmann und war plötzlich ganz gespannt.

„... na gut, sagen wir, weil er nun bald reif fürs Untersuchungsgefängnis ist ... Ist es so richtig, Großmann?“

Großmann nickte und fuhr gleich selber fort: „... da möchte ick eben meinen kleinen jefiederten Freund in jute Hände wissen.“ Er sagte wirklich „kleinen gefiederten Freund“, ich nehme an, er hatte den Austruck in irgendeiner Broschüre über Vogelpflege gelesen.

„Ick schenk' Ihnen det Tierchen ooch“, drängte er. „Jut zwei Pfund Futter sind noch da. Aber pflegen müssen Se ihn. Es iss'n liebes Tier!“

Ich nahm das Mandat für Carl Großmann an. Ich versprach ihm, seinen Zeisig zu mir zu nehmen, sobald er vom Polizeipräsidium ins Untersuchungsgefängnis überführt werden würde. An diesem Tage übernahm ich die Sorge für eine Bestie und für ein kleines unschuldiges Tier, das stummer Zeuge unvorstellbarer Untaten gewesen war. Mit seinem Angebot hatte Großmann alle meine Vorsätze über den Haufen geworfen ...

Ich sagte Großmann, daß ich bis zur Erhebung der Anklage nicht viel für ihn tun könnte. Er sei auf frischer Tat ertappt, also mit vollem Recht in Haft.

„Is ja alles nicht so wichtig, Herr Doktor, wenn Se sich nur um mein Hänseken kümmern.“

Das versprach ich. Großmann unterschrieb die Vollmacht. Ich wollte gehen. Er druckste noch etwas herum.

„Ist noch etwas?" fragte ich.

Großmann grinste. „Wat ick Ihnen noch fragen wollte, die Scherbe da ..." Er deutete auf mein Monokel. „Fällt Ihnen die nich mal runter?"

„Niemals", sagte ich. „Das Einglas trage ich seit zwanzig Jahren, seit meinem 19. Lebensjahr. Ich bin nämlich stark kurzsichtig auf dem Auge."

„Wat Se nich sagen!" Großmann grinste wieder. Für ihn war ein Monokel reine Angabe, er glaubte nicht an meine Kurzsichtigkeit. Und in diesem Punkt unterschied er sich nicht von der Mehrzahl der Zeitgenossen.

Selbst ein so weltweiser Mann wie Victor Auburtin, der unvergeßliche Feuilletonist des „Berliner Tageblatts", zweifelte die Notwendigkeit meines Einglases an. Anläßlich des Prozesses gegen Dora Röber schrieb er:

> *Der Verteidiger, der in dem großen Diebsprozeß fungiert, trägt ein Monokel. Er benutzt das Monokel als Beweismittel und rhetorische Wendung. Er klemmt es scharf ein, wenn er dem Staatsanwalt etwas Energisches zu sagen hat. Er läßt es im bewegten Moment pathetisch aus dem Auge fallen. Das sieht sich sehr vornehm an. Wie denn überhaupt jetzt, wo es keine Offiziere mehr gibt, der Rechtsanwaltsstand der eleganteste Stand im Vaterlande ist.*
>
> *Übrigens macht er seine Sache vorzüglich, ist gerissen, in allen Sätteln gerecht und hat den Mund auf dem rechten Fleck. Man kann also ein Monokel tragen und doch ein tüchtiger Mann sein ...*

Ich habe diese Zeilen Victor Auburtins, auf die mich meine Frau eines Morgens bei unserem Frühstück mit einem ziemlich wütenden Kommentar aufmerksam machte, schmunzelnd gelesen.

Dagegen war Großmann für mich nur ein Fall, ein juristisches Problem, ein Objekt für wissenschaftliche Studien. Bis zuletzt wehrte ich mich dagegen, in ihm den Menschenbruder zu sehen.

*

„Sie wern doch nich etwa ne Katze im Haus haben?" Mit diesen Worten begrüßte mich Großmann, als ich ihn zum erstenmal im Untersuchungsgefängnis besuchte.

Er war mit Ketten an die Wand seiner Zelle angeschlossen, weil er in einem Wutanfall einen Aufseher gewürgt hatte. Er konnte sich nur zwei Meter von seinem Hocker entfernen. Er nahm das gelassen hin. Er dachte an... Hänseken.

„Ich habe keine Katzen, sondern nur zwei Hunde", versicherte ich ihm. „Die tun Ihrem Hänseken nichts."

Großmann hatte an dem Tag, an dem ich die Sorge für Hänseken übernahm, vor Kriminalkommissar Werneburg ein weiteres Teilgeständnis abgelegt. Ja, er hatte zugegeben, auch eine gewisse Frieda Schubert ermordet zu haben. Allerdings gestand er diesen dritten Mord erst, als man beim Durchgraben seines früheren Laubengrundstückes eine Handtasche fand, die der Schubert gehört hatte...

Aber das war alles, was man Großmann beweisen konnte. So beredt auch die Reste von dreiundzwanzig Frauen gegen ihn sprachen, die man im Laufe der letzten Monate aus dem Luisenstädtischen Kanal geborgen hatte – es führte keine nachweisbare Spur von ihnen zu Großmann. Von den zahllosen Wirtschafterinnen, deren Namen man nach und nach aus Großmann herausgelockt hatte, blieben sieben trotz rastloser Nachforschungen unauffindbar.

Auch hier deutete alles auf Großmann.

„Aber beweisen könnse ma nischt!" triumphierte er.

Der Generalstaatsanwalt in Berlin, gegenwärtig Siegfried Lindow, Charlottenburg, beantragte unterm 24. September 1921 beim Untersuchungsrichter die Eröffnung der Voruntersuchung und den Beschluss der Haftfortdauer. Im Schreiben heißt es:

Ich schuldige den Grossmann an,

zu Berlin-Mitte im Jahre 1921 durch vier selbständige Handlungen vorsätzlich vier Menschen, nämlich:

1. die Köchin Marie Nitsche, geborene Paul.
2. die Arbeiterin Johanna Sosnowski,
3. die ledige Albertine Asche,
4. eine Frauensperson Martha, deren übrige Personalien noch nicht bekannt sind,

getötet und die Tötungen mit Überlegung ausgeführt zu haben. -Verbrechen gegen die §§ 211, 74 Reichsstrafgesetzbuchs.- Wegen des Mordes an der Sittendirne Schubert habe ich in den Akten 32.J.2746.20 einen besonderen Antrag auf Voruntersuchung gestellt.

Es bestehen erheblich Verdachtsgründe dafür, daß Grossmann in mehreren Fällen an Frauenspersonen Mordversuche begangen hat und ich verweise in dieser Hinsicht auf die Bekundungen der Zeuginnen Haag, Balzer, Seifert, Styzcynski, Briesemeister, Schillinger, Preußer, Knop, Weyte, Alt, Boritzki, Milkowska (...), ferner der Zeugin Stiebe (...) und bitte ergebenst, diese Zeuginnen eingehend zu vernehmen und mir sodann Gelegenheit zur Stellung weiterer Anträge zu geben.

Ich bitte endlich, den Gerichtsarzt Professor Dr. Strauch, welcher den Grossmann bereits auf seinen Geisteszustand untersucht hat, zu beauftragen, ihn weiterhin eingehend zu untersuchen und ein schriftliches Gutachten über den Geisteszustand des Grossmann erstatten zu lassen.

Am 12. Oktober 1921 wurde Carl Großmann schließlich dem Untersuchungsrichter vorgeführt. In fünf Vernehmungen, am 12., 13., 14. 15. und 19. Oktober, gab er in Gegenwart von Landgerichtsrat Dr. Walter Böhmert und Kanzleiassistent Karl Drenske seine Stellungnahmen zu den ihm zur Last gelegten Mordfällen zu Protokoll. Am 12. Oktober gab der 57-Jährige Erklärungen zu seinem bisherigen Lebenslauf ab (siehe oben) und bestätigte die ihm vorgelegte lange Kette von Vorstrafen. Weiter sagte er:

Schon von Jugend an leide ich an Anfällen derart, dass ich die Besinnung verliere und nicht weiss, was ich tue. [Von Jugend auf habe ich einen sehr starken Geschlechtstrieb, habe aber mit Frauenspersonen früher immer in normaler Weise geschlechtlich verkehrt. Erst seit ein paar Monaten schafft es mir geschlechtlichen Anreiz, Frauenspersonen zu fesseln und zu binden und sie dann geschlechtlich zu gebrauchen.] Ich gebe auch zu, dass ich den Frauenspersonen zwei bis drei Finger in den Geschlechtsteil gesteckt habe. Ich habe auch niemals Frauenspersonen gewürgt oder die Finger in die Kehle gesteckt. Richtig ist nur, dass ich mit den Fingern die Zungen von Frauen mit deren Einwilligung betastet habe, weil mich dies geschlechtlich reizte. Frauenspersonen haben es sich auch freiwillig gefallen lassen, dass ich ihnen einen Finger in den After steckte, was mich gleichfalls geschlechtlich reizte. Dagegen habe ich nie versucht, einen Finger in die Harnröhre zu stecken. Möglich ist es dagegen, dass ich beim Spielen im Geschlechtsteil der Frauenspersonen die Harnröhre berührt habe. Blut zu sehen, reizte mich nicht. Die mir vorgehaltenen gerichtlichen Aussagen der Zeuginnen Balzer, Seifert, Briesemeister, Preusser, Schillinger, Woyte, Häseler, Stiebe, Knop, Josephs, Hauptband IV, Bl. 72 bis 85, sind teil stark übertrieben, teils gänzlich unwahr.

Am 20. Oktober vernahm Landgerichtsrat Dr. Böhmert den 24 Jahre alten Maler Konrad Böhm und den Arbeiter Gustav Schmidt, der am Nachmittag des 21. August eine Zeit gemeinsam mit Großmann, Willi Schulz und Emma Biedermann verbracht hatte und mit ihnen das Varietee von Reitmeier an der Koppenstraße besucht hatte.

Unterm 1. November 1921 bat Rechtsanwalt Dr. Frey, Großmann vorläufig in die Irrenabteilung des Zellengefängnisses Moabit (Lehrter Straße 1-5) überführen zu lassen. Er hielt „eine Untersuchung durch den außerhalb des Gefängnisses wohnhaften und tätigen Arzt nicht für ausreichend, gegenüber dem Vorleben des Angeklagten und der Art seiner strafbaren Handlungen".

Eine dauernde Beobachtung, wie sie nur in einer Irrenanstalt (also in einer psychiatrischen Klinik) oder Irrenabteilung möglich sei, erschien ihm angebracht. Damit die Untersuchung nicht durch die Unterbringung in eine Irrenanstalt unnötig verlängert werde, schlug Frey vor, Großmann in die Irrenabteilung des Gefängnisses Lehrter Straße zur Begutachtung durch Sanitätsrat Dr. Friedrich Leppmann zu legen. Dr. Leppmann (1872-1952), Arzt am Zellengefängnis Moabit und der damit verbundenen Irrenabteilung, genoss als hervorragender Sachverständiger auf dem Gebiet der gerichtlichen Medizin großes Ansehen. Dr. Frey bat ausdrücklich, Professor Dr. Strauch als Gutachter weiterhin zu belassen, damit er zusammen mit Dr. Leppmann und gestützt auf dessen genauere Beobachtungen sein Gutachten über den Grad der Zurechnungsfähigkeit Großmanns erstatten könne.

Auf Seite 6 des „Berliner Tageblatts" (Morgen-Ausgabe) vom 10. März 1922 verlautete: „Das Vorleben des Frauenmörders Großmann bildet augenblicklich den Gegenstand eifrigster Durchforschung durch die bekannten Berliner Gerichtsärzte, Geheimen Medizinalrat Dr. Hoffmann, Medizinalrat Dr. ..."

Der Geheime Medizinalrat Dr. H. Hoffmann, der in der Stadtmitte, Berlin NW 52, Calvinstraße 14, lebte und arbeitete, legte in seiner Gebühren- und Auslagenaufstellung vom 28. Juni 1922 hinreichend dar, wann er sich konkret mit den Fall Großmann befasst hatte. So führte er insgesamt acht Vorbesuche im Untersuchungsgefängnis durch, und zwar am 31. Januar, 2., 17., 22., 25. Februar, 14. März und 1. April 1922. Dass Hoffmann mehr als drei Vorbesuche vorgenommen hatte, war in einer Verfügung vom 28. Januar des Jahres festgelegt worden. Aktenstudium betrieb er am 2., 3., 4., 6., 22. und 23. April 1922. Der Gerichtsarzt stellte dem Schwurgericht I Gebühren in Höhe von 162,- Mark in Rechnung.

Nach den Erinnerungen von Dr. Erich Frey drängte die Staatsanwaltschaft auf Abschluss der Ermittlungen:

*

Zehn Monate arbeitete die Mordkommission Werneburg verbissen an der Aufklärung der restlichen Fälle. Aber die Staatsanwaltschaft begann jetzt energisch auf Abschluß der Ermittlungen zu drängen.

Sie hatte es eilig mit dem Prozeß. Drei Morde reichten doch aus, um gegen Großmann die Todesstrafe zu beantragen. Die Polizei protestierte: Erst müßten alle Verdachtsfälle geklärt werden. Es kam zu einem scharfen Kampf zwischen Alexanderplatz und Moabit. Im Laufe dieses Streits lernte ich einen der interessantesten Männer kennen, die je in Deutschland Verbrechen verfolgt haben: Kriminalrat Ernst Gennat.

Damals hatte Gennat gerade das Mord-Dezernat übernommen. Er bat mich dringend, ihn zu besuchen. Er war eine imposante Erscheinung. Schon damals wog er über 200 Pfund, in den Jahren unserer Bekanntschaft sollte sein Gewicht auf 270 ansteigen.

Schamhaft schob er einen großen Teller mit Kuchen in die Schreibtischlade, als ich eintrat. Er war ein leidenschaftlicher Kuchenesser, gab es aber nicht gern zu.

„Im Fall Großmann liegen die Interessen von Kriminalpolizei und Verteidigung ausnahmsweise mal auf der gleichen Linie", sagte mir Gennat. „Jetzt soll ihm wegen der kümmerlichen drei Morde der Prozess gemacht werden. Hauptsache Kopp ab, er hat ja nur einen. Ich möchte mal wissen, wo die Herren von der Staatsanwaltschaft ihren Kopp haben. Dreiundzwanzig Morde bleiben ungeklärt! Dreiundzwanzig Mal die Chance, daß Unschuldige in Verdacht geraten."

„Sie wollen also, daß Großmann noch eine Weile der Menschheit erhalten bleibt?"

„Ja, wie sind die Aussichten?"

„Schlecht."

„Die Gutachter?"

„Professor Strauch und Professor Störmer werden ihn beide für zurechnungsfähig erklären. Ich ziehe als dritten Gutachter Doktor Kronfeld hinzu. Er ist über-

zeugt, daß Großmann den Paragraphen einundfünfzig bekommen muß. Ich selber glaube nicht, daß es Zweck hat. Ja, wenn sich der Bursche nicht so raffiniert verteidigt hätte. Jetzt glaubt ihm natürlich keiner den Dachschaden."

„Genau das Gegenteil ist richtig!"

„Wieso?"

„Haben Sie schon mal einen Triebverbrecher erlebt, der einen Lustmord gleich gesteht?" Gennat strich sich über sein enormes Doppelkinn. „Eher gibt so einer zu, daß er Raubmord begangen hat. Diese Burschen haben doch alle furchtbare Minderwertigkeitskomplexe. Erst wenn sie kapiert haben, daß es um die Rübe geht, reisen sie auf die triebhafte Tour."

> Weiterer Mordprozess: Der Wiener Publizist Stefan Großmann (1875-1935) schrieb am 10. Februar 1922 im „Tage-Buch" unter der Überschrift „Die Rache des Verschmähten" über den Mordprozess gegen den Handlungsgehilfen Erich Stieler, der tags zuvor vor dem Schwurgericht des Landgerichts 1 verhandelt worden war. Stieler hatte die W. am 30. Oktober des vorigen Jahres erschossen, weil diese, statt, wie ihm vorgespiegelt, sich mit einer Freundin zu treffen, mit einem neuen Freund namens Klorin auf dem Alexanderplatz zusammenkam, um mit diesem ein Theater zu besuchen. Das Gericht erkannte auf nur zwei Jahre Gefängnis unter Anrechnung der vollen Untersuchungshaft – für einen Mord aus Leidenschaft.

Die Anklageschrift gegen Carl Großmann vom 6. Juni 1922 gab die grauenvollen Details preis, so zum Beispiel: „Im Jahre 1899 erhielt er vom Schwurgericht in Bayreuth 15 Jahre Zuchthaus. Er hatte ein 10-jähriges Mädchen unzüchtig berührt und an demselben Tage ein 4 1/2 jähriges Mädchen in rohester Weise vergewaltigt, indem er dem Kinde dabei die Verbindung zwischen Scheide und After zerriss. Dieses Kind ist bald nach Rechtskraft des Urteils gestorben."

Im betrunkenen Zustand soll Großmann 1921 zu einem Bekannten in Friedrichshain gesagt haben: „Ich arbeite nicht, morde nur die Leute und nehme ihnen das Geld weg. Ich bin Schlächter von Beruf, schlachte aber kein Vieh, sondern nur Frauen. Ich schneide sie in Stücke und verbrenne die Stücke. Den Pferden steche ich die Augen, den Hunden schneide ich die Augen mit einem Messer aus, und die kleinen Kinder schlage ich mit einem Stein tot."

Mit Schreiben vom 20. Juni 1922 beantragte Dr. Frey, zurzeit in Bad Elster, eine Verlegung des bevorstehenden Verhandlungstermins. Ihm schien alles nunmehr überstürzt vonstatten zu gehen. Er schrieb:

In der Strafsache gegen Grossmann 11 J. 1292/21 -116/22- erhalte ich soeben durch mein Büro die Nachricht, dass der Angeklagte am 16. ds. Mts. die Anklageschrift erhalten hat und am 1. Juli anberaumt ist.

Ich kann von hieraus ohne Akteneinsicht nicht übersehen, aus welchen Gründen diese Überstürzung der Schliessung der Voruntersuchung

Anklageerhebung und
Terminsanberaumung

stattgefunden hat, protestiere aber auf das Energischste dagegen und beantrage Verlegung des Verhandlungstermins.

Es ist unmöglich, in einer Sache wie der vorliegenden, die Durchführung zur Hauptverhandlung in einigen Tagen vorzunehmen. Denn es bleiben, wenn der Herr Vorsitzende nur 2 Tage die Akten zum Studium behält, dem Verteidiger kaum 2 bis 3 Tage, da er nicht an allen Vormittagen terminsfrei ist.

Es ist auch durchaus ungewöhnlich und in den Annalen der Kriminaljustiz einzig dastehend, dass in einem Falle wie dem des Angeklagten zwischen Zustellung der Anklageschrift und Hauptverhandlungstermin nur 2 Wochen liegen.

Ich erkläre schon jetzt, dass ich mir – wenn meinem berechtigten Wunsche auf Terminsverlegung nicht nachgekommen wird – alle gesetzlichen Mittel vorbehalten muss, im Termin selbst einen Vertagungsantrag zu stellen.

Ich nehme aber nicht an, dass meinem obigen Antrage aus Billigkeitsgründen nicht entsprochen wird und erbitte noch morgen Antwort, die mir durch meinen Bürovorsteher hierher telegrafisch weitergegeben wird.

Der Rechtsanwalt

Dr. Frey

Dr. Magnus Hirschfeld. Repro: Magnus-Hirschfeld-Gesellschaft

Zeitgleich erging aus Freys Büro in Berlin der Antrag, zur Hauptverhandlung als Sachverständige den Spezialarzt und Sanitätsrat Dr. Magnus Hirschfeld, Beethovenstr. 3, den Spezialarzt für Nervenkrankheiten Dr. med. et phil. Arthur Kronfeld, Beethovenstr. 3, und den Spezialarzt für Haut- und Sexualleiden Dr. med. Iwan Bloch, Berlin W. 15, Joachimthalerstr. 9, zu laden. Grund: „Die von der Staatsanwaltschaft benannten Sachverständigen sind sämtlich nicht Spezialisten auf dem in Frage stehenden Gebiet. Es handelt sich bei dem Angeklagten um krankhafte Erscheinungen des Sexuallebens, wie sie nur bei krankhaft veranlagten Individium (sic!) in Erscheinung treten. Über diese Erscheinungen werden insbesondere die Ärzte ein sachverständiges Gutachten abzugeben in der Lage sein, die auch auf dem Gebiete der sexuellen Psychopathie speziell gearbeitet haben."

Dr. Arthur Kronfeld. Repro: Magnus-Hirschfeld-Gesellschaft

Dr. Frey hat den Verhandlungstermin am Ende nicht verschieben können.

Kurz vor Prozessbeginn äußerte sich die Staatliche Nahrungsmittel-Untersuchungsanstalt für den Ortspolizeibezirk Berlin, die ihren Sitz an der Alexanderstraße 3 hatte, am 25. Juni

1922 gutachtlich gegenüber dem Herren Generalstaatsanwalt beim Landgericht, Berlin, Turmstr. 89-93:

Die Untersuchung der in der Strafsache gegen Großmann ... mit dem Schreiben vom 3. Juni d. Js. übersandten Geldscheine, die beiliegen, hat ergeben:

Von den Geldscheinen erwiesen sich als blutig

der Einhundertmarkschein (1),

4 braune 20 = Markscheine (2 - 5),

2 blaue 20 = Markscheine (6 - 7) und der 10 Markschein (8).

An den übrigen Scheinen und dem Hartgeld konnte Blut nicht nachgewiesen werden. Die blutigen Scheine wurden mit den Zahlen 1 - 8 versehen.

Was folgt, ist für den Laien schwer verständlich und liest sich fast wie ein Handbuch der forensischen Medizin. Es wird darin verdeutlicht, wie mit den seit der Jahrhundertwende gebräuchlichen wissenschaftlichen Verfahren von E. Meyer, Utz und E. Riegler (Rieglers Reagens) Blutbestandteile an den Geldscheinen nachgewiesen worden sind.

Am 1. Juli 1922 begann vor dem Schwurgericht I des Landgerichts Berlin der Prozess gegen Carl Großmann. Die Menschen hatten angesichts der Politikermorde hingegen anderes im Sinn, als darüber zu diskutieren, wie viele Frauen die Bestie vom Schlesischen Bahnhof nun ermordet hatte: drei bis vier oder dreißig bis vierzig. Was den Großmann-Prozess aber noch mehr an Publicity kostete, war der Druckerstreik. Vom 29. Juni bis 12. Juli 1922 erschienen in Berlin keine Zeitungen, und ausweichen auf Rundfunk und Fernsehen konnte man nicht. Das Publikum war also in doppeltem Sinne ausgeschlossen. Dazu kam eine gewisse Abstumpfung gegenüber Mord und Totschlag, denn es gab in dieser Zeit zuviel davon, als dass man bei jedem neuen Fall in helle Aufregung versetzt worden wäre. Nach Mitteilungen des Polizeipräsidiums gab es im Jahre 1922 in Berlin 60 Festnahmen und 132 Anzeigen wegen Mordes, Mordversuchs und Kindesmordes und außerdem 1709 aufgefundene Leichen, bei denen Selbstmord angenommen wurde.

Großmann stand wegen wiederholten Mordes vor Gericht. Einziger Zeuge der Morde war Großmanns Haustier, ein Zeisig. Er hatte bei der Aufklärung eine wichtige Rolle gespielt, da der ermittelnde Kommissar Ludwig Werneburg für das Tier sorgte, sich dadurch das Vertrauen des Angeklagten erwarb und ihn zu Geständnissen bringen konnte.

Als der Prozess begann, war die deutsche Tagespresse voll von Berichten über die Ermordung des Ministers Walther Rathenau. Rathenau war am 24. Juni 1922 gegen elf Uhr vormittags im offenen Fond seines Wagens in Berlin-Grunewald von so genannten Fememördern durch eine Handgranate und mehrere Schüsse aus einer Maschinenpistole getötet worden.

Gerichtszeitung.

Der Berliner Frauenmörder.

Prozeß Großmann.

Ein erotischer Amokläufer von der Art des berüchtigten Marquis de Sade, aber ohne dessen sonstige Qualifikationen, beschäftigt jetzt mit seinen grauenvollen Uebeltaten das Schwurgericht am Berliner Landgericht I. Des Massenmords an Frauen, vorläufig in drei Fällen, angeklagt, steht der vielgenannte Händler und Schlächter Karl Friedrich Wilhelm Großmann vor den Geschworenen, nach der Anklage eine Bestie in Menschengestalt, ein Unhold ohnegleichen, für dessen Verbrechen es in der Kriminalgeschichte aller Länder und Völker kein Seitenstück gibt. Man hat Großmann den „deutschen Landru" genannt — mit Unrecht, da Landru aus Gewinnsucht handelte und seinen Opfern nur erotische Gelüste vorspiegelte, während Großmann ein zielbewußter Lustmörder grauenvollster Art war und ein um so gefährlicherer, als er sich gleich dem in seinen Taten ähnelnden Londoner „Jack dem Aufschlitzer" eine Weltstadt zum Schauplatz seines Handelns erkor und deshalb lange Zeit hindurch unentdeckt blieb.

Es ist noch in aller Erinnerung, daß schon während des Krieges und besonders nach der Revolution die Berliner Bevölkerung durch die Auffindung von weiblichen Leichenteilen in der Spree fortgesetzt beunruhigt wurde. Zunächst blieben die unglücklichen Opfer eines offenbar pathologisch veranlagten Menschen unbekannt, da ihre Zerstückelung in so fachmännischer Art vorgenommen war, daß auch die Kunst der Gerichtsärzte und der gewiegtesten Kriminalbeamten versagte. Es wurden immer nur einzelne Glieder gefunden., ferner aufgeschnittene Leiber, denen die Rippen herausgebrochen waren, während die Geschlechtsmerkmale fehlten. Selbst die Eingeweide waren entfernt und das Fleich zerschnitten, so daß man im Anfang vor einem tiefen Rätsel stand. Nur daß eine in der Zerstücklung von Leichen geübte Hand im Spiele war, stand für die Gerichtsärzte fest. Nach unendlich schwierigen Arbeiten gelang es endlich, wenigstens eine Leiche soweit zu rekonstrieren, daß eine Frau, und zwar eine Dirne aus der Gegend des Berliner Andreasplatzes im Osten der Reichshauptstadt, als Opfer des unbekannten Mörders erkannt wurde.

Fast zur gleichen Zeit war in den Waldungen hinter Spandau ein Mench beobachtet worden, der Frauen und Mädchen nachstellte und diese in seine in der Landsberger Chaussee gelegene Landlaube lockte. Er wurde nach einer wilden Hetzjagd festgenommen, als der in der Langenstraße 88 im vierten Stock des Quergebäudes wohnende Händler und Schlächter Großmann festgestellt und wegen Mordverdachts in Untersuchungshaft genommen. Mit Schaudern und Grauen verfolgte nunmehr ganz Berlin die Enthüllungen über die fortgesetzten Bluttaten dieses menschlichen Scheusals, das Jahre hindurch gleich einem Werwolf unter der weiblichen Bevölkerung des ärmlichen Berliner Ostens und Nordens gewütet hatte, um seinen tierischen Gelüsten in zügellosester Weise zu frönen. Ueber zwanzig Morde wurden ihm im Laufe der Zeit vorgeworfen und von diesen stehen nunmehr die ersten drei, die Großmanneingestanden hat, zur Verhandlung. Es sind dies nur Fälle, in denen die aufgefundenen Leichenteile schließlich die Identifizierung der Opfer und damit auch die Ueberführung des Angeklagten ermöglichten. Nicht in Betracht kommen dabei die Opfer, deren Leichenteile Großmann, um der Entdeckung vorzubeugen, zerstückelt und verbrannt oder vergraben hat. Hier leugnet Großman bis zum heutigen Tage hartnäckig und so wird voraussichtlich die Gesamtsumme seiner Opfer, zumal diese meist der niedrigsten Schichte der Bevölkerung entstammten, und sie der Welt ohnehin verloren waren, niemals genau festgestellt werden können. Nicht weniger als 17 Frauenspersonen dieser Art sind zu der gegenwärtigen Verhandlung geladen worden, die nach solchen wilden Szenen noch rechtzeitig dem Vampir entflohen waren. In allen anderen Fällen aber würgte der Angeklagte seine Opfer langsam zu Tode und zerstückelte sie dann.

In der Voruntersuchung ließ sich der Unmensch nur schrittweise überführen und gab nur diejenigen Delikte zu, die ihm nachgewiesen werden konnten. Sein Verteidiger Rechtsanwalt Dr. Frey hatte den Antrag auf Beobachtung seines Geisteszustandes gestellt und dabei haben die Feststellungen in bezug auf die Familie Großmanns eine gewisse Rolle gespielt. Es wurde unter anderem festgestellt, daß sein in der Irrenanstalt verstorbener Bruder an der Wahnvorstellung litt, er sei ein mächtiger türkischer Pascha, dem alle Frauen, die er auch nach Belieben martern und töten könne, untertan seien. Großmann selbst zeigte von Jugend auf die Neigung, Tiere und später Menschen zu quälen und zu martern. Er las mit Vorliebe die Romane des Marquis de Sade und ähnliche erotische Literatur. Zur Verhandlung sind neben 51 Zeugen nicht weniger als 14 medizinische und psychiatrische Sachverständige geladen, darunter der bekannte Dr. Iwan Bloch, ferner Geheimrat Dr. Moll, der auch im Kleppelsdorfer Mordprozeß als psychiatrischer Gutachter tätig war, dann Geheimer Medizinalrat Liepmann und Magnus Hirschfeld.

Der jetzt 59 Jahre alte Großmann ist der älteste Sohn eines Lumpenhändlers gleichen Namens in Neuruppin in der Mark.

Die Anklage gegen Großmann lautet auf dreifachen Mord, begangen an: 1. der Dirne Elisa-

„Ein exotischer Amokläufer von der Art des berüchtigten Marquis de Sade ..." Das „Prager Tagblatt" berichtete ausführlich am 2. Juli 1922 über den Prozessauftakt.

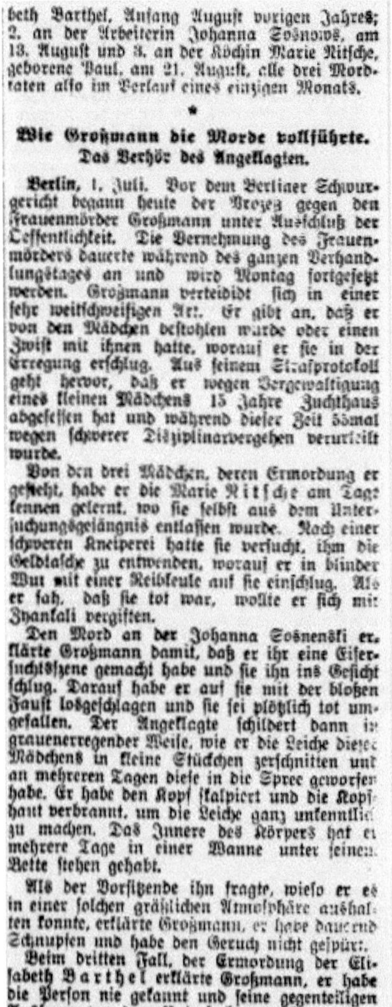

beth Barthel, Anfang August vorigen Jahres; 2. an der Arbeiterin Johanna Sosnows, am 13. August und 3. an der Köchin Marie Nitsche, geborene Paul, am 21. August, alle drei Mordtaten also im Verlauf eines einzigen Monats.

*

Wie Großmann die Morde vollführte.
Das Verhör des Angeklagten.

Berlin, 1. Juli. Vor dem Berliner Schwurgericht begann heute der Prozeß gegen den Frauenmörder Großmann unter Ausschluß der Oeffentlichkeit. Die Vernehmung des Frauenmörders dauerte während des ganzen Verhandlungstages an und wird Montag fortgesetzt werden. Großmann verteidigt sich in einer sehr weitschweifigen Art. Er gibt an, daß er von den Mädchen bestohlen wurde oder einen Zwist mit ihnen hatte, worauf er sie in der Erregung erschlug. Aus seinem Strafprotokoll geht hervor, daß er wegen Vergewaltigung eines kleinen Mädchens 15 Jahre Zuchthaus abgesessen hat und während dieser Zeit 55mal wegen schwerer Disziplinarvergehen verurteilt wurde.

Von den drei Mädchen, deren Ermordung er gesteht, habe er die Marie Nitsche am Tage kennen gelernt, wo sie selbst aus dem Untersuchungsgefängnis entlassen wurde. Nach einer schweren Kneiperei hatte sie versucht, ihm die Geldtasche zu entwenden, worauf er in blinder Wut mit einer Reibkeule auf sie einschlug. Als er sah, daß sie tot war, wollte er sich mit Zyankali vergiften.

Den Mord an der Johanna Sosnenski erklärte Großmann damit, daß er ihr eine Eifersuchtsszene gemacht habe und sie ihn ins Gesicht schlug. Darauf habe er auf sie mit der bloßen Faust losgeschlagen und sie sei plötzlich tot umgefallen. Der Angeklagte schildert dann in grauenerregender Weise, wie er die Leiche dieses Mädchens in kleine Stückchen zerschnitten und an mehreren Tagen diese in die Spree geworfen habe. Er habe den Kopf skalpiert und die Kopfhaut verbrannt, um die Leiche ganz unkenntlich zu machen. Das Innere des Körpers hat er mehrere Tage in einer Wanne unter seinem Bette stehen gehabt.

Als der Vorsitzende ihn fragte, wieso er es in einer solchen gräßlichen Atmosphäre aushalten konnte, erklärte Großmann, er habe dauernd Schnupfen und habe den Geruch nicht gespürt.

Beim dritten Fall, der Ermordung der Elisabeth Barthel erklärte Großmann, er habe die Person nie gekannt und seine gegenteiligen Aussagen vor dem Untersuchungsrichter wären bloß Lügen gewesen.

Über den ersten Verhandlungstag, Sonnabend, den 1. Juli 1922, wurde Protokoll geführt. Die Rede war von einer öffentlichen Sitzung des Schwurgerichts I. Gegenwärtig waren Landgerichtsdirektor Wolfgang Jeep als Vorsitzender, Amtsgerichtsrat Erich Citron und Gerichtsassessor Reeck als beisitzende Richter, Gerichtsassessor Dr. Süßmann als Ergänzungsrichter, Möbelfabrikant Paul Fleck, Ingenieur Paul Weichbrodt, Bürstenmachermeister Adolf Schröter, Präparateur Rudolf Neinert, Bäckermeister Josef Remus, Kunstmaler Max Neumann, Lehrer Willy Großmann, Glasermeister Artur Börs, Maschinenmeister Max Dürschner, Werkmeister August Wölke, Bäckermeister Karl Keil und Sattlermeister Max Stelzer als Geschworene, Steinsetzermeister Wilhelm Priess, Grundstücksmakler August Lepnies und Kaufmann Ernst Klose als Ergänzungsgeschworene, Staatsanwaltschaftsrat Dr. jur. Arthur Lehmann als Beamter der Staatsanwaltschaft und Justizobersekretär Eugen Richter als Gerichtsschreiber. Als Angeklagter wurde Carl Großmann aus der Untersuchungshaft vorgeführt, als Verteidiger Rechtsanwalt Dr. Erich Frey.

Die Geschworenenbank wurde gebildet. Laut Gerichtsverfassungsgesetz von 1877 hatten zur Hauptverhandlung in einem Schwurgerichtsverfahren 30 Hauptgeschworene zu erscheinen. Von den tatsächlich erschienenen durften Angeklagter und Staatsanwaltschaft zusammen so viele ablehnen, dass noch zwölf übrig blieben, wobei die Staatsanwaltschaft begann und bei ungerader Differenz der Angeklagte einen Geschworenen mehr ablehnen durfte. So kam, dass, laut beiliegender Geschworenenliste, die Herren Rummel, Zeike, Michaelis und Kappner von der Staatsanwaltschaft und Koch, Steffen und Böhm vom Angeklagten abgelehnt worden waren.

Die Zeugen und die Sachverständigen wurden aufgerufen. Es meldeten sich als Sachverständige: Medizinalrat Dr. med. Robert Störmer, Prof. Dr. Curt Strauch, Prof. Dr. Paul Fraenckel, Geheimer Medizinalrat Dr. H. Hoffmann, Gerichtsmedizinalrat Dr. Felix Dyrenfurth (Prof. Dr. Fritz Strassmann, Professor an der Friedrich-Wilhelms-Universität, hiernach aufgeführt, wurde aus der Liste gestrichen) und Dr. Constant Griebel. Das waren bis auf Griebel die zuständigen Ärzte der sieben Gerichtsarztbezirke im Polizeibezirk Groß-Berlin.

Es erschienen ferner, von der Verteidigung als Sachverständige geladen, Dr. Arthur Kronfeld und Dr. Karl Birnbaum. Der Name eines Dritten und Letzten, Professors Förster, wurde durchgestrichen.

Es wurde festgestellt, dass zum aktuellen Tage kaum Zeugen geladen waren, sondern erst zum 3. Juli. Der Sachverständige Prof. Dr. Strassmann war erschienen, hatte sich aber vor Beginn der Sitzung wieder entfernt, da er auswärts dienstlich in Anspruch genommen war. Der Verteidiger erklärte, dass er als Sachverständigen noch Prof. Förster geladen habe und dass dieser später erscheinen werde.

Der Angeklagte, über die persönlichen Verhältnisse vernommen, gab an, was aktenkundig war. Die ihm vorgehaltenen Vorstrafen erkannte er als richtig an.

Der Beschluss vom 20. Juni 1922 über die Eröffnung des Hauptverfahrens wurde verlesen. Die Staatsanwaltschaft beantragte, für die gesamte Dauer der Verhandlung und in vollem Umfange die Öffentlichkeit wegen Gefährdung der Sittlichkeit auszuschließen. Der Verteidiger widersprach. Er beantragte, nötigenfalls die Öffentlichkeit bei den Teilen der Verhandlung auszuschließen, die eine Gefährdung der Öffentlichkeit befürchten ließen. Auf jeden Fall aber die Pressevertreter zuzulassen.

Der Angeklagte wurde gehört.

Siebenter Abschnitt.

Hauptverhandlung vor den Schwurgerichten.

§. 288.

Nach Bildung der Geschworenenbank werden die Geschworenen in Gegenwart der Angeklagten, über welche sie richten sollen, beeidigt.

Auszug aus der Strafprozessordnung von 1877

Die Beeidigung erfolgt in öffentlicher Sitzung.

Der Vorsitzende richtet an die zu Beeidigenden die Worte:

> *„Sie schwören bei Gott, dem Allmächtigen und Allwissenden, in der Anklagesache (den Anklagesachen) wider N. N. die Pflichten eines Geschworenen getreulich zu erfüllen und Ihre Stimme nach bestem Wissen und Gewissen abzugeben."*

Die Geschworenen leisten den Eid, indem jeder einzeln die Worte spricht:

> *„Ich schwöre es, so wahr mir Gott helfe."*

Der Schwörende soll bei der Eidesleistung die rechte Hand erheben.

Ist ein Geschworener Mitglied einer Religionsgesellschaft, welcher das Gesetz den Gebrauch gewisser Betheuerungsformeln an Stelle des Eides gestattet, so wird die Abgabe einer Erklärung unter der Betheuerungsformel dieser Religionsgesellschaft der Eidesleistung gleichgeachtet.

Die Geschworenen wurden hierauf in Gegenwart des Angeklagten für die Anklagesache wider Carl Großmann gemäß Paragraph 288 der Strafprozessordnung beeidigt. Hierbei war neben dem Angeklagten der Verteidiger Erich Frey anwesend.

Nach der Beeidigung der Geschworenen erfolgte die Verhandlung in der Sache selbst (§ 289 StPO). Diese wurde aber auf dem Formblatt nicht protokolliert.

Wenn auch am ersten Verhandlungstag kaum Zeugen zugegen gewesen waren: Die Staatsanwaltschaft wartete immerhin mit 51 Zeuginnen und Zeugen auf, wie aus dem Zustellungsheft zur Strafsache gegen Großmann hervorgeht, in dem nur Ladungen zur Schwurgerichtsverhandlung am 1. Juli 1922 dokumentiert waren. Dort wurden als Beweismittel die eigenen Angaben des Angeschuldigten, die besagten Zeugen, die Sachverständigen und die Beiakten angegeben.

Erich Frey verlor in seinen Erinnerungen Gedanken über den Prozess:

Aber der Kampf um den Kopf Carl Großmanns wurde nicht von den Sachverständigen entschieden, nicht durch meine Beweisanträge und nicht durch die Geschworenen. Carl Großmann selbst entschied sein Schicksal.

Zwei Tage lang verteidigte er sich im Großen Schwurgerichtssaal. Die Öffentlichkeit war für die ganze Dauer des Prozesses ausgeschlossen. Aber die Zuschauerbänke reichten kaum aus für Zeugen und Sachverständige.

Der Händler aus der Langen Straße war zu seiner anfänglichen Taktik zurückgekehrt. Er leugnete die Lustmorde. Er behauptete, die Mädchen nur gestraft zu haben, weil sie ihn bestohlen hätten. Und dabei hätte er sie zu hart angefasst...

Der Aufmarsch der Zeuginnen war eine grauenhafte Prozession. Da standen sie, die Mädchen aus der Provinz, die Obdachlosen, die Straßendirnen. Nur ein Zufall, daß nicht auch sie im Luisenstädtischen Kanal geendet hatten. Einige brachen in Weinkrämpfe aus, manche in hysterisches Schreien, als sie von ihren Erlebnissen in der Langen Straße berichteten.

Großmann kommentierte jede Aussage. „Pure Lüge!" – „Soon Biest ... wo ick dir doch so jut behandelt habe."

Es war am dritten Verhandlungstag. Das Gericht war versammelt. Alle Augen richteten sich auf die Tür hinter der Anklagebank, durch die Großmann kommen mußte.

Minuten vergingen. Der Vorsitzende, Landgerichtsdirektor Jeep, flüsterte mit seinen Beisitzern. Er rief einen Justizwachtmeister heran und schickte ihn zum Telefon. Der Justizwachtmeister kam zurück. Er legte einen Zettel auf den Richtertisch.

Der Richter las, schüttelte den Kopf, schob den Zettel den Beisitzern zu. Dann griff er nach dem samtenen Barett, setzte es sich mit langsamer Gebärde auf und erhob sich.

Nie werde ich seine Worte vergessen: „Der Angeklagte Carl Großmann wird zu der heutigen Verhandlung nicht erscheinen. Er hat seinem Leben heute früh in seiner Zelle ein Ende gemacht. Über die Umstände, die es dazu kommen ließen, ist eine Untersuchung im Gange. Dieser Angeklagte, der vor diesem Gericht keinen Schimmer von Reue zeigte, hat sich einem höheren Richter gestellt. Er hat den dazu berufenen Geschworenen erspart, den Schlußpunkt hinter das Leben dieses nicht alltäglichen Verbrechers zu setzen. Das Verfahren ist geschlossen."

So raffiniert wie Großmann seine Opfer getötet hatte, war er auch bei seinem Selbstmord zu Werke gegangen.

Da man mit der Möglichkeit eines Selbstmordes rechnete, hatte man ihm weder Hosenträger noch Schuhbänder gelassen. Aus seiner Zelle war jeder Haken, jeder Nagel entfernt, an dem er sich hätte erhängen können. Aber Großmann fand einen Weg. Eine Hand hoch über dem Erdboden war ein Nagel versehentlich steckengeblieben. Großmann hatte ihn entdeckt. Er hatte sein Bettlaken zerrissen und sich daraus ein festes Band geknüpft ...

Im Fall Großmann hatte ich einem Unmenschen in die unverhüllte Fratze geblickt. Aber es gab gottlob auch Fälle, in denen ich mit jeder Faser meines Herzens bei der Sache sein konnte.

Der Facharzt für Nervenkrankheiten Dr. med. et phil. Arthur Kronfeld resümierte im August 1922 in der Zeitschrift für Sexualwissenschaft: „Wer der Verhandlung gegen Großmann ... folgte, der hatte gleichsam die subjektive Gewißheit, daß die zur Anklage stehenden drei Fälle nur ein kleiner Bruchteil der Lustmorde gewesen sind, deren sich Großmann tatsächlich schuldig gemacht hat."

Und: „Die Verhandlung wurde durch den Selbstmord des Angeklagten am Morgen des 5. Juli ... abgeschlossen." In der Tat hatte sich Carl Großmann am 5. Juli 1922 vor dem Ende der Hauptverhandlung, zwischen zwei Verhandlungstagen, in seiner Zelle in der Untersuchungshaftanstalt Alt-Moabit erhängt. Aus seinem Bettzeug hatte er sich einen Strick gedreht und sich an einem Nagel seiner Zellentür erhängt.

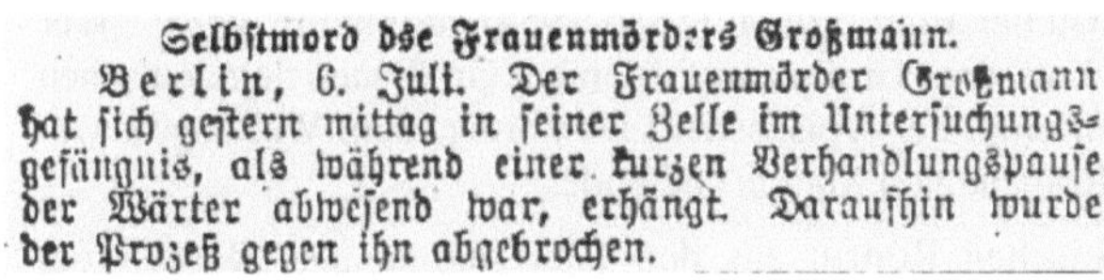
Selbstmord des Frauenmörders Großmann.

Berlin, 6. Juli. Der Frauenmörder Großmann hat sich gestern mittag in seiner Zelle im Untersuchungsgefängnis, als während einer kurzen Verhandlungspause der Wärter abwesend war, erhängt. Daraufhin wurde der Prozeß gegen ihn abgebrochen.

oben: Cellesche Zeitung vom 7. Juli 1922, rechts: Großmanns Totenmaske

Die tatsächliche Zahl der Opfer Großmanns wird hier und da auf 20 bis 100 geschätzt. Es gehört aber wohl eher ins Reich der Legenden, dass zu Großmanns Opfern auch die Hochstaplerin Franziska Schanzkowski ***(linkes Foto)***, die sich als die letzte Zarentochter, Anastasia Romanowa (1901-1918), ausgegeben hatte, gezählt habe.

Hintergrund:

Fig. 29. —"Mme Tschaïkovski (Berlin 1922) B 3.

Am 17. Februar 1920 wurde eine junge Frau, die polnische Landarbeiterin Franziska Schanzkowski, aus dem Landwehrkanal in Berlin gefischt. Sie kam als „Fräulein Unbekannt" in eine Nervenheilanstalt, da sie keinen Ausweis bei sich hatte und auch keine Angaben zu ihrer Person machte. Im Herbst 1921 war die Frau immer noch in der Anstalt, als eine Insassin aufgrund von Fotos in einem Artikel über das russische Zarenreich in der „Berliner Illustrirten Zeitung" glaubte, in ihr die Zarentochter Tatjana Romanowa zu erkennen. Nun war sich auch die aufgefischte Frau sicher, sie sei die Zarentochter Anastasia. Schließlich kamen immer wieder Gerüchte auf, der Mord an der Zarenfamilie sei nur zum Schein gewesen. Durch Krankenschwestern und andere Patienten in der Heilanstalt wurde die Geschichte in ganz Berlin bekannt, und die in der deutschen Hauptstadt lebenden Auswanderer aus Russland nahmen diese Nachricht mit Freude auf. 1922 wurde die angebliche Anastasia, die sich jetzt Anna Anderson nannte, entlassen. Verehrer der Zarenfamilie verschafften ihr nun ein sorgenfreies Leben. 1927 wurde die Hochstaplerin aber von ihrer ehemaligen Mitbewohnerin Doris Wingender erkannt. Das Kindermädchen Anastasias hatte in ihr von Anfang an nicht die Zarentochter erkannt.

Der ungarische Schriftsteller Emil Szittya (1886-1964) resümierte 1925: „Wer erinnert sich nicht mit Entsetzen Großmanns? Man hat Großmann den deutschen Landru genannt. Er war einer der typischsten Lustmörder. Sein Wesen war wenig zugänglich, er las Romane von Marquis de Sade."

In seinem dokumentarischen Roman aus den 20er Jahren „Die Bestie vom schlesischen Bahnhof" schreibt der Soziologieprofessor Horst Bosetzky: „Die große Frage ist, ob Großmann zwischen 1913 und 1921 Frauen nicht nur benutzt, sondern auch getötet hat – und wenn ja, wie viele."

Später befasste sich noch einmal der Präsident des Polizeiinstituts in Berlin-Charlottenburg, Schlossstraße 1, mit den Akten 11 J 1292/21 (elf Bände) gegen Großmann wegen Mordes. Unter dem 13. Februar 1930 wurden diese schließlich an die Staatsanwaltschaft I Berlin zurückgesandt. Heute werden sie im Landesarchiv Berlin archiviert.

Die Gutachten

Rechtzeitig zur Gerichtsverhandlung legten die Gerichtsärzte dem Untersuchungsrichter ihre Gutachten über Großmann vor. Medizinalrat Prof. Dr. Curt Strauch* legte seinen Bericht am 26. April 1922 vor, Medizinalrat Dr. med. Robert Störmer in Alt-Moabit folgte mit seinem Gutachten am 20. Mai 1922.

Der Bericht von Medizinalrat Prof. Dr. Strauch war immerhin 36 Seiten stark:

Dem Herrn Untersuchungsrichter beim Landgericht I Berlin

erstatte ich im folgenden in der Strafsache

C/a. Karl Grossmann

wegen wiederholten Mordes - 11.J.1292.21. - das geforderte Gutachten über den Geisteszustand des Grossmann, beziehungsweise über seine Zurechnungsfähigkeit zur Zeit der Begehung der Straftaten.

Ich mache zur Grundlage meines Gutachtens das Studium der mir übersendeten Akten, sowie das Ergebnis meiner persönlichen Beobachtung und zahlreichen Untersuchungen des p. Grossmann.

Ich übergehe es zunächst, den Inhalt der Akten im einzelnen hier wiederzugeben. Lagen mir doch nicht nur die früheren Strafakten aus Berlin, Mannheim, Nürnberg, Bayreuth u.a. vor, sondern auch die ganzen Ermittelungsakten über die Funde der verschiedenen Leichenteile und vor allem die Protokolle der überaus zahlreichen Zeugenvernehmungen, und endlich auch die Ermittelungen über die vermissten, die verschwundenen und die toten, in einzelnen Leichenresten später aufgefundenen Persönlichkeiten.

Aus der Vorgeschichte und dem Lebenslauf [Wechsel Seite 1/2] *des Grossmann hebe ich als wichtig folgendes hervor:*

Grossmann ist geboren am 13. Dezember 1863 in Neuruppin, wo sein Vater Händler war. Er hatte 2 Brüder und 4 Schwestern, mit denen er seit langem nicht mehr in Verkehr stehe. Er habe die Volksschule in Neuruppin bis zur 3. Klasse besucht, sei dann eingesegnet, schon während der Schulzeit und auch nach der Schulentlassung habe er in einer Tuchfabrik dort gearbeitet. Mit 16 Jahren sei er von zuhause ausgerückt und mit einem Schulkameraden nach Berlin gegangen. Hier habe er einen Handel mit Streichhölzern getrieben, sich überhaupt immer nur mit Handeln ernährt. Nur einmal mit etwa 18 Jahren will er bei einem Schlachter als Hausdiener gearbeitet haben, aber nur sechs Wochen lang, beim Schlachten sei er nie dabei gewesen.

---

* Curt Strauch (1868-1931), späterer Ordinarius für forensische Medizin in Berlin, übernahm den Auftrag zur Ordnung und Inventur der „Rudolf-Virchow-Sammlung der Berliner Anthropologischen Gesellschaft“. Als Medizinalrat Prof. Dr. Strauch starb, verlautete in der Klinischen Wochenschrift, 11. Jahrgang, Nr. 2, 9. Januar 1932: „Der Berliner Gerichtsarzt Medizinalrat KURT STRAUCH ist am 31. Dezember im Alter von 63 Jahren gestorben. Er hatte sich auf dem Gebiet der Kriminalistik durch seine Kenntnisse und Erfahrungen eine angesehene Stellung erworben und auf diesem Gebiete wissenschaftlich Hervorragendes geleistet.“

Von 1886 - 1887 ist Großmann dann Soldat beim 12. Gredadierregiment (sic!) in Frankfurt a.O. gewesen, schon nach einem Jahre sei er versehentlich entlassen worden, nachdem er eine Strafe von 3 Monaten Gefängnis wegen vorsätzlicher Sachbeschädigung verbüsst hatte. Er sei dann noch vielfach bestraft worden, später länger in Süddeutschland gewesen und dort schliesslich zu einer Zuchthausstrafe von 15 Jahren verurteilt worden. 1914 kam er wieder nach Berlin, habe hier immer Hausierhandel getrieben mit Zwirn, Garn, Sicherheitsnadeln, Briefpapier u.s.w., habe stets gutes Auskommen gehabt.

Geschlechtskrank will er nie gewesen sei. [Wechsel Seite 2/3]

Von Jugend an habe er sehr starken Geschlechtstrieb gehabt. Früher habe er stets in normaler Weise mit Frauenspersonen geschlechtlich verkehrt, aber dabei habe es ihn stark erregt, wenn er denselben 2-3 Finger in den Geschlechtsteil stecke oder mit den Fingern in den After bohre, und vor allem, wenn er seine Finger der Frauensperson tief in den Mund einführe und die Zunge dabei betaste.

In Bezug auf die erbliche Belastung geht aus Grossmanns Angaben nur hervor, dass sein Vater infolge grosser materieller Verluste -- er hätte sein Haus verkauft, sei aber vom Käufer geprellt worden -- " verrückt " geworden und in eine Anstalt gekommen sei. Von seinen Geschwistern sei Wilhelm im Irrenhaus gestorben, sein Stiefbruder August im Zuchthaus. Von den übrigen wisse er so gut wie nichts.

Nach Aussage der Schwester des Grossmann, Frau Luise Jacob geborene Grossmann (Hauptband 4, Seite 156 der Akten) war die Mutter des Grossmann zweimal verheiratet. Aus der ersten Ehe sollen ausser 2 Töchtern, die beide verstorben sind, ein Sohn August stammen, der im Zuchthaus Sonnenburg 1919 oder 1920 gestorben ist. Soviel sie wisse, sei derselbe wegen Sittlichkeitsverbrechens bestraft.

Aus der 2. Ehe der Mutter stammen 5 Kinder, ausser der Zeugin 2 verheiratete Schwestern, der Angeschuldigte und ein jüngerer Bruder Wilhelm, geboren 8.5.71, der vor etwa 10 Jahren in der Landesirrenanstalt Eberswalde an Gehirnerweichung, auf Syphilis beruhend, verstorben sei. Der Vater sei ein sehr roher, brutaler [Wechsel Seite 3/4] *Mann gewesen, Karl Grossmann habe mit 16 Jahren das Elternhaus verlassen, weil der Vater ihn gezüchtigt hatte. Jeden Zusammenhang mit Elternhaus und Geschwistern habe er seit seinem 17. Lebensjahr abgebrochen.*

Aus den Angaben und Ermittelungen über den Lebenslauf des Grossmann geht nun weiter hervor, dass er frühzeitig mit den Strafgesetzen in Konflikt kam.

Nach dem Strafregisterauszug Blatt 57 der Akten Hauptband 4 ist Grossmann vorbestraft wie folgt:

1883 vom A.G. Segeberg wegen Bettelns mit 3 Tagen Haft,

1882 vom A.G. Rixdorf wegen Landstreichens mit 1 Woche Haft,

1883 vom A.G. Spandau wegen Steuerdefraudation und Bettelns mit 3 Tagen Haft,

1884 vom A.G. Berlin wegen Diebstahls mit 1 Woche Gefängnis,

1884 vom L.G.1 Berlin wegen versuchter Erpressung mit 3 Monaten Gefängnis, 1 Jahr Ehrverlust,

1885 vom A.G.11 Berlin wegen Bedrohung mit einem Verbrechen und Uebertretung mit 2 Wochen Gefängnis und 1 Tag Haft,

1885 vom A.G.1 Berlin wegen vorsätzlicher Sachbeschädigung mit 3 Monaten Gefängnis (abgebüsst im Gefängnis zu Frankfurt a.O.),

1886 vom A.G.1 Berlin wegen gefährlicher Körperverletzung mit 4 Monaten Gefängnis,

1887 von St.A.1 Berlin wegen vorsätzlicher Körperverletzung und wiederholter intellektueller Urkundenfälschung, Führung falschen Namens mit 4 Monaten Gefängnis und 1 Woche Haft, [Wechsel Seite 4/5]

1887 von St.A.1 Berlin wegen Sittlichkeitsverbrechens und Führung falschen Namens mit 1 Jahr Zuchthaus und 3 Tagen Haft, (es soll sich damals um unzüchtige Berührung eines etwa dreijährigen Mädchens gehandelt haben)

1888 vom A.G.1 Berlin wegen Hausfriedensbruchs, Sachbeschädigung mit 6 Wochen Gefängnis,

1888 vom A.G.1 Berlin wegen Körperverletzung, Widerstands gegen die Staatsgewalt mit 6 Monaten 3 Wochen Gefängnis,

1889 vom A.G. Charlottenburg wegen qualifizierter Körperverletzung mit 1 Jahr Gefängnis,

1891 vom A.G.1 Berlin wegen Bettelns mit 1 Woche Haft,

1892 vom A.G.1 Berlin wegen Betrugs und Gewebesteuerverbrechens mit 1 Woche Gefängnis und 40 M Geldstrafe,

1893 vom A.G.11 Berlin wegen Hausfriedensbruchs, Sachbeschädigung, vorsätzlicher Körperverletzung, Bedrohung mit der Begehung eines Verbrechens und Bettelns mit 6 Monaten Gefängnis 1 Woche Haft,

1894 vom Grossherz. Badischen Bezirksamt Heidelberg wegen Landstreichens und Uebertretung mit 4 Monaten Haft,

1894 vom Landgericht Dresden wegen Hausfriedensbruchs, tätlicher Beleidigung, Widerstands zu 4 Monaten und 1 Woche Gefängnis,

1895 vom A.G.1 Aachen wegen Hausfriedensbruchs zu 4 Wochen Gefängnis,

1896 vom Gr.St.A. Mannheim wegen Hausfriedensbruchs und widernatürlicher Unzucht zu 10 Monaten Gefängnis, 3 Jahren Ehrverlust, (hatte mit einer Ziege unzüchtige Handlungen vorgenommen)

1897 von St.A. Nürnberg wegen Sittlichkeitsverbrechens zu 1 Jahr 3 Monaten Zuchthaus [Wechsel Seite 5/6] *und 5 Jahren Ehrverlust, (soll ein etwa 12jähriges Mädchen im Chausseegraben unzüchtig berührt haben) 1898 von A..A. Würzburg wegen Bettelns zu 5 Tagen Haft,*

1899 von A.G. Heidelberg wegen Hausfriedensbruchs zu 8 Tagen Gefängnis,

1899 von St.A. Bayreuth wegen Notzucht-Verbrechen rechtl. zusammen mit einem Verbrechen wider die Sittlichkeit und mit einem Vergehen der gefährlichen Körperverletzung mit 15 Jahren Zuchthaus, 10 Jahren Ehrverlust. (soll ein etwa

7jähriges Mädchen unzüchtig so brutal berührt haben, dass dasselbe schwere Verletzungen an den Geschlechtsteilen davontrug)

Aus diesem Strafregisterauszug geht hervor, dass Grossmann besonders schwer bestraft ist wegen Sittlichkeitsverbrechens, und auch diese beging er hauptsächlich mit Kindern unter 14 Jahren, aber immer war anscheinend dabei eine besondere Rohheit und Gewalttätigkeit des Grossmann festgestellt und eine der Betreffenden wurde dabei schwer körperlich verletzt.

Besonders erwähnenswert und wichtig zur Begutachtung dieser Persönlichkeit halte ich nun das, was sich über das Leben und Treiben des Grossmann in den letzten 2-3 Jahren in Berlin durch Zeugenaussagen hat ermitteln lassen.

Ich verwerte dabei nur diejenigen Zeugenaussagen, die vor dem Herrn Untersuchungsrichter abgegeben sind.

Aus denselben geht im grossen und ganzen folgendes hervor:

Grossmann ernährte sich offenbar in den letzten Jahren durch Hausierhandel mit Zwirn, Garn, Heftpflaster, Nadeln, Briefpapier ect. Sein Handel ging nicht schlecht und scheint er eigentlich fast immer, wie er auch mir gegenüber zugab, in verhältnismässig guter Vermögenslage sich befunden zu haben, jedenfalls hatte er immer viel bares Geld bei sich. [Wechsel Seite 6/7]

Er lebte auch für meine Person anscheinend nicht schlecht, hatte eine ganz geräumige, scheinbar auch gut eingerichtete Wohnung und pflegte im Gegensatz zu seiner dürftigen und schäbigen Kleidung überraschend gut und reichlich trotz der hohen Preise der Nahrungsmittel sich zu ernähren.

Er brauchte auch viel Kneipen, Variete- und Kino-Theater und, wenn er nicht handelte, trieb er sich und sass auf öffentlichen Plätzen besonders auf dem Andreasplatz, umher.

Trotzdem er an der Schwelle des Greisenalters stand, ging er seinen geschlechtlichen Begierden in geradezu ungeheuerlicher Weise nach, denn von vielen Zeuginnen wird bekundet, und er gab dies auch selbst mir zu, dass er fast täglich die Bekanntschaft einer neuen Frauensperson machte und sie zum Geschlechtsverkehr mit in seine Wohnung lockte. Es kam auch vor, dass Grossmann, wie er mir gestand, an einem Tage mit mehreren Frauenspersonen geschlechtlich verkehrte.

Gewöhnlich ging Grossmann so vor, dass er irgendwie traurig aussehende oder heruntergekommene anscheinend arbeitslose Mädchen und Frauen ansprach und fragte, weshalb sie so traurig seien oder ob sie Hunger hätten. Wenn sie dies bejahten oder über Arbeitslosigkeit klagten, dann schlug er ihnen vor, doch mit ihm zu kommen und sich einmal ordentlich satt zu essen, oder in einigen Fällen, sie könnten bei ihm als Wirtschafterin eine Stellung erhalten. Er pflegte bei solchen Gelegenheiten, offenbar weil die Mädchen an seinem dürftigen und schmutzigen Aussehen Anstoss nahmen, ihnen wie zufällig seine mit ziem- [Wechsel Seite 7/8] *lich hohen Geldbeträgen wohlgespickte Brieftasche zu zeigen.*

Selten stiess er mit seinen Verlockungen auf Widerstand und hatte mit seinen Versprechungen Misserfolg. Die Mädchen und Frauen folgten ihm, manche of-

fenbar mit einem gewissen Abscheu, aber der Not gehorchend, in seine Wohnung. In dieser ging es dann gewöhnlich in der Weise her, dass tatsächlich ein frischer Kaffee gekocht wurde und dass nach demselben Grossmann mit seiner Begleiterin reichliche gute Nahrung: Schinken, Wurst, Speck und allerlei anderen einholte und dann eine gute kräftige Mahlzeit bereitete. Da die Mädchen meist niederen Standes waren, so halfen sie bei der Zubereitung des Mahles selbst mit und so erhielt das Zusammensein zunächst einen, wenn man so sagen kann, gemütlichen und harmonischen Charakter.

Entweder fing dann Grossmann bald an, sich den Frauenspersonen geschlechtlich zu nähern, oder aber, sie gingen abends noch in eine Gastwirtschaft oder in ein Varieté oder Kinotheater, tranken und vergnügten sich und erst dann, wieder nachhause gekommen, schritt Grossmann zum Geschlechtsverkehr.

Die Frauensperson schlief entweder im Bette des G. oder im Feldbett, der Geschlechtsverkehr ging zunächst in normaler Wiese vor sich, wiederholte sich am nächsten Morgen, das Mädchen verliess die Wohnung, sie trafen sich häufig einige Tage später wieder, oder aber Grossmann behielt die Frauensperson noch einen oder mehrere Tage bei sich, und dann begann das Geschlechtsleben einen eigenartigen Charakter anzunehmen. Entweder [Wechsel Seite 8/9, Seite 9 fehlt, Wechsel Seite 9/10]

[...] abzulecken und sogar ihren mit Blut vermischten Urin zu trinken.

Bald nach Vollziehung des Geschlechtsaktes wurde Grossmann dann abstossend und abweisend gegen die Mädchen, schalt mit ihnen herum oder entliess sie plötzlich schroff. Dass er jemals ihnen Geld gab, leugnet Grossmann und ergibt sich dies im ganzen aus den Zeugenaussagen auch nicht, sondern als Aequivalent für den Geschlechtsverkehr bot er ihnen die nächtliche Unterkunft und die Verpflegung.

Die Vernehmung des Grossmann selbst gestaltete sich im Verlauf der Monate recht schwierig. In den ersten Wochen war er körperlich und geistig sehr erschöpft, er klagte, ihm würde immer schwarz vor den Augen, er sei ganz abwesend, schlafe fast gar nicht, träume viel, sehe "Männeken, die tanzen da herum," er sah ganz welk und blass aus und konnte sich offenbar tatsächlich nicht recht sammeln und den Vernehmungen folgen. Immer wieder betonte er, dass er während der recht anstrengenden Vernehmungen vor der Polizei vollständig seinen Appetit verloren hätte und das habe ihn auch so heruntergebracht, wo er doch so reichlich zu essen gewohnt gewesen sei.

Grossmann erholte sich dann in den nächsten Wochen aber doch überraschend schnell und erlitt meine Vernehmung und Untersuchung nur nachher noch einmal eine 2 - 3wöchige Unterbrechung, da er an einer fieberhaften, grippeähnlichen Erkrankung in das Lazarett aufgenommen werden musste. [Wechsel Seite 10/11]

Grossmanns Benehmen mir gegenüber war wechselnd meist aber war er mürrisch, abweisend, gereizt, sehr leicht empfindlich, vielfach geradezu frech.

Er macht einen älteren Eindruck, als seinem angeblichen Alter Ende der 50er Jahre entspricht, sein Haar ist schütterig, zeigt am Vorderkopf Glatzenbildung, hie und da ist es auffallend trocken. Sein Mund ist fast zahnlos.

Die Haut des Gesichts ist sehr faltig, er muss beim Lesen und Schreiben, bei genauerem Hinsehen, eine Brille tragen, seine Bewegungen sind etwas langsam und unsicher, seine Haltung gebeugt, sein Gang schleppend. Sein Blick hat etwas Kaltes, Abweisendes, hie und da aber durchbohrend Listiges. Seine Sprache ist polternd, von selbst spricht er wenig. Wenn er allerdings interessiert wird, dann spricht er für seinen Bildungsgang in wohlgesetzter Rede, wird in seinen Schilderungen sehr ausführlich, lässt seinen Redefluss dann ungern unterbrechen, seine Stimme ist heiser, angeblich von jeher.

Sein Gedächtnis scheint kein schlechtes, aber bei der Fülle der Frauenspersonen, auf die die Rede kommt, fasst er sich manchmal an den Kopf und klagt, dass ihm die Gedanken fehlen.

Die körperliche Untersuchung ergibt weiter einen nur mässig gut genährten Mann von kräftigem Knochenbau. Die Haut ist vielfach in Falten abhebbar.

Die Prüfung des Nervensystems ergibt, dass der Kopf beim Beklopfen nicht schmerzhaft ist, es fallen aber reichliche, strichförmige weissliche Narben an der Kopfhaut auf, über deren Herkunft er im einzelnen nicht Bescheid weiss, die aber, wie er summarisch zugibt, durch viel- [Wechsel Seite 11/12] *fache Kopfhiebe bei Schlägereien entstanden sein sollen. Die Narben sind überall über der Unterlage verschieblich.*

Die gespreizten Finger der ausgestreckten Hände zeigen feinschlägiges Zittern. Bei Schluss der Augen findet kein Lidflattern statt. Die Zunge ist frischrot, feucht, zeigt bei Augenschluss eine gewisse Unruhe. Die Kniesehnenreflexe sind in normaler Stärke vorhanden. Bei geschlossenen Augen und dicht aneinandergestellten Füssen findet kein Schwanken des Körpers statt.

Der Puls ist von regelmässigem Rythmus (sic!), die Pulswelle etwas hoch, die Schlagader etwas derb, es erfolgen 80 Pulsschläge in der Minute.

Es fällt bei der Untersuchung auf, dass Grossmann einen grossen, rechtsseitigen Leistenbruch hat, der, wenn auch mit Mühe, zurückgedrückt werden kann. Der Hodensack ist bei Bruchaustritt fast kindskopfgross.

Die inneren Organe, speziell Herz und Lungen, bieten nichts Krankhaftes dar.

Beim Durchsprechen seines ganzen Lebenslaufes, insonderheit seines eigenartigen Geschlechtslebens, bestätigt Grossmann im großen und ganzen alles das, was oben aus den Akten herausgezogen und niedergelegt ist. Er sagt allerdings immer nur das, was er sagen muss, was vorgelesen ist. Von selbst berichtet er aus sich heraus kaum irgend etwas Neues. Ohne jede Scham gibt er sein ausschweifendes Geschlechtsleben der letzten Jahre zu, findet offenbar alles erlaubt und dabei gar nichts Auffälliges, auch nicht bei Hinweis auf sein vorgerücktes Alter. Nur bleibt er dabei, dass das, was die Zeugen ausgesagt hätten, in vielen Einzelheiten nicht richtig sei, sie hätten übertrieben. [Wechsel Seite 12/13]

Sein drittes Wort ist eigentlich: "Die Weiber sind zu schlecht, sie taugen nichts, man soll ihnen nichts glauben, die lügen sehr viel und frech." Am meisten hätte er sich immer darüber geärgert, dass sie ihn so häufig bestohlen hätten, es wäre selten eine dabei gewesen, die ihn nicht im kleineren oder grösseren bestohlen habe, sei es durch die Wegnahme baren Geldes oder seiner Handelsartikel.

"Und das tun sie meist, nachdem sie sich bei mir rausgefressen haben und ich sie eingepuppt habe".

Seine Straftaten seien alle von Seiten der Presse in ganz ungeheuerlicher Weise aufgebauscht worden, er sei im Grunde seines Herzens "ein seelensguter Mensch", der "keiner Fliege etwas zu Leide tun könne."

Auf Vorhalt, dass er aber doch bei den von ihm zugegebenen drei Tötungen sehr gewalttätig und brutal vorgegangen sei, meint Grossmann: "Ja, das ist eben das Schlimme, dass mich die Mädchen so belogen und bestohlen oder so gereizt haben, ich habe dann immer "meine kurze Wut" bekommen.

(")Die Weibsbilder, die verfluchten, haben mich ganz verrückt gemacht, sie sind alle falsch und lügen und stehlen. Durch diese vielen Stehlereien, 20 und mehr Diebstähle, bin ich so furchtbar wütend und verrückt, dass ich gleich, wenn ich wieder [Wechsel Seite 13/14] *einen Diebstahl entdecke, nicht weiss, was ich tue".*

Ich hielt ihm vor, dass dies vielleicht einmal glaubhaft sei, aber wenn er nun gesehen habe, wohin ihn seine "kurze Wut" getrieben habe, dass das Mädchen unter seinen Händen starb, dann hätte er sich doch vor weiteren derartigen Zusammensein in Acht nehmen müssen, und man könnte doch wohl schliesslich glauben, dass bei den Tötungen eine gewisse Absicht seinerseits vorgelegen habe in der Weise, dass er die Mädchen doch wohl mitgenommen habe, um sie zu töten oder, wenn auch nicht gerade dies, dass, wenn er die Mädchen mit auf sein Zimmer nahm, der Gedanke bei ihm vorgeherrscht habe, dass sie ganz seinen Wünschen gefügig sein müssten und ihn ja nicht in Wut bringen dürften, denn sonst würde er, wie gesagt, sich von keiner noch so rohen Züchtigung abschrecken lassen.

Grossmann erwidert hierauf: "Ja, das habe ich mir ja auch schon alles gesagt, aber ich bin dann eben zu leichtsinnig und liebe zu sehr den Geschlechtsverkehr, und dann bin ich auch zu gutmütig und sage mir: Ach, die armen Teufel haben Hunger, dass sie essen". Auf Bedenken, die ich in dieser Richtung aeusserte, meint Grossmann: "Sie verstehen mich gar nicht, Herr Professor, und es hat kaum Zweck, dass Sie mich weiter untersuchen, Sie sehen gar nicht, wie verrückt ich bin".

Die Leichenzerstückelungen nachher seien ja nur daher gekommen, weil er Angst gehabt habe vor den Folgen der Ereignisse.

Bei einem meiner letzten Besuche, als ich die Angaben mit Grossmann durchging, die [Wechsel Seite 14/15] *er bei meinem vorübergehenden Besuch gemacht hatte, springt er ziemlich unbegründet erregt auf und sagt: "Ach, nun hört doch alles auf, Sie haben alles falsch aufgeschrieben, ich bin ganz abwesend. Wenn ich nicht geisteskrank bin, dann möchte ich wissen, wer es ist". Ein anderes Mal ist dann Grossmann wieder ruhiger und spricht in grosser Breite und Ausführ-*

lichkeit über die einzelnen Vorgänge, und wenn ich den Redeschwall etwas abkürzen will, meint er, er müsse das alles so genau schildern, das wäre alles sehr wichtig.

Bei dem Durchsprechen übrigens fällt auf, dass er sehr scharf aufpasst und manchmal an einzelnen Worten oder Ausdrücken Anstoss nimmt und in peinlicher Weise kleinlich an den Ausdrücken festgehalten wissen will, die er gebraucht. Bei seinen ganzen Schilderungen, besonders bei denen der Tötungen, ist er offenbar ganz im Bilde, hat kaum eine Gedächtnislücke und versucht in möglichst anschaulicher Weise die Situation zu schildern. Niemals bemerkt man bei ihm Scham über sein ganzes Gebahren (sic!) oder nur eine Spur von Reue über das traurige Schicksal der Getöteten.

Wenn ich mich jetzt nach allen diesen Ermittelungen zunächst einmal allgemein über die Persönlichkeit des Grossmann äussern will, so halte ich ihn für einen etwas vorzeitig gealterten Mann. Es mag dies nicht weiter auffallen, da Grossmann ja viele Jahre lang – ca. 23 Jahre – Freiheitsstrafen verbüsst hat und unter diesen vor allem die sehr schwere [Wechsel Seite 15/16] *15jährige Zuchthausstrafe, aus der er erst im Jahre 1914 wieder in Freiheit gekommen ist.*

In körperlicher Hinsicht zeigt sich dies frühzeitige Gealtertsein in seiner Haltung, seinem Gang, in der Beschaffenheit seines Gesichts, der Welkheit der Haut, [handschriftlich nachgetragen:] der Beschaffenheit der Pulsader.

In geistiger Beziehung sind besondere Mängel, die auf vorgeschrittenes Altern hindeuten, weniger deutlich wahrnehmbar, nur hat sich Grossmann bei seinen Untersuchungen öfters etwas unbeholfen und schwer besinnlich gezeigt, bisweilen auffallend weitläufig in seinen Reden und gesprächig.

Er ist im übrigen als geistig gesund zu erachten, denn er ist zeitlich und örtlich orientiert, übersieht seine Lage, folgt den Vernehmungen mit logischem Gedankenablauf, und auf Vorhaltungen antwortet er sogar mit einer gewissen Gewandtheit, Dreistigkeit und mit gesunder Urteilskraft.

Seine Wissensschätze sind seiner geringen Bildung entsprechend.

Was seine Willenskraft betrifft, so zeigt auch diese keine Störungen. Arbeitsunlust, Trägheit, kann man ihm nicht nachweisen. Trotz seiner vielfachen und langen Freiheitsstrafen ist es ihm immer wieder gelungen, sich aus eigener Kraft zu ernähren, und er scheint es auch nach seinen eigenen Angaben und den Ermittelungen verstanden zu haben, durch seinen Hausierhandel trotz der schwierigen äusseren und wirtschaftlichen Verhältnisse sich eine verhältnismässig gute Wohnung zu beschaffen und sich auskömmlich und sogar reichlich zu ernähren.

[Wechsel Seite 16/17]

Aber neben seiner zweifellos gesunden Willenskraft ist Grossmann als ein Mann zu erachten mit besonders starkem Triebleben.

In seinen Triebhandlungen neigt er von je zu Gewalttätigkeit und Rohheit.

Er ist mehrfach wegen Sachbeschädigung, gefährlicher Körperverletzung, vorsätzlicher Körperverletzung, Hausfriedensbruch bestraft. Besonders und vor allem sind seine sexuellen Triebe sehr starke. Nach seiner Vorstrafenlinie hat sich Grossmann in unzüchtiger Weise Angriffe auf jugendliche weibliche Personen zu Schulden kommen lassen, und waren diese sexuellen Delikte meist mit Gewalt und Rohheit verbunden.

Bei dieser Seite seines Seelenlebens muss noch hervorgehoben werden, dass Grossmann als ein besonders leicht reizbarer und erregbarer Mensch zu erachten ist, denn er gibt selbst zu, dass er manchmal ohne Alkoholgenuss oder nach demselben sehr leicht, wenn auch nur vorübergehend, wütend werde und reizbar sei, und auch bei meinen Untersuchungen fand ich ihn vielfach nicht bescheiden und ruhig, sondern oft unbegründet gereizt, abweisend, frech und polternd erregt.

Schwere Defekte aber weist Grossmann auf in gemütlich-sittlicher Beziehung!

Er ist eine Persönlichkeit, bei der man sittliche Vorstellungen eigentlich so gut wie gar nicht findet. Er ist eine alte Verbrechernatur, dessen Delikte auf den vorbezeichneten Gebieten liegen. Die Strafen haben niemals vermocht, ihn zu bessern oder auch nur abzuschrecken. [Wechsel Seite 17/18] *Bei den schrecklichen Anschuldigungen, die jetzt gegen ihn erhoben werden, ist auch nicht ein einziges Mal in die Erscheinung getreten eine Spur von Reue. Kalt und gefühllos äussert er sich zu den einzelnen Fällen. Schamlos gibt er zu, in dieser ungeheuerlichen Weise trotz seines Alters noch Geschlechtsverkehr, sei es mit unverheirateten oder verheirateten Frauenspersonen, getrieben zu haben. Er hat auch nicht die Empfindung, dass sein Treiben auffallen oder Anstoss erregen musste, wo Nachbarn ihn fast täglich mit einer anderen Frauensperson in seiner Wohnung verschwinden sahen, manchmal sogar an einem Tage mit mehreren verschiedenen Persönlichkeiten.*

Auch als ich bei meinen Untersuchungen auf diesen Punkt hinwies, zeigte er absolut kein Verständnis dafür, und die Frage, ob er denn einen besonderen Typus von Frauenspersonen vorziehe, dunkle oder blonde, ältere oder junge, hübsche oder hässliche, beantwortet er in geradezu zynischer Weise dahin, das wäre ihm "alles ganz gleich."

Was sein Sexualleben betrifft, so geht ja aus den vielen Zeugenaussagen hervor, wie er immer vorgegangen ist. Ich will dabei durchaus nicht alle diese Zeugenaussagen als wahr unterstellen und ihm gern glauben, dass die Mädchen, die er zu sich nahm, meist aus ganz verworfenen und üblen Kreisen stammten und sicher auch viel übertreiben und lügen.

Aber wie ein roter Faden zieht sich doch durch die Zeugenaussagen hindurch das Bild, dass Grossmann, nachdem er sie erst freundlich, an- [Wechsel Seite 17/18] *scheinend wie väterlich, an sich gelockt, ihnen Speise, Trank und Obdach gegeben hatte, dann bei Vollziehung des Beischlafs stets in mehr oder weniger sadistischer, perverser Weise vorgegangen ist. Er hat nicht einfach in gewöhnlicher Weise mit den Frauenspersonen den Beischlaf vollzogen, sondern hat mit rohem Zynismus sich mit den weiblichen Geschlechtsteilen befasst, hat sie betrachtet, mit Salben beschmiert, hat darin herumgefasst, ist unter dem Vorgeben, sie untersuchen zu wollen, mit Vorliebe mit den Fingern in die Körperhöhlen der Frauenspersonen eingedrungen und hat darin herumgewühlt, und zwar nicht nur hat er die Finger und zuweilen die ganze Hand in den Geschlechtsteil gesteckt, trotzdem die Mädchen Schmerzen äusserten, sondern er ist auch mit den Fingern in die Harnröhre eingedrungen, was bei dem Missverhältnis zwischen dem Finger eines erwachsenen Mannes und der engen, zarten weiblichen Harnröhre eine besondere Gewalt voraussetzt. Auch in den After ist er mit den Fingern eingedrungen, hat Stäbchen eingeführt, bei Beischlaf hat er die Mädchen in besonders ihn aufregende und hilflose Stellungen versetzt, indem er ihnen die Arme und Hände auf dem Rücken zusammenband, indem er sie stark drückte, am Hals würgte, ihnen die Finger tief in die Mundhöhle einführte.*

Alle diese Dinge gab Grossmann mir gegenüber mehr oder weniger glatt zu.

Es muss nach alledem das Geschlechtsleben des Grossmann als ein solches erachtet werden, bei dem die sadistischen Momente überwiegen, d.h. also, dass er zu denjenigen [Wechsel Seite 19/20] *Persönlichkeiten gehört, deren Geschlechtslust erregt oder mindestens gesteigert wird durch Ausübung von Gewalthandlungen an Anderen.*

Zu dieser brutalen, rohen Persönlichkeit passt durchaus auch die schreckliche, widerlich-abstossende Art, wie er die Leichname der Mädchen nach seiner eigenen genauen Beschreibung zerstückelt und beseitigt hat.

Auch in der Richtung war Grossmann jeder Vorstellung gegenüber verständnislos und fand an sich nichts dabei, sondern entschuldigte sein grausiges Verhalten eben einfach nur vom Standpunkt der Nützlichkeit und Zweckmässigkeit aus in Bezug auf möglichst unauffällige Beseitigung der Leichname.

Nachgetragen sei noch, dass die merkwürdig schnell auftauchende Wut des Grossmann besonders im Verkehr mit seinen Frauenspersonen darin eine gewisse Erklärung finden mag, dass beim Rückblick auf seinen bisherigen Lebensweg doch meist seine geschlechtlichen Beziehungen zu Frauenspersonen der Grund waren, weshalb ihm auf meist jahrelange Frist die Freiheit entzogen wurde und ihm die grössten Strafen und Nachteile von Seiten seiner geschlechtlichen Erregbarkeit erwachsen sind.

Wenn er nun wieder mit Frauenspersonen zusammen ist und geschlechtlich erregt wird, und diese Frauenspersonen ihn durch freches, falsches und diebisches Benehmen reizen, so ist es nicht unnatürlich, dass im Augenblick bei ihm die Gedanken an alle seine Nachteile infolge des Geschlechtsverkehrs plötzlich wieder auftauchen und dann seine Wut eine besonders grosse und [Wechsel Seite 20/21] *zügellose wird.*

Wenn ich mich nach alledem zunächst im allgemeinen abschliessend über den Geisteszustand des Grossmann äussern soll, so halte ich ihn für einen an sich geistig gesunden Menschen, ziemlich wild aufgewachsen ist, der leicht erregbar, gewalttätig und roh veranlagt ist mit starken sexuellen Trieben und diese wieder mit deutlich sadistischen Zügen.

Die sittlich-ethische Seite seines Geisteslebens ist vollständig verkümmert, und wird seine Willenskraft und sein starkes Triebleben kaum jemals durch irgendwelche ethischen Vorstellungen reguliert.

Wenn ich bisher mein Gutachten erstattet habe über die Persönlichkeit des Grossmann im allgemeinen, so komme ich jetzt dazu, mich gutachtlich zu äussern über die Frage der Zurechnungsfähigkeit des Grossmann bei den ihm zur Last gelegten strafbaren Handlungen.

Was zunächst den zeitlich ersten Fall <u>*Martha*</u> *betrifft, so geht aus den Akten hervor, dass Grossmann die Martha, ein Mädchen von 25 Jahren, im Sommer 1921 auf dem Andreasplatz kennen lernte. Sie ging mit Grossmann an einem Tage gegen 5 Uhr nachmittags nach dessen Wohnung, sie tranken mit einander Kaffee, assen* [Wechsel Seite 21/22] *Abendbrot und gingen gegen 9 Uhr beide in die eiserne Bettstelle, die Martha nur mit einem Hemd bekleidet, Grossmann ganz nackt. Zunächst wurde zweimal in normaler Wiese der Beischlaf vollzogen. Am nächsten Morgen gab Grossmann dem Mädchen noch zu essen und bestellte sie zum Nachmittag wieder. Die Martha kam nicht, Grossmann traf sie aber einige Tage später auf dem Andreasplatz, und wiederum nahm er sie mit sich, sie blieb über Nacht bei ihm und es wurde wieder zwischen Beiden in normaler Weise der Beischlaf vollzogen. Eine Verabredung auf den nächsten Nachmittag hielt das Mädchen nicht inne und erst zwei bis drei Tage später kam sie zu ihm. Sie wurde aber von Grossmanns angeblicher damaliger Wirtschafterin Lisbeth Parsche nicht hereingelassen. Wiederum 8 Tage später traf Grossmann die Martha, sagte, dass seine Wirtschafterin jetzt nicht mehr da sei, sie gingen beide nach dem Rummelplatz Cöpenickerstrasse, besuchten dann noch mehrere Kneipen und gingen gegen 8 ½ Uhr abends in die Wohnung des Grossmann. Sie tranken Kaffee und gingen schlafen. Sie waren beide ganz nüchtern. Wieder war die Martha nur im Hemd. Grossmann ganz nackt. Er wollte mit ihr geschlechtlich verkehren, die Martha hielt angeblich ihre Hand vor ihrer Geschlechtsteil, Grossmann stand auf, holte einen Papierbindfaden, band ihr die Hände auf dem Rücken zusammen, sie habe sich das anfänglich ruhig gefallen lassen, als sie aber dann Schmerzen verspürte und rief: "Au, das kneift ja", habe Grossmann* [Wechsel Seite 22/23] *sie losgebunden und sie seien beide eingeschlafen. Gegen 4 Uhr morgens wachte Grossmann auf, er wollte mit dem Mädchen geschlechtlich verkehren, was dieselbe aber nicht zuliess, sie kamen darüber in Streit, Grossmann habe sie gefragt, sie sei wohl krank da unten, sie antwortete: "Nein, aber ich lasse dich heute nicht". Darüber will Grossmann dann so aufgeregt geworden sein, dass er aufstand, einen Quirl holte, um das Mädchen damit zu schlagen, er verbrag (sic!) den Quirl hinter seinem Rücken, legte sich wieder ins Bett; als sie ihm abermals den Beischlaf verweigerte, will Grossmann sehr aufgeregt geworden sein und der Martha mit dem Quirl blindlings ins Gesicht geschlagen haben. Wohin und wie oft er sie geschlagen habe, wisse er nicht mehr.*

Als das Mädchen bei den Schlägen schrie, habe Grossmann ihr ein Handtuch in den Mund gesteckt, um sie am Schreien zu hindern. Er sah nun, dass die Martha die Augen verdrehte und daran war zu ersticken; er habe das Handtuch wieder aus ihrem Mund genommen, hörte, wie sie ein paar Mal röchelte, feuchtete das Handtuch unter der Wasserleitung an und legte es ihr auf die Stirn. Im Gesicht war sie blutig, sie hatte eine Wunde an der Stirn über der Nase, auch die Nase am Nasenbein war zerschlagen. Die soll dann noch 2 Stunden lang ab und zu geröchelt haben. Grossmann will ihr die Brust mit der Hand gerieben und den Umschlag auf der Stirn erneuert haben. Er merkte aber alsbald, dass sie tot war.

Er habe nun Angst bekommen, sei in dem Zimmer hin und her gelaufen, habe sich nicht getraut, [Wechsel Seite 23/24] *einen Arzt zu holen. Da er nicht wusste, was er mit der Leiche beginnen sollte, habe er hin und her überlegt und sich endlich entschlossen, die Leiche zu zerteilen und die einzelnen Stücke in den Kanal zu werfen.*

Es wird dann genauer geschildert, wie Grossmann die Zerteilung der Leiche vornahm, eine Handlung, die ungefähr einen Tag lang ihn beschäftigte. Die Kleider des Mädchens will er verbrannt haben.

Bei dieser in den Akten niedergelegten Beschreibung der Tötung blieb Grossmann auch bei allen meinen Vernehmungen, nur bei einer der letzten bestritt er plötzlich, das Mädchen gefesselt zu haben. Er zeigt bei der Durchsprechung in keiner Weise Gedächtnislücken, er erinnert sich offenbar aller Einzelheiten und macht nicht den Einwand, dass er etwa berauscht und sein Gedächtnis getrübt gewesen sei, nur betonte er und versicherte immer wieder, dass er keineswegs etwa von vornherein die Absicht gehabt habe, das Mädchen zu töten, sondern dass er die Tat in plötzlich aufwallendem Zorn über das abweisende Benehmen des Mädchens ausgeführt habe. Er habe blindlings auf sie eingeschlagen, und da die Schläge lautes Schreien bei ihr erzeugten, sei er immer wütender geworden und habe in gesteigerter Erregung ihr das Handtuch als Knebel in den Mund gesteckt.

Der § 51 des Reichsstrafgesetzbuches (RStGB) von 1871 wurde um die Kategorie „Zurechnungsfähigkeit" erweitert. Danach war jemand, der sich zum Zeitpunkt der Tat in einem Zustand gestörter oder verminderter Geistestätigkeit befand, nicht zurechnungsfähig und damit strafrechtlich nicht schuldfähig. Ergänzt wurde § 51 RStGB zudem durch einen zweiten Absatz, der die Frage der verminderten Zurechnungsfähigkeit regelte.

Nach alledem kann ich im vorliegenden Falle bei der angeblich guten Erinnerung des Grossmann an alle Einzelheiten nicht Anhaltspunkte finden für das Vorliegen von Zuständen im Sinne des § 51 R.St.G.B., aber es scheint sich hier wohl um eine Affekthandlung gehandelt [Wechsel Seite 24/25] *zu haben.*

Zu dieser Ansicht komme ich umsomehr im Hinblick auf die im obigen allgemeinen Gutachten geschilderte Persönlichkeit dieses rohen, gewalttätigen, von sexuellen Trieben stark beherrschten, leicht reizbaren und erregbaren Mannes.

Was die Begutachtung des zweiten Falles betrifft, so lernte nach den Ermittelungen Grossmann am 13.8.21 ein ca. 24 Jahre altes Mädchen Johanna Sosnowski auf dem Andreasplatz kennen, die ihm klagte, dass sie keine Stelle ha-

be. Grossmann erklärte ihr, dass er zur Zeit keine Wirtschafterin habe und sie bei ihm bleiben könne. Sie kauften dann Schellfisch, Speck, Schinken, Wurst ein und gingen gegen 11 Uhr in die Wohnung des Grossmann, wo sie gemeinsam ein Mittagessen bereiteten. Nach demselben legten sie sich in die eiserne Feldbettstelle und verkehrten in normaler Weise geschlechtlich mit einander. Nachher erzählte die Johanna angeblich, sie habe eine Freundin, der es schlecht gehe, sie, die Johanna, wolle derselben etwas zu essen und Kaffee bringen. Grossmann gab ihr mehrere Stullen und Schrippen mit, sie nahm eine Tasse und einen Topf Kaffee mit und gemeinsam verliessen sie gegen 3 Uhr die Wohnung. Grossmann wartete auf dem Andreasplatz auf die Johanna, er begegnete dort einer Frauensperson, die er von früher her kannte, dieselbe sagte zu ihm: Du hast Dir ja eine schöne Person angeschafft, die hat ja einen Fabrikarbeiter als Bräutigam, dem bringt die täglich Kaffee". [Wechsel Seite 25/26]

Grossmann will sich darüber sehr geärgert und seinem Freund Gustav Schmidt, den er traf, alles erzählt haben. Inzwischen kam die Johanna zurück und brachte den Kaffeetopf wieder, nun gingen sie alle drei, Grossmann, die Johanna und Schmidt, in eine Wirtschaft, wo noch die Wirtschafterin des Schmidt hinzukam, sie tranken dort Schnäpse und Eiercognac, Grossmann selbst will 4 - 5 Schnäpse à 1,50 M getrunken haben.

Grossmann kaufte dann wiederum mit der Johanna Esswaren ein, sie gingen nachhause, machten Stullen und holten die beiden anderen ab, um ins Kino zu gehen. Vorher trank Grossmann mit Schmidt noch 2 - 3 Schnäpse und ein kleines Glas Bier. Im Kino in der Blumenstrasse blieben sie bis 9 Uhr abends, gingen nochmals in eine Schankwirtschaft, tranken Bier und Schnaps und assen die Stullen. Gegen 10 Uhr ging Grossmann mit der Johanna nachhause. Als Johanna am Herd stand, um Kaffee aufzuwärmen, machte ihr Grossmann Vorwürfe darüber, dass sie ihn belogen habe, dass sie die Stullen und den Kaffee nicht ihrer Freundin, sondern ihrem Bräutigam, in die Fabrik getragen habe. Sie bestritt dies, sie zankten sich und es kam schliesslich zu einem heftigen Streit zwischen Beiden. Dadurch will Grossmann stark in Wut geraten sein und in seiner Wut ihr einen Schlag gegen die rechte Schläfe versetzt haben. Genau wisse er nicht mehr, ob er bloss mit der Faust oder mit dem Hammer geschlagen habe, er nehme aber an, dass das Mädchen nicht blutete und auch der Hammer nicht blutbesudelt gewesen sei, dass er sie mit der Faust gegen den Kopf geschlagen habe. Nach dem Schlage sei die Johanna wie leblos umgefallen und da er fürchtete, sie könne tot sein, trug [Wechsel Seite 26/27] *er sie nach der eisernen Bettstelle, öffnete ihr Bluse und Korsett, rieb ihr die Brust und legte ihr ein nasses Handtuch auf die Stirn.*

Aus Angst holte er keinen Arzt, setzte sich vielmehr auf das andere Bett, wo er vor Ermattung eingeschlafen sein will. Am anderen Morgen, also am 14. August 1921, will er gegen 6 Uhr aufgewacht sein und bemerkt haben, dass die Lampe noch brannte und die Johanna noch in derselben Stellung auf der Bettstelle lag wie in der Nacht, und dass sie tot war.

Dann hat Grossmann die Leiche in ähnlicher Weise zerstückelt wie die der Martha einige Wochen vorher.

Grossmann gab mir bei Vorhalt an, dass er an jenem Abend wohl etwas angetrunken war, aber niemals so betrunken, dass er sich nicht der Einzelheiten erinnere, und dass er etwa nicht wusste, was er tat.

Bei meinen häufigen Vernehmungen auch über diese Straftat blieb Grossmann immer wieder bei derselben Darstellung.

Was nun die Frage der Zurechnungsfähigkeit des Grossmann im Falle Sosnowski betrifft, so ist auch hier bedauerlich, dass man fast nur angewiesen ist auf die Angaben, die er selbst darüber macht, und dass sich die Wahrheit derselben weder durch eine regelrechte Obduction der Leichenteile noch sonstwie prüfen liess.

Auch in diesem Falle muss ich mich gutachtlich ähnlich äussern wie im Falle Martha: Auch hier lässt sich ärztlich nicht widerlegen, dass eine Affekthandlung vorgelegen hat, dass auch hier der Täter Grossmann, immer vorausgesetzt [Wechsel Seite 27/28] *natürlich, dass seine Angaben wahr sind, sich durch Zank und Zorn auf der Stelle zur Tat hinreissen liess.*

Seine Darstellung, dass ein Schlag gegen den Kopf, sei es mit Hammer oder Faust, den Tod verursacht habe, ist an sich wissenschaftlich möglich, denn es kommt ja eben nur auf die Heftigkeit des Schlages an. Es kann sehr wohl durch den Schlag eine tötliche (sic!) Gehirnerschütterung oder Gehirnblutung eingetreten sein, wenn nicht sogar eine Gehirnquetschung. Jedenfalls widerspricht seine Schilderung ärztlicher Erfahrung nicht.

Auch dass Grossmann durch den geschilderten Streit ganz plötzlich in Wut geraten sein will, lässt sich bei dem gewalttätigen, brutalen und leicht erregbaren Mann, den ich in meinem allgemeinen Gutachten zur Genüge geschildert zu haben glaube, durchaus als möglich erachten.

Ich fasse also mein Gutachten auch in diesem Falle dahin zusammen:

Anhaltspunkte im Sinne des § 51 R.St.G.B. dass Grossmann etwa nicht wusste, was er tat, dass er willensunfrei oder bewusstlos war, haben sich bei meiner Untersuchung nicht ergeben.

Aber auch diese Tat stellt sich ärztlich als eine Affekthandlung dar, bei der zunächst nicht nachgewiesen ist, dass Grossmann mit Ueberlegung vorgegangen ist und die Tötung vorher gewollt hat. [Wechsel Seite 28/29]

Was die dritte Straftat betrifft, die Tötung der Marie Nitsche, so hat nach den Ermittelungen Grossmann am Sonntag den 21. August 1921, also 7 Tage nach der Tötung und Zerstückelung der Sosnowski, abends die Nitsche auf der Strasse kennen gelernt.

Er hatte am Nachmittag mit seinem Freund Gustav Schmidt und mit Willy Schulz und dessen Wirtschafterin in einer Gastwirtschaft Bier und Schnaps getrunken, dann waren sie alle vier in ein Variété gegangen, hatten noch in einem anderen Lokal Bier und Schnaps getrunken, und als Grossmann mit Schmidt aus diesem Lokal herauskam, um wieder zu den anderen ins Varieté zu gehen, sprach die Nitsche in angetrunkenem Zustand die beiden Männer an, indem sie sagte: "Ach, ich habe heute einen Schwips, ich war 14 Tage drin".

Grossmann forderte sie auf, gleich noch einen zu trinken, sie gingen in das Lokal zurück, tranken wieder Schnaps und Bier, dann gingen sie alle in das Varieté zu den übrigen. Die Nitsche soll so angetrunken gewesen sein, dass sie die Vorstellung störte und der Wirt die Gesellschaft aufforderte, das Lokal zu verlassen. Grossmann ging mit der Nitsche nach seiner Wohnung. Er will dabei so angetrunken gewesen sein, dass er das Schlüsselloch nicht fand und sein Nachbar Itzig ihm beim Oeffnen der Tür helfen musste. Itzig musste auch angeblich die Küchenlampe anstecken, die über dem Herde hing. Dann ging Itzig hinaus und Grossmann verabreichte der Nitsche auf deren Wunsch kalten Kaffee. Dabei sass die Nitsche auf einem Stuhl am Herd. Grossmann zog die Jacke aus, legte sein Geld, das in [Wechsel Seite 29/30] *Zeitungspapier eingewickelt war, auf den Tisch, in der Nähe des Stuhles, auf dem die Nitsche sass, es waren angeblich über 700 M.*

Dann machte Grossmann Feuer im Herd und kochte Kaffee. Währenddem zog sich die Nitsche bis auf das Hemd aus, warf die Kleidungsstücke auf den Fussboden und legte sich auf die Feldbettstelle. Grossmann zog sich ganz nackt aus und legte sich zu ihr. Die Nitsche lag nach der Wand zu.

Um sich geschlechtlich zu erregen, spielte Grossmann ihr mit der rechten Hand am Geschlechtsteil. Die Nitsche legte aber ihre Hand auf ihren Geschlechtsteil. Das ärgerte den Grossmann und er sagte: "Ich werde Dir mal die Hände auf dem Rücken festbinden." Sie antwortete: "Das kannst Du machen." Er holte nun die Korsettschnur der vor 7 Tagen getöteten Johanna Sosnowski, und in dem sich die Nitsche im Bett aufrichtete, band er ihr die Hände auf dem Rücken zusammen.

Dann legte sich die Nitsche wieder auf den Rücken. Als Grossmann nunmehr mit ihr den Beischlaf vollziehen wollte, hielt sie die Beine zusammen. Darauf sagte Grossmann: "Ich werde Dir die Beine auch festbinden". Da sie nicht widersprach, band er ihr das nach der Wand zu liegende linke Bein mit einer Papierschnur am Bettrand fest.

Grossmann hat angegeben, ob er das andere Bein auch angebunden habe, wisse er nicht. Diese Fesselung habe er vorgenommen, weil sie ihn geschlechtlich errege. Als er sich dann behufs Vollziehung des Beischlafs auf die Nitsche legen wollte und dabei an ihre Beine fasste, die mit den Strümpfen bekleidet waren, habe er in dem einen Strumpf etwas knistern gefühlt. Er vermutete sofort, dass [Wechsel Seite 30/31] *Geld im Strumpf sei, und da er aus früheren Erfahrungen misstrauisch war und glaubte, dass die Nitsche ihn bestohlen habe, stand er auf, ging an den Tisch, wo er sein Geld hingelegt hatte, wickelte das Zeitungspapier auf und sah angeblich sofort, dass ein Hundertmarkschein und 10 Zwanzigmarkscheine fehlten. Grossmann will durch die Entdeckung in grosse Wut geraten sein und gesagt haben: "Ihr verdammte Band, knapp seid Ihr ins Haus hinein, da bestehlt Ihr einen."*

In seiner Wut nahm er von seinem Stuhl aus, auf dem er sass, von der zunächst liegenden Wand die dort hängende Reibekeule und eine Kelle herab, ging an das Bett der Nitsche und schlug sie mit der Reibekeule mehrmals auf den Kopf.

Weil sie dabei laut schrie, will er, um sie am Schreien zu hindern, ihr ein Handtuch in den Mund gesteckt haben auf ungefähr 15 cm. Tiefe.

In seiner geschlechtlichen Erregung fasste er ihr nun mit den Fingern in den After, er könne aber nicht genau sagen, ob er mit der Kelle in den After gestochen habe. Geschlechtlich verkehrt habe er mit der Nitsche nicht. Er bestreitet, mit seinen Fingern oder mit der Hand in ihren Geschlechtsteil hineingefahren zu sein oder einen Gegenstand eingeführt zu haben. Plötzlich habe es dann an der Tür geklopft und er habe die Aufforderung gehört, er solle öffnen.

Hierdurch sei er erst zur Besinnung gekommen und habe jetzt erst richtig gesehen, was er angerichtet hatte. In seiner Bestürzung sei ihm der Gedanke gekommen, sich zu vergiften, er habe sich erinnert, dass (es) auf einem Regal lag, das er einmal einer anderen Frauensperson einmal aus der Tasche genommen hatte. Als er das Gift in eine Kaffeetasse getan hatte, um es zu trinken, öffnete sich die Tür, die Polizeibeamten drangen herein und er wurde alsbald verhaftet.

Soweit die in den Akten niedergelegten Ermittelungen.

Zur Begutachtung dieser dritten Tat des Grossmann stehen nun aber im Gegensatz zu den beiden anderen erstatteten Gutachten noch erheblich andere, bedeutsamere Grundlagen zur Verfügung.

Hier ist ja die Leiche der Getöteten gefunden worden, dieselbe ist frisch seziert und über den erhobenen Befund ein ausführliches Gutachten von den Obduzenten erstattet worden. Man ist also nicht wie bei den anderen Gutachten fast nur auf die Angaben des Grossmann angewiesen.

Aus dem Leichenbefund der Getöteten geht nun hervor, dass dieselbe als schwerste Verletzung eine grosse Zerreissung des Mastdarms vom After her mit Austritt von Kot in die Bauchhöhle erlitten hat, ferner oberflächliche Verletzungen an den äusseren Geschlechtsteilen, einen Schleimhautriss der Scheide, zwei grosse Quetschwunden an der Stirn und endlich eine Zerreissung der Zunge und der Rachenwand.

Auch die offenbar zur Tat benutzten Werkzeuge haben den Obduzenten vorgelegen, nämlich ein Kratoffelstampfer (sic!) und eine kleine hölzerne Kelle. Nach Ansicht der beiden Obduzenten hat die Getötete Schläge mit einem stumpfen Gegenstand gegen die Stirn und das linke Auge erhalten, ferner ist irgend ein fester Gegenstand tief in den Rachen eingepresst, der Kochlöffel wahrscheinlich tief in den Mastdarm und ein ähn- [Wechsel Seite 32/33] *licher Gegenstand in die Scheide eingeführt worden.*

Mit grösster Wahrscheinlichkeit ist der Tod durch Einführung des Fremdkörpers in den Rachen an Erstickung erfolgt, vielleicht in Verbindung mit Betäubung (Gehirnerschütterung) durch die Schläge gegen den Kopf.

Endlich könnten auch nach Ansicht der Obduzenten alle Verletzungen zusammen durch Erschöpfung den Tod herbeigeführt haben.

Für die Frage der Zurechnungsfähigkeit des Grossmann in diesem Straffall sind die objektiv erhobenen Befunde an der Leiche von besonderer Bedeutung, weil sie uns in den Stand setzen, zu prüfen, ob seine Angaben über die Tötung wahr sind oder mindestens wahr sein können, und hier sei zunächst hervorgehoben, dass Grossmann auch in diesem Falle wieder die ganze Tat als Ausfluss eines plötzlich auftretenden schweren Zornes und grosser Wut darstellt.

Aber dieser Darstellung kann ärtzlicherseits nicht gefolgt werden, denn nur allein der Schlag gegen den Kopf oder vielleicht noch das gewaltsame schnelle Einführen des Knebels in den Mund liesse sich ärztlicherseits erklären als in plötzlich auftretendem Wutanfall ausgeführt.

Die anderen Handlungen sind nicht solche, wie man sie kurz in einem Affekt ausführt, sie sind vielmehr derart, dass zu ihrer Ausführung ein längerer Zeitraum sicher erforderlich war, ein gewisser Vorbedacht, eine gewisse Geschicklichkeit und Mühewaltung. [Wechsel Seite 33/34]

Nun gibt Grossmann an, dass er in seiner Wut der Nitsche gegen den Kopf geschlagen habe, dass sie dann geschrieen und er ihr einen Knebel gesteckt hätte, um sie am Schreien zu hindern. Mehr kann man nach meiner Auffassung nicht als durch die Wut hervorgerufen erachten.

Die übrigen Verletzungen sind sicher mit einer gewissen Ueberlegung ausgeführt und sind erst gesetzt, nachdem sich sein Affekt wieder beruhigt hatte, und damit fällt ärztlicherseits alles das, was Grossmann als nur in Wut und Zorn ausgeführt darstellt.

Nun könnte behauptet werden, dass die Frauensperson durch die Schläge und das Knebeln gestorben sei. Das ist aber, wenn seine Darstellung richtig ist, nicht möglich, dass sie also schon tot war, als er ihr in die Geschlechtsteile fasste, denn diese Verletzungen zeigen die charakteristischen Merkmale als im Leben beigebrachter Verletzungen, nämlich Blutungen im Gewebe um die Verletzungen.

Nimmt man aber an, dass entgegen der Darstellung des Grossmann er die schweren Verletzungen in Mastdarm und Scheide der Nitsche als die ersten beigebracht hat, dann widerspricht dies der eigenen Schilderung des Grossmann, der ja die Kopfschläge und das Knebeln zeitlich als die erste und zweite Handlung (Affecthandlung) erklärt hat.

Also in jedem Falle kann vom ärztlichen Standpunkt aus nicht erachtet werden, dass die Nitsche durch eine in plötzlicher Wut beigebrachte Verletzung gestorben ist, sondern man muss annehmen, dass sich die Tat charakterisiert [Wechsel Seite 34/35] *als ein schrittweise mit Ueberlegung ausgeführtes Quälen, Schlagen und Martern.*

Wenn ich also die Tötung der Nitsche auf Grund der ausgiebiger vorhandenen Unterlagen für das Gutachten nicht mehr als eine Affekthandlung vom ärztlichen Standpunkt aus erachten kann, so bleibt noch endlich die Frage übrig, ob etwa in diesem Falle bei dem Täter Zustände vorhanden waren, wie sie der § 51 R.St.G.B. benennt.

An sich ist ja Grossmann, wie ich oben auseinandergesetzt habe, als geistig gesund zu erachten. Es könnte also hier nur der Alkohol in Frage kommen, denn Grossmann hat vor der Tat reichlich Alkohol genossen. Er ist so betrunken die

Treppe herauf gekommen, dass er das Schlüsselloch nicht finden konnte, dass sein Nachbar Itzig ihm die Tür öffnen und die Lampe anzünden musste, und ferner ist er noch in betrunkenem Zustand alsbald nach der Tat verhaftet worden.

Es tritt hier die Frage auf, ob diese Trunkenheit des Grossmann eine sinnlose war, eine derartige, dass er gar nicht wusste, was er tat.

Wenn sich Grossmann auf eine solche Trunkenheit bisher berufen hätte, wenn er erklärt hätte: Ich weiss gar nichts mehr von den Vorfällen, nachdem wir in das Zimmer getreten waren, sondern ich bin erst zu mir gekommen, als ich verhaftet wurde" dann würde allerdings dieser Umstand für die Frage der Zurechnungsfähigkeit eine grössere Bedeutung erlangen.

Da aber Grossmann selbst gar nicht den Einwand einer sehr schweren Trunkenheit bisher macht, und mit grösster [Wechsel Seite 33/34] *Genauigkeit, -- ob wahrheitsgemäss, sei dahingestellt -- eine bisher nicht widerlegte Schilderung der Tat bis in alle Einzelheiten gegeben hat, seine Erinnerung also nicht getrübt war, er auch unter anderem angeblich sein Geld richtig nachzählen konnte, so kann von einer Unzurechnungsfähigkeit des Grossmann zur Zeit der Tötung der Nitsche nicht die Rede sein.*

Wenn ich jetzt meine Ausführungen in Bezug auf den dritten Fall N i t s c h e zusammenfasse, so muss erklärt werden:

Selbst im Hinblick auf die leicht reizbare, brutale Persönlichkeit des Grossmann kann von einer Affekthandlung, ähnlich den in den Fällen Martha und Sosnowski meinerseits angenommenen, hier nicht die Rede sein. Es spricht vielmehr alles dafür, dass Grossmann bei der Tötung dieser Frauensperson wieder im geistigen Gleichgewicht sich befand.

Anhaltspunkte für das Vorliegen von Zuständen, wie sie der § 51 R.St.G.B. benennt, können selbst unter Berücksichtigung der Trunkenheit des Grossmann nicht gefunden werden.

Strauch
Gerichtsarzt.

Laut Eingangsvermerk ging das Gutachten am 28. April beim Landgericht ein.

Störmers Gutachten

Der Bericht von Medizinalrat Dr. med. Störmer umfasst 21 Seiten. Störmer hatte das Gutachten seines Kollegen Strauch vorher eingesehen:

Eing. 21/5 *Berlin, den 20 Mai 1922.*

In der Strafsache

./. Grossmann

erstatte ich hiermit ein Gutachten über den Geisteszustand des am 13. Dez. 63 geborenen Schlächtergesellen (Händlers) Karl Grossmann.

Sachverhalt.

Gr. hat sich jetzt wegen vielfacher Ermordung von Frauen, im ganzen 3 Fällen zu verantworten. Seine Zurechnungsfähigkeit ist eine zweifelhafte, und es ist deshalb die Untersuchung seines Geisteszustandes angeordnet worden.

Mir lagen einstweilen (7. Febr). nur die Beiacten vor. Ihnen entnehme ich, dass Gr. bereits seine erste Strafe wegen Bettelns 1882 erlitt, (Mit 19 J.) wegen Landstreichens eine Woche Haft bekam E.18.82 in Rixdorf. Er leugnete zwar die Landstreicherei, indessen heisst es im Urteil, dass er schon mehrfach wegen Bettelns und Arbeitsscheu bestraft wurde, u. das Gericht schenkt seinen Angaben, dass er sich damals um Arbeit bemüht habe, keinen Glauben.

Es folgen dann mehrere Strafen wegen Diebstahls, versuchter Erpressung, Bedrohung, Sachbeschädigung, in den Jahren 86, 87, 88 je eine Strafe wegen Körperverletzung, 1887 1 Jahr Zuchthaus wegen Sittlichkeitsverbrechens, dann 89 in Charlbg. (D. 328.89) 1 Jahr Gf. wegen qualifizierter Körperverletzung, 1891 1 Woche Haft wegen Bettelns, dann 1 Woche Gf. wegen Betrugs, 1893 6 Mon. Gf. wegen Hausfriedensbruchs u. Bettelns, Berlin.

1894 4 Wochen Haft wegen Landstreicherei in Heidel- [Wechsel Seite 1/2] *berg, 94 4 Mon. Gef. wegen Hausfriedensbruchs und tätlicher Beleidigung u. Widerstand in Dresden, 1895 4 Wochen Gf. in Aachen wegen Hausfriedenbruchs.*

1896 10 Mon. Gf. in Mannheim wegen Hausfriedensbruchs u. Sodomie, 1897 15 Mon. Zuchthaus in Nürnberg wegen Sittlichkeitsverbrechens, am 8.12.98 5 Tage Haft wegen Bettelns in Nürnberg, am 21.1.99 8 Tage Haft in Heidelberg wegen Hausfriedensbruchs, am 21.4.99 in Ludwigsburg 9 Mon. Gf. wegen Gewerbevergehens. Ferner wurde er in Worms 99 wegen Betrugs verfolgt.

Am 4. Okt. 99 erhielt G. in Bayreuth 15 Jahre Zuchthaus wegen 2er Sittlichkeitsverbrechen (Notzucht).

Im einzelnen interessiert aus den Beiakten folgendes:

Der Bruder des G., Schleifer Wilhelm Grossmann, geboren am 1. Mai 72, wohnhaft Weissensee, hatte etwa 1903 eine Körperverletzung (durch auffallenden Stein) erlitten u. sich als Soldat mit Syphilis infiziert. Die ersten Spuren ei-

ner geistigen Störung zeigten sich bei ihm Weihnachten 1910, u. er kam dann ins Krhs. Weissensee. Dort war der Wassermann positiv. Er war dann kurzzeitig in der Josef's Heilanstalt Weissensee u. vom 28. Juni bis 6. Okt. 11 wegen Gehirnerweichung mit Kritiklosigkeit u. schwachsinniger Größen- [handschriftlich, daher mit ß] *Ideen (Millionär, Schlösser) in Eberswalde behandelt. Auch durch Sektion wurde Paralyse festgestellt. Es handelt sich also hier um eine streng individuelle, durch Syphilis bewirkte Erkrankung. In der Anamnese wird auch nichts von erblicher Belastung erwähnt. Hier heisst es nur: Vater starb an Brustkrankheit, Mutter 79 Jahre alt ohne besondere Krankheit. Er war immer geistig u. körperlich gesund, bis ihm bei der Arbeit ein Stein auf den Kopf fiel. Er arbeitete als Schleifer bis Weihnachten 10.*

In den Act. 124 D. 809.91 des Amtsgerichts I Berlin [Wechsel Seite 2/3] *tritt uns Karl G. zuerst als Streichholzhändler (1891) entgegen. Er handelte aber ohne Gewerbeschein u. betrog die Leute insofern, als er gewöhnliche Streichhölzer für echte Schweden verkaufte (1 Woche Gf.).*

In den Act. des Schöffengerichts Dresden vom 26. Sept. 94 sagt der Herbergsbesitzer Berndt aus, dass G. schon seit 2 Jahren zur Vogelwiesenzeit in seine Herberge komme, dass er es ihm aber wegen seines Betragens verbot. Dennoch kam G. auch im August 94 häufig in die Herberge, aber der Wirt liess ihm keine Getränke verabreichen. Als G. dennoch das Lokal nicht verliess u. der Wirt mit der Polizei drohte, gab G. dem Wirt eine solche Ohrfeige, dass seine Backe anschwoll. Ferner machte er grossen Lärm u. erzeugte einen Menschenauflauf. Auch auf der Strasse schrie u. lärmte er noch, und nach ½ Stunde versuchte er nochmals in die Gaststube einzudringen. G. machte sinnlose Trunkenheit geltend, indessen beschwor der Wirt, dass diese nicht vorlag.

Der Polizist Enzmann bekundete, dass G. bei seiner Sistierung sich heftig wiedersetzte (sic!) und den Zeugen stiess. Ferner zog G. seinen Rock aus, warf sich auf den Boden u. weigerte sich weiterzugehen, liess sich auch nicht gütlich zureden. Wenn er aufgerichtet war, liess er sich immer wieder fallen. Schliesslich trugen ihn die Polizisten zu einer Droschke. Als er sich auf den Boden geworfen hatte, stellte er sich ohnmächtig (Bl. 19 d. Dreds. Act.). Aber auch dieser Zeuge hielt ihn nur für angetrunken. G. erhielt hierfür 4 Mon. Gf, verbüsste sie in Hoheneck und wurde am 1. Febr. 95 entlassen.

Nun treffen wir G. erst in Mannheim wieder. Er wurde hier in der Nacht zum 3. Jan. 96 in angetrunkenem (nicht sinnlos betrunken) Zustand in dem Ziegenstall des Gärtners Bahorn angetroffen. Die Gärtnersleute waren durch das [Wechsel Seite 3/4] *schmerzliche Schreien ihrer Ziege, die sonst sich immer ruhig verhielt, geweckt worden, und sie fanden den G. im Stall zu Füssen der Ziege liegend mit einem Havelok bedeckt. Er stellte sich schlafend, aber ein Polizist merkte sofort, dass er seinen Hosenschlitz offen hatte u. an den Knien noch nass war. Das Geschlechtsteil der Ziege war gegenüber sonstigem Befund erheblich angeschwollen. Das Gericht hielt eine widernatürliche Unzucht für erwiesen u. verurteilte den G. in Würdigung der sittlichen Gesundheit des dem Landstreichertum verfallenen Beklagten auch wegen der Rohheit der Gesinnung zu 10 Mon. Gf. Die*

Stalltür hatte G. aufgerissen. Er wurde von dem Gf. Mannheim am 17. Dez. 96 entlassen.

Nun taucht G. in Nürnberg auf, wo er in einer Gartenwirtschaft am 7. Juli 97 ein 12jähriges Mädchen durch Versprechen von Bier in ein Zelt lockte. Dort setzte G. die 12jährige Therese Schissel auf den Schoss und fasste ihr dann unter die Rocke, spielte an ihrem Geschlechtsteil, wollte sie auch küssen, aber das Mädchen wehrte ab. Ärztliche Feststellung lehrte, dass dem Mädchen nichts weiter passiert war (Bl. 10 v). Er hatte dem Mädchen damals freies Schaukeln versprochen u. Geld für die Mutter u. ihm auch Geld für diese mitgegeben, dies ihm aber später wieder weggenommen (Bl. 10). G. erhielt 13 Mon. Zuchthaus, verbüsst bis 18. Nov. in Plessenburg.

Kaum war er in Freiheit, als er bereits am 21. April 99 2 Sittlichkeitsverbrechen beging, indem er einmal am Vormittag dieses Tages die 10jährige Maria Gottwald in einem Laden und später in einem Hausflur, auch am entblössten Körper wollüstig bettstete u. am selben Nachmittag 2 Uhr die 4½jährige Babette Burkel in einem Abort notzüchtigte. Er erhielt hierfür am 4. Okt. 99 vom Schwurgericht Bayreuth 15 Jahre Zuchthaus, die er zuerst in Plessenburg [Wechsel Seite 4/5] *u. vom Juli 09 ab im Zuchthaus Ebrach bis 6. Okt. 14 verbüsste.*

Betr. dieser beiden Straftaten interessieren aus den Act. des Landgerichts Hof folgende Einzelheiten.

Er hatte die 12jährige Gottwald früh um 9 Uhr in einem Laden, wo sie Zuckersachen kaufte, bereits am Gesäss betastet u. eine Stunde später das Mädchen in einem Hausflur unzüchtig am nackten Körper berührt und ihr schliesslich über den Kleidern am Bauch mit der Hand hin und her gerieben.

Am Nachmittag um 2 Uhr (Freitag) hatte er die 4½jährige Babette Burkel, die mit ihrem Brüderchen spazierenging, durch eine Apfelsine u. einige Bonbons zunächst in einen Hausflur und dann nach dem Abort gelockt, und als das Kind nun nach seiner Mutter schrie, stopfte G. ihr vorübergehend den Mund mit einem Taschentuch zu, entblösste dem Kinde den Leib u. bohrte nun zunächst mit dem Finger in dessen Scheide u. später vollzog er gewaltsam den Geschlechtsakt mit dem Erfolg, dass er dem Kind äusserst schwere Weichteilsverletzungen beibrachte, nämlich einen vollkommenen Dammriss mit gleichzeitiger Aufreissung des Mastdarms und der Scheidewand zwischen Scheide und Mastdarm.

Das Kind wurde zunächst 2 mal im Krhs. in Hof, sodann in der Klinik in Erlangen (62) operiert. Dies war notwendig, weil infolge der Verletzung das Kind den Stuhl nicht halten konnte. Ausserdem hat er es (was G. freilich leugnete) mit Tripper infiziert. Das Kind wurde jammervoll schreiend mit gespreizten Beinen und sehr stark blutend in dem Abort gefunden u. G. ging zunächst in aller Ruhe davon, aber er wurde schon ziemlich bald abgefasst. Hierbei fand der Polizeiinspektor beide Hände des G. derart voll Blut, als wäre G. beim Schlachten eines Tieres tätig gewesen. Auch zeigte sein Hosenschlitz ganz frische Blutspuren, ebenso war sein Hemd noch mit Blut beschmiert u. noch [Wechsel Seite 5/6] *ganz feucht. G. war überdies völlig verlaust.*

Der Geschlechtsteil des G. wurde sofort von dem Arzt Dr. Pfeiffer in Hof besichtigt. Auch dieser war noch voll von Blut, übrigens auch noch teilweise erigiert (Bl. 3).

Bei der Vernehmung am 25. April 99 (Bl. 29) gab G. zutreffend zu, dass er sich in einem Laden Bücklinge gekauft hätte. Er bestritt aber das Mädchen, (wie dieses behauptet hatte) in dem Laden 25. Apr. 99 in den Hintern gezwickt zu haben) . . . wenigstens weiss ich es nicht. Ich weiss nichts davon, dass ich später in einem Hausflur gewesen u. dem Mädchen unter die Röcke gegriffen habe."

Am 17. Aug. 99 (69 v) gab er aber als möglich zu, dass er das Mädchen in das Gesäss gezwickt hätte, bestritt aber wiederum, dass er sie gleich danach in einem Hausflur unsittlich berührt habe.

Ferner hat G. auch im April 1899, als er im Häuserhandel Streichhölzer anbot, sich zu dem Dienstmädchen Degel (Bl. 51) höchst zudringlich benommen. Er stellte den Fuss zwischen die Tür, u. nur das Dazwischenkommen des Dienstherrn verhinderte weiteres Eindringen. G. entfernte sich schimpfend (Bl. 51).

Betr. der Notzucht gab G. damals an, dass er an der 4jährigen Babette B. unzüchtige Handlungen vornahm, aber nur mit dem Finger. Er hätte noch nie an Tripper gelitten.

Vor dem Schwurgericht Bayreuth waren auch Aerzte geladen, nämlich Dr. Walter, Gerichtsarzt in Hof u. Dr. Solrig, Bayreuth. Beide gaben ein Gutachten über die Zurechnungsfähigkeit des G. ab, aber man erfährt nichts näheres über dieses Gutachten. G. sollte damals von dem Direktor Krausold in der I.-A. Bayreuth untersucht werden, doch war dieser verhindert. (Act. Bayr. Bl. 24).

1904 versuchte G. eine Wiederaufnahme mit der Behauptung, dass Gerichtsarzt Dr. Walter bei ihm zwar nicht Trip- [Wechsel Seite 6/7] *per, aber Syphilis für vorliegend erachtet habe. Ferner machte er zu seinen Gunsten geltend, dass er bei einer Meutrei (sic!) 1899 oder 1900 in Hof den gefesselten Aufseher von seinen Fesseln befreit habe.*

Besondere Sorgfalt widmete ich, da dies sonst noch nirgends hinreichend geschehen ist, der Erforschung der Familiengeschichte des G. Ich befragte der Reihe nach alle erreichbaren Verwandten des G. mit folgendem Ergebnis:

Der Vater des G., der Händler & Hausbesitzer in Neu-Ruppin am neuen Markt 5 war, wird mir als ein ganz besonders brutaler und jährzorniger (sic!) Säufer geschildert, der Hunderte von Krampfanfällen aller Grade gehabt hat bis zu den schwersten von stundenlanger Dauer. Er ist auch oft von anderen Leuten nach Hause gebracht worden. Seine Ehefrau hatte ausserordentlich schwer zu leiden.

Die Krankheit des Vaters Wilhelm Grossmann würden zahlreiche Nachbarn aus Neuruppin, insbesondere Filter und Vogler bezeugen können.

Die Mutter des G., Sofie Grossmann, verwitwete Schulz geb. Prössel, wird mir als eine durchaus gutmütige Frau geschildert, die sich mit Sorgfalt und Liebe ihrer Kinder annahm. Sie starb vor etwa 10 Jahren bei ihrer Tochter, Frau Jo-

nas in Weissensee, Streustr. 3, nur in der letzten Zeit war sie etwas geistesschwach geworden.

Der Vater dieser Frau G. war Landwirt in Rheinsberg. Er soll 20 Jahre lang gelähmt gewesen sein. Genaueres konnte ich nicht erfahren.

Es ist auch nichts zu ermitteln über die Eltern des Vaters und dessen Seitenverwandte sowie über Verwandte der Mutter. Sie hatte nur Stiefgeschwister.

Aus der ersten Ehe der späteren Frau Sofie Grossmann mit einem Herrn Schulz gingen 2 Töchter und 1 Sohn hervor: 1) Frau Auguste Krause, jetzt in Kiel unbekannt wohnend, angeblich gichtkrank. [Wechsel Seite 7/8]

2) Frau Marie Laczinski, Berlin, Hagenauerstr. 4, nach meinen eigenen Wahrnehmungen asthmakrank und nicht terminsfähig. Sie hat auch anscheinend wenig Lust, über die Familienangelegenheiten Auskunft zu geben. 3) Ein Bruder August Schulz. Dieser stand, wie ich von seinem Neffen Hermann Laczinski, Weissensee, Elsassstr. 25 wohnend, erfuhr, gerade vor der Beförderung zum Unteroffizier, als er auf Wache ein Dienstmädchen derart schändete, dass er deswegen zu 15 Jahren Zuchthaus verurteilt wurde, die er wahrscheinlich in Sonnenburg verbüsste. Die Tat soll etwa 30-40 Jahre zurückliegen. Kaum war Sch. heraus, so beging er schon wieder Notzucht an einem Kinde und erhielt nochmals 15 Jahre Zuchthaus, während deren Verbüssung er starb. Es soll vor ca. 14 Jahren gewesen sein. Niemand weiss wo.

Frau Laczinski hat 4 Kinder:

1) die Tochter Lucie. Sie schreit im Schlaf manchmal auf.

2) den Schleifer Hermann Laczinski, der zeitweilige Wutanfälle haben soll.

3) Ein Sohn Karl - sei gesund.

4) eine Tochter, verwitwete Frau Marie Gaul, jetzt ca. 40 Jahre alt und nach seinen eigenen Wahrnehmungen ganz gesund.

Aus der 2. Ehe mit Grossmann stammen 5 Kinder, nämlich der Angeklagte Karl, geboren 58. Dessen Bruder Wilhelm starb als Paralytiker (auf persönlicher syphilitischer Basis) Oll in Eberswalde und war unbestraft. Von ihm stammen 3 Kinder, nämlich Erna, die mir als schwachsinnig bezeichnet wird und die gesunden Töchter Gertrud, Frieda und Klara.

Die eine Schwester des G. ist die Witwe Lucie Jacob, Lichtenauerstr. 129, die sich zwar selbst als völlig gesund bezeichnet, die aber objectiv übermässig gesprächig, weit schweifig & hastig ist.

Von ihr stammt eine Tochter Frau Frieda Ende. Sie war [Wechsel Seite 8/9] *geisteskrank und schon in der Anstalt von Dr. Edel. Deren Kinder Grete & Erich von 15 u. 17 Jahren seien gesund.*

Die andere Schwester heisst Frau Sofie Jonas, Weissensee, Strestrasse 3. Sie weiss angeblich nichts über ihre Familie. Sie bezeichnet sich als gesund. Von anderen Verwandten wird sie normal genannt. Nach anderen Auskünften ist die nicht besonders auffallend. Sie ist kinderlos. Sie hat offenbar nicht die geringste Lust, in dieser Sache irgend etwas auszusagen. Die dritte Schwester heisst Anna

Regelin in Neu-Ruppin, Chalenderstrasse 5. Sie wird mir als gesund geschildert, aber deren Tochter Emma ist, wie ich hörte, eine krampfkranke Idiotin, jetzt etwa 14-15 Jahre alt. Eine Tochter ist in Spandau verheiratet. Ihre 3. Tochetr Namens Anna dient bei Glöwen. Ueber deren geistige Beschaffenheit ist nichts zu erfahren.

Aus dieser Familiengeschichte ergibt sich, dass G. in wirklich hohem Grade erblich belastet ist, namentlich vom Vater her, und ich möchte hier schon einschalten, dass Karl G. selbst auch ein ausserordentlich zorniges Temperament hat, wovon ich reichliche Proben bekam. Ausserdem ergibt das Studium der Acten des Zuchthauses in Ebrach, dass G. dort fortgesetzt Konflikte schwerer & schwerster Art hatte, sodass er unzählig oft schwer bestraft werden musste. Die Acten sind nach dieser Richtung derart inhaltsreich, dass dieses gar nicht genug betont werden kann. Wer über Karl G.'s Temperament sich ein Urteil bilden will, der muss sich der Mühe unterziehen, diese Acten vollkommen zu lesen.

Oft genug kam freilich G. selbst bei diesen Schlägereien schlecht genug davon, und auch er erhielt erhebliche Hiebe von anderen Zuchthäuslern (Faustschläge, Tritte & Püffe aller Art).

Im übrigen gehe auch ich, dem Beispiel von Herrn Prof. Strauch folgend, nicht näher auf die Besprechung [Wechsel Seite 9/10] *der Hauptakten ein, denn sie enthalten ärztlich eigentlich nur sehr wenig, und das meiste bezieht sich auf den Leumund des G., auf Zeugenaussagen, die man aber doch nicht ohne weiteres schon jetzt für bare Münze nehmen möchte, deren Bewertung behalte ich mir vielmehr für die Hauptverhandlung vor.*

Ferner betreffen grosse Teile der Acten die Auffindung der Leichenteile und der Identifizierung und Sektion. Das alles kann für den Geisteszustand des G. übergangen werden.

Wirklich ärztlich wichtige Notizen finden sich jedoch in Bd. 1.

Aus Bd. 1, Bl. 8 ist ersichtlich, dass G. auch im Besitze von Cyankali war, und dass bei der Leiche der Nitsche sich kolossale Zerfetzungen des Mastdarms fanden u. ausserdem ein Schleimhautriss an der Scheide, sowie eine Zerreissung der Zunge und der Rachenwand -- alles Verletzungen, die während des Lebens entstanden waren (Bl. 18).

Ferner legen die einzelnen eigenen Aussagen des G. beredtes Zeugnis dafür ab, dass er in jedem einzelnen Falle an die meisten Einzelheiten manchmal sogar eine bis ins Kleinste gehende Erinnerung hat, woraus ich, um dies gleich hier zu sagen, schliesse, dass nicht etwa irgendwelche epileptischen Momente bei Begehung der Tat im Spiele gewesen sein können, insbesondere keine Dämmerzustände.

Aus den Protokollen ergibt sich ausserdem, dass G. überhaupt eine ausgezeichnete Erinnerung hat sowohl für die zahlreichen Namen wie auch für Daten. Er bestreitet auf Bl. 34, dass ihn das Fesseln der Frauen etwa noch mehr geschlechtlich erregt habe. – An zahlreichen Stellen macht G. geltend, dass er ziemlich stark betrunken war (z. B. Bl. 35 v), aber damit will ich schon jetzt dar-

auf hinweisen (Bd. 1 Bl. 37), dass G. trotz den angeblichen hoch- [Wechsel Seite 10/11] *gradigen Trunkenheit es beim Beischlaf mit der Nitsche merkte, dass in deren linkem Strumpf etwas knisterte. Das erscheint mir doch auch für diesen Fall gerade von ganz besonderem Wert, denn von einer sinnlosen Trunkenheit kann dann eben gar keine Rede gewesen sein, ganz abgesehen davon, dass auch schon die ganz genaue Schilderung zu vieler Einzelheiten vollkommen dagegen spricht.*

Psychiatrisch wertvoll ist es, dass G. so in aller Seelenruhe es schildert, wie er die einzelnen Leichen zerstückelte und wie er sogar noch trotz alledem bei gutem Appetit war, wie er in aller Ruhe ass & trank und auch in dem Zimmer ganz gut schlief (Bl. 50 v).

Ferner ist es für das Temperament des G. bezeichnend (1, 45 v), welche Kraftausdrücke G. sofort gebraucht, wenn ihm irgendetwas nicht passt. Z. B. nennt er hier 2 Zeugenaussagen "Quatsch & stinkige Lüge."

Zu der Zerteilung der einen Leiche der "Marta" hat G. nach Bl. 57) ca. 9 Stunden gebraucht. Von den Weichteilen (Eingeweiden des Mädchen) gebraucht G. als früherer Schlächtergeselle den Ausdruck "Kaldaunen."

Nach B. 83 fand man auch in der Wohnung des G. ein Stück Cyankali. –

[Wechsel Seite 11/12]

<u>Eigene Wahrnehmungen.</u>

In körperlicher Hinsicht bietet G. überhaupt nichts Besonderes dar. Er ist vielleicht etwas mehr gealtert, wie es seinen Jahren zukommt, aber irgendwelche gehäuften Degenerationszeichen, oder besonders schwere Schlagaderverhärtung fand ich bei G. nicht. Natürlich ist dieser Mann, der die Jahre 1899 - 1914 im Zuchthaus zubrachte, und der dann gerade während der Kriegszeit doch auch mit allerhand äusseren Schwierigkeiten zu rechnen hatte, mehr gealtert.

Aber er ist recht gut ernährt, und er gibt ja auch ohne weiteres zu, dass er auf seinen Lebensunterhalt immer ziemlich viel Geld verwandt habe.

Zur Sache selbst lässt sich G. genau so aus mir gegenüber, wie es schon in den Act. beschrieben ist. Aber es ist absolut unmöglich, von G. irgendeine kurz und bündige Auskunft zu erhalten. Er lässt sich so leicht nicht unterbrechen. Wenn ich es dennoch, wie ich es versuchte, tun will, so wird er kolossal grob, und einmal machte er sogar kurz kehrt und weigerte sich überhaupt zu antworten.

Ich sage dies deswegen, weil auch in der Hauptverhandlung sich aus der Weitschweifigkeit und dem Eigensinn des G. mit Sicherheit grosse Schwierigkeiten ergeben werden. Nur wenn man dem G. vollkommen freie Hand lässt, wie breit er eine Darstellung gestalten will, kann man mit ihm überhaupt auskommen.

Gerade darum ist es so überaus wichtig, den Lebenslauf des G. kennen zu lernen. Hier gibt sich G. wie er wirklich ist, und zu dessen Ausarbeitung hat er sich ordentlich gesammelt, und deshalb ist das Schriftstück für die Hauptverhandlung gar nicht zu entbehren, zumal G. auch hier und da sich in Widersprüche verwickelt, wenigstens mit den Angaben, die in den Act. festgelegt sind.

Die ganze Verteidigung des G. ist eigentlich eine ein- [Wechsel Seite 12/13] *tönige und schamhafte. Sie läuft darauf hinaus, dass er in allen 3 Fällen plötzlich in sinnlose Wut geraten sei, weil er behauptet, dass ihn alle 3 Mädchen bestohlen hätten, bezw. ihn im Vermögen sonst geschädigt hätten. G. gibt mir an, dass er überhaupt zeitlebens fleissig handelte, und das stimmt auch mit den sonstigen Ermittelungen. Ursprünglich hat er fast ausschließlich mit schwedischen Streichhölzern hausiert, erst in der Kriegszeit mit Wirkwaren bezw. Stoffen, und vor allem mit Garn & Zwirn, wodurch er viel verdient haben will. Er behauptet, dass er seinerzeit 32000 M besessen habe, die er in seiner Wohnung wohl versteckte und mit Argusaugen bewachte. Er behauptet ferner, dass viele Mädchen ihn nur deswegen besucht haben, weil sie Gelegenheit haben wollten, seine Verstecke auszukundschaften und ihn dann zu bestehlen. Er behauptet ferner, dass er an sich gutmütig sei, und dass ihn Hunger und mangelhafte Bekleidung seiner Opfer vielfach mitleidig gestimmt hätte. Er gibt weiter an, dass er in früheren Jahren gern und viel getrunken habe.*

Da die Erörterung dieses Punktes besonders wichtig ist, weil G. sich in 2 Fällen mit sinnloser bezw. starker Betrunkenheit entschuldigen will, so ging ich auf diesen Punkt genau ein. Er gibt an, dass er im Falle Nitsche bereits (was ja zutrifft) bereits aus dem Lokal gewiesen wurde, weil sowohl er wie die N. die Vorführungen dort störten. Er sei dann noch mit der N. in weitere Lokale gegangen, und beide hätten auch schon vorher sehr viel getrunken, sodass er in diesem Falle nicht mehr Herr seiner Sinne gewesen sei.

G. hat mir aber auf meinen Einwurf, dass doch jetzt der Schnaps so fabelhaft teuer sei, auch dieses ausdrücklich selbst zugestanden mit den Worten: "Wer kann denn jetzt den teuren Schnaps bezahlen!" In den letzten Jahren, wie der Schnaps immer teurer wurde, hätte er nur noch sehr [Wechsel Seite 13/14] *wenig getrunken.*

Ich will auch gleich bemerken, dass körperliche Erscheinungen von Alkoholismus sich bei G. nicht finden.

Bei Besprechung seiner vielen Vorstrafen fällt die vollkommene Gleichgültigkeit des G. ungemein auf. Ja es stösst sogar ab, wie er mit Zynismus von der furchtbaren Tat von 1899 spricht, die ihm 15 Jahre Zuchthaus eintrug. Er bestreitet jetzt, dass er das Kind überhaupt mit seinem Geschlechtsteil direkt verletzte. Er gibt nur an, dass er dem Kinde den Finger in die Scheide gesteckt habe, dabei müsse er es wohl verletzt haben.

Als ich ihm vorhalte, wie der ärztliche Befund war, wird G. kolossal grob und schliesslich derart aufgeregt, dass er schreit: "Das steht ja wohl geschrieben, aber in den Act. steht überhaupt viel, was gar nicht stimmt. Da kann jeder reinschreiben, was er will" und dergl. grobe Aeusserungen mehr. G. gibt aber zu, dass der die Strafe an sich mit Recht erhielt. Er hält sich nur für zu hoch bestraft.

Seine vielen Konflikte im Zuchthaus begründet G. damit, dass er als Preusse in Bayern natürlich scheel angesehen gewesen sei. Es sei bekannt, dass die Bayern uns immer nur die Saupreiss'n nennen und die Schnapspreiss'n, und dann gebe schnell ein Wort das andere, zumal die anderen Insassen eben Bayern waren.

Ich erörterte auch die Familienbeziehungen des G. Er freut sich, dass seine Schwester, Frau Jacob, sich wenigstens um ihn kümmere. Frau Jonas sei dazu "zu anständig", und nach dem übrigen Geschwistern hat G. weder Sehnsucht noch berührt es ihn auch nur im geringsten, dass überhaupt ein solcher vollkommener Verfall mit seiner Familie eintrat. G. sagt: "Ich weiss ja, dass ich hier nicht wieder herauskomme," aber er hofft doch halb und halb auf eine günstigere Entwicklung der Dinge, weil, wie er behaup- [Wechsel Seite 14/15] *tet, es sich in keinem Falle um Mord handele, sondern höchstens um Affekthandlungen oder gar nur um Körperverletzung mit tödlichem Ausgang. Er macht nämlich geltend, dass keines seiner Opfer direkt von ihm getötet wurde, sondern alle seien langsam gestorben, darum liege eben kein Mord vor. Es ist erstaunlich, wie genau G. diese rein juristischen Fragen direkt scharfsinnig und gewandt auseinanderhält.*

Von Reue und von irgendwelchen Gemütsbewegungen ist bei G. auch nicht das mindeste zu merken. Er bespricht die Tötungen und Zerstückelungen mit einer geradezu erstaunlichen Gefühlskälte, als handle es sich um etwas Ganz Alltägliches. G. schimpft ausserdem im allgemeinen auf die Zeugen und insbesondere auf die Weiber. Sie seien alle ein schreckliches Gesindel, furchtbar verlogen, und auf ihre Aussagen sei überhaupt nichts zu geben. Was in den Acten stünde interessiere ihn nicht und sei auch für ihn nicht verbindlich. Jeder könne sagen, was er Lust habe, nur so wie er es sagt, sei es gewesen. G. ist kolossal rechthaberisch und wird sehr erregt, wenn man sich erlaubt, anderer Ansicht zu sein.

Nur ein Charakterzug berührt sympathisch. Er sagt ausdrücklich von selbst: "Auf meine Mutter lasse ich nischt kommen." Vielfach artet das Benehmen des G. in Dummdreistigkeit, ja sogar in direkte Frechheit aus. Bei Besprechung der Sodomie mit der Ziege behauptet er, dass die Ziege bloss deswegen erstickt sei, weil er sich mit seinem Kopf auf deren Bauch gelegt hatte. Er sagt dann höchst naiv zu mir: "Wenn ich mich bei Ihnen auf den Bauch lege, kriegen Sie auch keine Luft."

G. bestreitet unbedingt, in irgendeiner Weise geschlechtlich pervers veranlagt zu sein, und er braust sehr auf – gewaltig (9), als ich ihm vorhalte, dass er nach den Angaben in den Acten doch vermutlich den Coitus von hinten [Wechsel Seite 15/16] *bevorzugt habe: "Wer sagt denn das; ach Quatsch, was da drin steht, ist Quatsch" u.a.m.*

Ich fahndete natürlich direkt auf epileptische Momente, ohne bestimmte Anhaltspunkte dafür zu gewinnen. G. hat weder besonders schlimme Kopfschmerzen, wie sie bei Epileptikern vorkommen, noch gar Migräne, auch nicht gehäufte Schwindelanfälle. Von Krämpfen, Zuckungen und Ohnmachten habe ich auch absolut nichts erfahren können.

Jetzt verliert zwar G. im Gespräch ab und zu den Faden, und er wird dann ärgerlich, wenn er ihn nicht gleich wieder anspinnen kann, aber das beruht wohl mehr auf der begreiflichen Erregung sowie auf die bei G. wirklich vorhandene

Schlagaderverhärtung (mässigen Grades). G. bestreitet, je geschlechtlich krank gewesen zu sein.

Nach der Ursache der Zerreissung des Mastdarms und im Mund der N. gefragt, gibt er an, hierfür keinen Grund zu wissen. Er schützt sinnlose Trunkenheit vor. Es sei aber immerhin möglich, dass diese Verletzungen durch einen Quirl erzeugt seien.

Gutachten.

Ich mache zunächst die allgemeinen Ausführungen von Herrn Kollegen Strauch betr. des Geisteszustandes des G. durchaus zu den meinigen, aber ich schliesse mich ihm nicht an, soweit es um die Entscheidung der Frage handelt, wie die Taten des G. rechtlich zu beurteilen sind, ob als Mord, Totschlag oder sonst. Denn diese Frage gehört zur Domäne der Juristen und nicht des Arztes.

Mein Gutachten über G. ist folgendes: Er ist überhaupt nicht geisteskrank und war es auch nicht zur Zeit der Straftaten.

G. ist aber als ein erblich besonders schwer belasteter und völlig degenerierter Mensch anzusehen, der eine ganze Reihe von abnormen und zwar schlechten Charak- [Wechsel Seite 16/17] *tereigenschaften darbietet, die in ihrer Gesamtheit das eben abgegebene Urteil rechtfertigen.*

1) Die grosse Sphäre der reinen Wahrnehmungsvorgänge ist bei G. überhaupt vollständig ungestört; denn er war zu keiner Zeit irgendwie der Orientierung oder des Bewusstseins beraubt. Er ist jederzeit Herr der Situation. Er fasst das mit ihm Besprochene tadellos auf, er ist schlagfertig und ganz bestimmt frei von Sinnestäuschungen und Wahnideen. Er leidet auch nicht einmal an den mildesten Formen von Trugwahrnehmungen, wie sie sich bei Leuten, die jahrelang inhaftiert waren, lediglich in Form von flüchtigen Illusionen und Visionen finden.

G. ist auch durchaus nicht etwa leicht ablenkbar, im Gegenteil, er hält zäh an seinen Darstellungen fest. Er lässt sich nicht aus dem Konzept bringen und wird bei Versuchen, seine ermüdende Weitschweifigkeit einzudämmen, mitunter ganz erheblich grob. Ich empfehle deswegen für die Hauptverhandlung, zunächst grosse Geduld mit ihm zu haben und viele Tage für dieselbe anzusetzen.

2) Auch die große Sphäre der Verstandestätigkeit zeigt keinerlei Störung; denn die Bildung der Vorstellung und Begriffe ist bei G. überhaupt nicht im mindesten eingeschränkt oder erschwert. Er hat, wie gesagt, ein gutes Auffassungsvermögen und ein durchaus ungeschwächtes Gedächtnis, ja sogar ein erstaunlich gutes Gedächtnis. Es lassen sich darin auch keine partiellen Ausfälle nachweisen, vor allem auch nicht etwa Erinnerungsfälschungen, wie sie gelegentlich nach jahrelangem Alkoholmissbrauch, auch nach jahrelanger Einsperrung vorkommen.

G. ist auch imstande, trotz seiner überaus reichlichen Anzahl von Erlebnissen die Dinge zeitlich brillant auseinanderzuhalten und richtig geordnet aus dem Kopf in gebundener Rede wiederzugeben.

Ferner zeigen sich keinerlei Störungen des Gedan- [Wechsel Seite 17/18] *kengangs. G. hat sogar bestimmte Zielvorstellungen, und er führt sie mit erstaunli-*

cher Konsequenz durch. Er lässt sich, wie gesagt, nicht in seinen Schilderungen stören. Er ist darin zwar umständlich und sehr weitschweifig und geht auch auf Nebensächliches ab, aber er verliert dabei doch nicht die Hauptsache aus den Augen, und von Verwirrtheit ist gar keine Rede, auch nicht von krankhaftem Abschweifen und von einer fehlerhaften Gedankenverbindung.

Irgendwelche abergläubischen Ideen oder Wahnvorstellungen spielen bei G. überhaupt keine Rolle. Sein Bewusstseinsinhalt ist also unverfälscht, und dementsprechend sind seine Urteile als zutreffend und richtig und auf realem Boden stehend zu bewerten.

Auch besitzt G. eine bewundernswerte Ausdauer; von Ermüdbarkeit ist ihm nichts anzumerken, eher wird der untersuchende Arzt müde wie G. selbst. Er geht auch zunächst ganz bereitwillig auf die ihm gestellten Fragen ein, nur ist immer wieder sein Eigensinn zu betonen und seine Neigung zum Gebrauch gewöhnlicher Worte. G. hat es ganz und gar an sich, sich im Jargon der kleinsten Leute auszudrücken, er liebt Kraftausdrücke, besonders wenn es sich, besonders wenn es sich (sic!) um Abwehr und Entkräftung irgendwelcher Abwehranschuldigungen handelt. G. schläft auch ausgezeichnet, und hat sich überhaupt direkt zusehends erholt.

Von irgendwelchen Gewissensbissen ist also wohl keine Rede.

3) Damit komme ich zur Besprechung des Gefühlslebens des G. Hier zeigen sich zwar ganz erhebliche Defekte. Ist doch schon der ganze Lebenslauf des G. ein über die Massen [= Maßen] auffallender, vollständig der eines Menschen ohne Erziehung und ohne jeglichen Schliff. Auch das praktische Leben hat ihn nicht abgeschliffen. Er ist vielmehr ein Egoist durch und durch, und er hat sogar von sich eine nicht ge- [Wechsel Seite 18/19] *ringe Meinung. Er hebt, vielleicht mit Recht, als seine guten Seiten Mitleid mit obdachlosen und hungernden Personen hervor, wobei nachweislich den G. zum grösseren Teil immer geschlechtliche Motive mitbestimmten.*

Die vollkommene Verrohung seines Gemüts ergibt sich aber am besten aus der Tatsache, mit welcher völligen Gleichgültigkeit G. über seine Straftaten spricht, als seien es Bagatellen, auch über die Leichenzerstückelungen, auch über die künftige Hauptverhandlung, auch über das Schicksal der Mädchen, denen gegenüber er nicht die mindeste Reue verspürt. Im Gegenteil. In G. steckt sogar ein gewisser Hang zum Querulieren und eine sehr grosse Dosis Rechthaberei, infolge welcher er sich noch halb und halb in der Rolle des Märtyrers gefalle und in der Rolle desjenigen, der ein gutes Recht gehabt hätte, sich seinerseits für einen seitens der Mädchen begangenen Diebstahl durch sofortige Zwangsmassnahmen und rohe Angriffe zu rächen. Der ganze Zerfall mit der Familie stört den G. überhaupt nicht. Er hat sich auch vollkommen damit abgefunden, dass er wohl nie mehr die Mauern des Kerkers verlassen wird. Auch das macht keinen Eindruck auf ihn, aber er kämpft doch um seine Situation, indem er eben sehr feine Unterschiede macht zwischen Mord, Totschlag, Körperverletzung mit tödlichem Ausgang.

4) Die grosse Sphäre des Wollens und Handelns zeigte keine wesentlichen Störungen. G. war von jeher eigentlich immer arbeitsam. Er hat sich recht und schlecht als Händler ernährt, und als es in Berlin nicht mehr ging, wandte er sich nach Süddeutschland, dieses kreuz und quer durchziehend und sich durch Handel ernährend.

G. hat ursprünglich das Elternhaus verlassen, weil er sich mit seinem Vater nicht stellen konnte, und das ist auch kein Wunder; denn der Vater war eben ein ganz jähzorniger Säufer und zugleich Epileptiker, so- [Wechsel Seite 19/20] *dass es nicht wundernehmen kann, dass seine Kinder sich im Hause nicht wohlfühlten. Es waren also nicht krankhafte Triebe und Beweggründe, die den G. zum Verlassen des Elternhauses drängten, man kann auch nicht etwa von Wandertrieb sprechen und von Zwangshandlungen, sondern wenn man den Dingen auf den Grund geht, handelt es sich um ganz natürliche Empfindungen eines eigentlich schlecht erzogenen und auch erblich belasteten Menschen, der den Einflüssen des Vaters naturgemäss zu entgehen trachtete, und den der Freiheitstrieb und der Drang, sein Leben sich nach eigenem Geschmack zu gestalten, in die Ferne trieb.*

Bemerkenswert ist freilich der ausserordentliche Geschlechtstrieb des G. Er erwachte schon sehr schnell, und G. hat ihm gefrohnt (sic!) bis an die Grenzen der Möglichkeit, bis zu dem Tage der Inhaftierung. Er entschuldigt sich mir gegenüber damit, dass wenn jemand 15 Jahre im Zuchthaus verbracht habe, er natürlich eine solche Menge von geschlechtlichen Impulsen aufgespeichert hätte, dass er dann gewissermassen ein Recht habe, sich in dieser Beziehung gründlich auszuleben.

Es lag nahe bei der erblichen Belastung des G., auf persönliche epileptische Momente zu fahnden. Das habe ich getan, aber mit negativem Ergebnis. Immerhin erscheint mir ein einziges Moment doch wichtig, nämlich der Umstand, dass G. in Bayreuth gleich an ein und demselben Tage 2 sehr schauderhafte Delikte beging, die beide Sittlichkeitsverbrechen darstellen, und dass er auch noch nach der ganz schweren Verletzung des Kindes, mit welchem er nicht das mindeste Mitleid empfand, mit halb erigiertem Penis angetroffen wurde. Das ist ein Moment, welches mir zu denken gibt nach der Richtung, ob nicht doch vielleicht auch von der Epilepsie des Vaters etwas auf G. übergegangen ist, denn gerade bei Epileptikern finden wir überaus häufig brunstartige Geilheitszustände von krankhaft langer Dauer[Wechsel Seite 20/21] *und eine bis ins hohe Alter erhaltene geschlechtliche erstaunliche Potenz, dazu auch einen Zug zur Grausamkeit, gepaart mit einer gewissen Mildtätigkeit, also eigentlich ziemlich heterogene Eigenschaften vereint.*

Ich will also das Bestehen einer epileptischen Komponente bei G. meinerseits nicht ganz ausschliessen, komme aber trotzdem, weil G. an die Taten im allgemeinen und im speziellen eine geradezu glänzende Erinnerung hat, doch unbedingt zu einer völligen Verneinung des § 51.

Ich erhebe hiermit Gebührenanspruch.

Med.-Rat Störmer

Medizinalrat Störmer trat am 1. April 1929 in den Ruhestand, wie es in der Klinischen Wochenschrift vom 30. April d. J. hieß.

Zeitschrift für Sexualwissenschaft

IX. Band *August 1922* *5. Heft*

Bemerkungen zum Prozeß gegen Karl Großmann.

Von Dr. med. et phil. Kronfeld
in Berlin.

Vor dem Berliner Schwurgericht wurde vom 1. Juli bis zum 5. Juli 1922 gegen den 60jährigen Händler Karl Großmann ein Prozeß wegen dreifachen Mordes verhandelt. Die Verhandlung wurde durch den Selbstmord des Angeklagten am Morgen des 5. Juli, in seiner Zelle durch Erhängen mit dem Taschentuch mit großer Energie verübt, vor der Anhörung der ausführlichen ärztlichen Gutachten über den Geisteszustand und vor den Plaidoyers des Anklägers und des Verteidigers abgeschlossen. Lediglich der Tatbestand ist aufgehellt worden, und sämtliche Gutachter konnten sich, in einem vorläufigen Gutachten über die Anwendbarkeit des § 81 StrPO., auch über den Geisteszustand wenigstens summarisch äußern. Der Fall Karl Großmanns hat in der Öffentlichkeit durch die schrecklichen Einzelheiten, welche über die Untaten des Angeklagten durchgesickert waren, und wegen des besonderen Milieus, innerhalb dessen diese Untaten zustande kamen, ungeheures Aufsehen erregt. Die Öffentlichkeit war während der ganzen Dauer der Verhandlung ausgeschlossen. Die Zeitungsberichte über diesen einzig dastehenden Fall sind keine einwandfreie Quelle für das in dem gesamten Verfahren gewonnene Material. Es scheint mir deshalb zweckmäßig, daß die Lehren dieses Falles an der Hand eingehender Kenntnis des objektiven Materials, der Akten und Gutachten, der Zeugenaussagen und der ärztlichen Bekanntschaft mit dem Angeklagten selber für die wissenschaftliche Forschung in größter Kürze zusammengestellt werden; und dem sollen die folgenden Mitteilungen dienen.

Die Anklageschrift vom 6. Juni 1922 weist nach, daß Großmann in seiner Wohnung in der Langestraße, in der Nähe des Schlesischen Bahnhofs, im Osten Berlins, im August 1921 mit etwa wöchentlichen Abständen drei Mädchen getötet hat. Sie behauptet, daß diese Tötungen vorsätzlich und mit Überlegung erfolgt seien, und zwar lediglich aus geschlechtlich perverser Veranlassung. Es sei sogleich bemerkt, daß die Erhebungen sich auf einen weit größeren Kreis von verschwundenen Mädchen erstreckt hatten, und daß in drei weiteren Fällen ebenfalls der Verdacht dringend war, diese Mädchen seien durch Großmann getötet worden; jedoch reichten die Indizien nicht zur Erhebung der Anklage aus. Großmann weilte seit seiner Entlassung aus dem Zuchthaus im Jahre 1914 in Berlin, wo er stets angemeldet an mehreren Stellen nacheinander in den Straßen des Ostens wohnte, die nahe dem Schlesischen Bahnhof und dem Andreasplatz gelegen sind und als besondere Schlupfwinkel niederster Dirnen, der Armut und des Verbrechertums gelten. In seiner Wohnung in der Langestraße wohnte er etwa zwei Jahre lang. Vorher wohnte er etwa ein Jahr lang in einer Laube der Laubenkolonien des Ostens. Er lebte vom Handel mit Briefpapier und kleinen Gebrauchsgegenständen und war stets mit Geldmitteln versehen. Es steht fest, daß er diesen Beruf regelmäßig und eifrig betrieb. Ferner aber gelang es den polizeilichen Ermittelungen, für die ganze Zeit seines Berliner Aufenthaltes, und insbesondere für die letzten Jahre, eine Fülle von Feststellungen über seine Lebensfüh-

rung in geschlechtlicher Hinsicht zu machen. Diese werfen ein so grelles Schlaglicht auf Großmanns p e r v e r s - s a d i s t i s c h e s Sexualverhalten in seinen besonderen Roheiten und Scheußlichkeiten, daß sie eine Rekonstruktion derjenigen Tatbestände zulassen, in denen die Tötung von Mädchen durch Großmann feststeht, sowie derjenigen Tatbestände, in denen die Tötung von Mädchen zwar mehr oder weniger wahrscheinlich ist, sich aber nicht bis zu einem die Anklage stützenden Indizienbeweis hat durchführen lassen. Geht man von der Tatsache aus, daß im August 1921 allein drei Tötungen von Mädchen durch Großmann sicher nachgewiesen wurden, und daß ferner Großmann damals keineswegs in anderer geistiger oder sozialer Situation war wie vorher, daß auch sein geschlechtliches Verhalten vorher ganz das gleiche war wie im August, so gibt dies einen Maßstab für die Zahl der Tötungen aus geschlechtlichen Gründen, deren sich Großmann in seinen Berliner Jahren wahrscheinlich schuldig gemacht hat, ohne daß sich diese Wahrscheinlichkeit bis zum sicheren Nachweis hätte verdichten lassen. Wer der Verhandlung gegen Großmann und den vielen unaufgeklärten Einzelheiten, die dabei zur Sprache kamen, folgte, der hatte gleichsam die subjektive Gewißheit, daß die zur Anklage stehenden drei Fälle n u r e i n k l e i n e r B r u c h t e i l d e r L u s t m o r d e gewesen sind, deren sich Großmann t a t s ä c h l i c h schuldig gemacht hat. Dieser Umstand macht den Fall zu einem so fürchterlichen. Dabei hat Großmann außerordentlich geschickt verstanden, die Spuren seiner Untaten zu verwischen.

Seine Opfer suchte er sich unter den halb verhungerten und obdachlosen Mädchen, die aus Furcht, mit der Polizei zu tun zu bekommen, als Prostituierte eingeschrieben zu werden, in Fürsorge zurückverbracht zu werden, irgendeine verhängte Strafe abzubüßen, vor der sie geflohen waren, und aus ähnlichen Motiven unangemeldet und ohne Beziehung zu ihren Angehörigen in jenen traurigen und finsteren Gegenden des Ostens herumlungerten. In der Regel war es der Hunger, den Großmann ihnen zu stillen versprach, oder das Geld, welches er ihnen zeigte, ohne es ihnen zu geben, oder das Obdach, das er ihnen als „Wirtschafterin" in seiner Wohnung verhieß, was sie der Spinne ins Netz trieb. Nach geschehener Tat zerstückelte Großmann die Leichname auf der gleichen Bank, auf der er seine Opfer festgebunden und gepeinigt hatte, und auf welcher er auch, nebenbei gesagt, sein Essen anrichtete. Des öfteren wurden im Landwehrkanal einzelne Leichenteile gefunden; die Identifizierung derselben glückte aber nur in zwei von drei Fällen, die zur Anklage standen. Wie raffiniert Großmann bei der Verbergung seiner Schandtaten vorging, zeigte sich z. B. daran, daß er den Kopf von einem der identifizierten Opfer abgehäutet und bis zur Unkenntlichkeit entstellt hatte.

Eine unmittelbare Rekonstruktion des Tatbestandes ließ daher nur der eine Fall zu, der dem Wüten dieses Menschen ein Ziel setzte. Bei diesem Fall wurde er sozusagen in flagranti erwischt und – am 21. August – verhaftet. Nachbarn hatten zum ersten Male gewagt, als sie das Schreien und Röcheln des Opfers hörten, die Polizei zu alarmieren. Dieses Schreien und Röcheln von Mädchen war seit Jahren im Hause und auch in den früheren Wohnungen Großmanns von Nachbarn belauscht und gehört worden: aber niemand hatte sich gefunden, der interveniert hätte. Zaghafte Reklamationen beim Hausverwalter, die grob abgewiesen wurden, waren alles, wozu sich die Indolenz und Gefühlsstumpfheit dieser tiefen sozialen Sphäre aufzuraffen vermocht hatte. Und was noch erstaunlicher ist: unter unzähligen Sittendirnen und obdachlosen oder verwahrlosten Mädchen, welche von Großmann geschlechtlich gebraucht und gepeinigt worden waren, aber dem traurigen Lose seiner Todesopfer entrinnen konnten - Dutzende davon traten im Gerichtssaal als Zeuginnen auf – fand sich k e i n e e i n z i g e, die zur Polizei gegangen wäre und dort ihre Erlebnisse mit Großmann mitgeteilt hätte! Sie alle fürchteten offenbar die Polizei mehr als das weitere Wirken des Verbrechers. Freilich hat sich Großmann auch gegen die Möglichkeit einer solchen Anzeige gewappnet: wochenlang lief er täglich zu seinem Polizeirevier und beschuldigte die Mädchen, mit denen er gerade zu tun gehabt hatte, des Diebstahls. Er wurde zuletzt auf dem Polizeirevier nicht mehr ernstgenommen und hinausgewiesen. Tatsächlich ist ein derartiger Beischlafsdiebstahl nur in einem einzigen Falle feststellbar gewesen, aber auch wenn öfter derartige Dinge, die in dieser sozialen Schicht ja eigentlich selbstverständlich sind, vorgekommen sein sollten, so können sie doch nur einen Bruchteil der Denunziationen betragen haben. Auf diese Weise hätte Großmann vermutlich ein Mädchen, welches ihn wegen seiner Quälereien bei der Polizei angezeigt hätte, seinerseits von vornherein wegen ihres angeblichen Diebstahls unglaubwürdig gemacht. Aber wie gesagt, soweit kam es niemals; dem rechtzeitigen Eintreffen der Polizei am 21. August 1921 ist es allein zu verdanken, wenn wenigstens ein einzelner sonnenklarer Tatbestand vorgefunden wurde, der Großmanns Verhalten bei seinen Tötungen zu illustrieren geeignet ist. Dieser Tatbestand ist der folgende:

Am Sonntag den 21. August 1921 war Großmann in mehreren Lokalen und trank dort Bier und Schnäpse, gemeinsam mit Bekannten, den ganzen Abend über. Plötzlich sprang er auf und sagte: „Ich gehe mir jetzt eine holen." In der Koppenstraße traf er gleich darauf die Köchin Marie N., welche an dem gleichen Tage aus dem Untersuchungsgefängnis entlassen war. Sie folgte seiner Aufforderung und ging mit ihm noch in andere Lokale, wo sie jeder drei Bier und drei Schnäpse tranken und zuletzt durch angetrunkenes lautes Benehmen die übrigen Gäste störten, so daß sie vom Wirt hinausgewiesen wurden. Auf dem Wege nach Großmanns Wohnung tranken sie nochmals Schnaps. Gegen neun Uhr abends sah eine Zeugin sie gemeinsam über den Hof des Großmannschen Hauses gehen und hörte, wie die N. zu dem Großmann sagte: „Ach hast du mich besoffen gemacht." Auf dem Flur seiner Wohnung sagte Großmann zu einem dort wohnenden Zeugen: „Max, weißt du was, schließ mir mal die Tür auf, ich finde das Schlüsselloch nicht." Die N. war in ihrem Rausch bis auf den Dachboden hinauf gelaufen und mußte erst zurückgerufen werden. Der Zeuge ging mit beiden in Großmanns Wohnung hinein und steckte dort die Lampe an, weil Großmann in seiner Trunkenheit nicht dazu imstande war. Großmann stellte die Lampe auf einen Tisch, während die N. sich zu entkleiden begann und der Zeuge das Zimmer verließ. Kurz darauf hörten die Nachbarn aus Großmanns Zimmer einen hellen Schrei und lautes Röcheln. Dann hörten sie mehrere dumpfe Schläge. Der erwähnte Zeuge wollte daraufhin in Großmanns Zimmer eindringen, zog es jedoch vor, die Polizei zu holen. Als diese erschien – es mochte eine halbe Stunde vergangen sein – und Großmann zum Öffnen der Tür aufgefordert wurde, rief er: „Ich kann nicht aufmachen, ich schlafe schon, kommt morgen früh wieder." Die Polizeibeamten traten aber durch die Tür ein, da diese nicht verschlossen war. Das Zimmer war durch die schwach brennende Küchenlampe erleuchtet. Es war ein recht verwahrloster Raum, schmutzig und modrig riechend. In ihm waren eine Holzbettstelle und ein Feldbett. Großmann stand in der Mitte des Zimmers völlig nackt. In der Hand hatte er eine Tasse, in welcher er mit einem Löffel herumrührte. Seine rechte Körperseite, hauptsächlich an der Brust und an den Oberschenkeln, den Genitalien und dem Gesicht, war mit Blut besudelt. Auf der Feldbettstelle lag völlig entkleidet die N. Ihr Kopf war blutig, auch der Körper war mit Blut besudelt. Die Hände waren mit starken Bindfäden auf dem Rücken gebunden, das linke Bein war oberhalb des Knies abgeschnürt und ans Bett gefesselt. In dem weit aufgesperrten Munde stak ein zusammengedrücktes Handtuch. Das Mädchen zeigte noch schwache Herztätigkeit. Neben ihr lag ein Kartoffelstampfer sowie eine hölzerne Kelle, beide mit Blut befleckt. Ein Polizeibeamter entriß dem Großmann die Tasse, diese enthielt eine Zyankalilösung. Großmann sagte:

„Ich habe bloß Rache geübt, weil sie mich bestohlen hat." Der sofort geholte Arzt konnte nur noch den Tod der N. feststellen. Auf der Polizeiwache sagte Großmann: „Gott sei Dank, daß das Aas tot ist, die hat mich genug geärgert." Er hielt auch später die Fiktion aufrecht, als sei er von der N. bestohlen worden; es sei schon hier bemerkt, daß sich in dem abgezogenen Strumpf der N. ein Teil von Großmanns Geld vorfand, aber blutbesudelt, so daß es keinem Zweifel unterliegt, daß Großmann selber vor oder beim Eintreffen der Polizei mit seinen blutigen Händen das Geld in den Strumpf gesteckt hat, um die Fiktion des Diebstahls als Motiv seines Handelns glaubhaft erscheinen zu lassen. Die Obduktion der Leiche (Geheimrat Straßmann, Professor Strauch) ergab als schwerste Verletzung eine große Zerreißung des Mastdarms vom After aus, aber sehr hochsitzend. Kot war in die Bauchhöhle getreten. Ferner fanden sich folgende Verletzungen: Eine solche der Geschlechtsteile, ein Schleimhautriß der Scheide, eine Zungenzerreißung und eine Zerreißung der Rachenwand. Alle diese Verletzungen sind während des Lebens entstanden, diejenige des Rachens wahrscheinlich durch das Einpressen eines stumpfen Gegenstandes, die übrigen durch stumpfwirkende, quetschende Gewalt. Der Tod ist entweder durch Erstickung an einem Fremdkörper im Rachen, vielleicht in Verbindung mit der Betäubung durch die Schläge auf den Kopf eingetreten, oder es haben alle Verwundungen zusammen den Tod durch Erschöpfung herbeigeführt. Die Darmzerreißung ist mit einem langen harten Gegenstande, wahrscheinlich mit dem Kochlöffel, ausgeführt worden, da sie so hoch liegt. Anus ipse manuum impetu graviter violatus. Vulvae atque vaginae vulnera et manu et instrumentis effecta sunt. Die Zerreißung der hinteren Rachenwand beruht auf der Hineinpressung des Knebels. Außerdem ist die N. mit den Händen gewürgt worden. Die Verletzungen am Kopfe rühren von Schlägen mit dem Kartoffelquetscher her. Alle Verletzungen entstanden am lebenden Köper. Keine von ihnen war für sich allein absolut tödlich.

In ähnlicher Weise hat Großmann – wie er bei den Vernehmungen im Untersuchungsverfahren eingestand – Anfang August 1921 die „Martha" und am 13. August 1921 die „Johanna" getötet und nach dem Tode ihre Leichen zerstückelt. Nach Entdeckung des Mordes der N. entstand der Verdacht, daß Großmann mit den in jener Zeit erfolgten Funden von Leichenteilen im Kanal in Verbindung zu bringen sei. Durch Untersuchung der im Ofen Großmanns vorgefundenen Aschenreste (Prof. Strauch) wurde festgestellt, daß im Ofen mindestens zwei menschliche Hände, ein Teil eines menschlichen Brustkorbes und eine große Anzahl weiblicher Kleidungsstücke verbrannt waren. Die Untersuchung der in der Wohnung stehenden Holzbank sowie zweier vorgefundener Messer ergaben, daß mit den Messern auf der Holzbank Menschenfleisch zerkleinert worden sein mußte. Auch hatte man Großmann häufig des Nachts und gegen Morgen seine Wohnung mit ziemlich schweren übelriechenden Paketen verlassen sehen. Man hatte beobachtet, wie er diese Pakete in die Wasserstraßen nahe seiner Wohnung geworfen hatte. Endlich konnte man Kleidungsstücke aus Großmanns Besitz als das Eigentum von zwei vermißten Mädchen feststellen [1]). Die Leichen dieser Frauen hat er in seiner Wohnung auf der Holzbank zerstückelt und die Teile ins Klosett geworfen, teils verbrannt, teils in den Kanal versenkt.

Aus den Zeugenaussagen im Untersuchungsverfahren sowie während des Termins seien folgende für sein Verhalten bezeichnende Einzelheiten mitgeteilt: Sowohl in seiner Wohnung wie vorher in seiner Laube hatte Großmann täglich Besuche von Frauen und Mädchen, die er zum Zweck des Geschlechtsverkehrs dort hinführte.

---

[1]) *Aus einem Rock einer Getöteten hatte er sich eine Weste machen lassen „zum Andenken", wie er sagte.*

Wiederholt brachte er täglich drei bis vier verschiedene Frauen in seine Behausung. Häufig waren mehrere Frauen zu gleicher Zeit bei ihm und wurden in völlig entkleidetem Zustande am Fenster sichtbar. Neben diesen kurzen Besuchen waren ständig Mädchen oder Frauen mehrere Tage oder Wochen als angebliche Wirtschafterinnen bei ihm. Diese letzteren, aber auch der größte Teil der ersteren rekrutierte sich aus mittel- und obdachlosen, schlecht gekleideten und hungrigen Mädchen, die Großmann auf dem Andreasplatz angesprochen hatte. Vielfach hörten die Wohnungsnachbarn aus seiner Wohnung heraus Schreie, Stöhnen und Hilferufe von Frauen und klatschende Schläge, die offenbar von Mißhandlungen herrührten. Wiederholt suchten ferner die mißhandelten Frauen bei den Nachbarn Schutz. Als die Lauben-Nachbarn gegen Großmann einschreiten wollten, verkaufte er die Laube und zog fort. Einmal wurde er in der Laube von den Zuhältern einer mißhandelten Dirne überfallen, aber sobald diese Geld und Wertgegenstände sahen, vergaßen sie den eigentlichen Zweck ihres Kommens, nahmen die Wertgegenstände mit und verschwanden.

Nach den übereinstimmenden Bekundungen der Mädchen folgten sie dem Großmann aus Not, weil er ihnen Essen versprach. Auch im Termin spielten die „Schrippen", mit denen er die Mädchen vor dem Geschlechtsverkehr belohnte, nach Großmanns Meinung eine ihn besonders entlastende Rolle. Geld hat er ihnen wohl meist nur gezeigt, ohne es ihnen wirklich zu geben.

Sein geschlechtliches Verhalten war im allgemeinen folgendes: Puellarum manus et femora ligavit, totam manum suam in vaginam introduxit, uterum et vaginam trivit et vulneravit, ut sanguinem et dolores produceret. Saepe digitum et in urethram et in anum pressit, aut instrumenta in genitalia et anum imposuit. Stets geschahen alle Handlungen auf rohe und gewalttätige Weise. Auch fuhr er den Mädchen mit der Hand in den Mund und stieß ihnen die Finger tief in die Kehle. Bisweilen würgte er sie durch Griff am Halse. Ein 25jähriges, leicht schwachsinniges, verwahrlostes Mädchen sagt aus: Großmann habe sie auf das Bett geworfen, nachdem er ihr die Hände mit einer Schnur gebunden habe. Manu in vaginum quam profundissime invasit. Das Mädchen hatte heftige Schmerzen. Großmann äußerte, das sei notwendig, um die Jungfernhaut zu entfernen. Eundem actum in ano effecit. Deinde cum puella sanguine conspersa doloribus percussa coitum perfecit. Ähnliche Dinge erzählen die meisten Zeuginnen. Einige band er auf der Holzbank fest, um sie auf diese Weise zu quälen. Eine riß sich los und entfloh nackend. Sie hatte später schwere hysterische Zustände, die auch während ihrer Vernehmung auftraten. Eine andere erzählt, sie habe in Großmanns Wohnung ein anderes unterleibskrankes Mädchen getroffen, die nicht gehen konnte vor Schmerzen, und die in einem Augenblick des Alleinseins sie angefleht habe: „Gehen Sie sofort weg, sonst werden Sie so schwer krank wie ich es bin." Daraufhin habe sie sich geflüchtet. Wieder eine andere erzählt, daß Großmann sie durchschnittlich dreimal in jeder Nacht gebraucht habe, außerdem war noch an dem Tage zwischen den beiden Nächten, die sie in Großmanns Wohnung war, ein anderes Mädchen da, mit dem Großmann fünfmal den Verkehr ausgeübt habe. Magnam voluptatem sanguine ei paratam esse videtur. Inter menses cum puellis coitum perficere dilexit. Quin etiam urinam sanguine mixtam bibebat. Um das Greuliche noch zu übersteigern: Er scheint sogar von den Leichenteilen der zerstückelten Frauen gegessen zu haben und auch einzelnen Mädchen, ohne daß sie es wußten, davon abgegeben zu haben. Wenigstens lassen einige Zeugenaussagen darauf schließen.

Weitere Einzelheiten übergehen wir.

Sämtliche Mädchen sagen aus, daß Großmann zu Beginn seiner geschlechtlichen Betätigung keinen anderen Eindruck auf sie gemacht habe als andere Männer auch. Einzelne gaben an, daß er „wütend wie ein Tier" gewesen sei, andere wieder, daß er einen beinahe ruhigen Eindruck auf sie gemacht habe. Erektionen wurden von allen beobachtet. Aber in allen Fällen hat er sich immer so verhalten, daß den Mädchen irgendein Rückschluß auf eine Krankhaftigkeit aus seinem Verhalten nicht kommen konnte.

Über die Persönlichkeit und die Vorgeschichte ist von den während des Vorverfahrens tätigen Gerichtsärzten (Prof. Strauch und Dr. Störmer) mit größter Sorgsamkeit ein unabsehbares Material zutage gefördert worden, von dem ich an dieser Stelle nur das Wichtigste wiedergebe.

Großmann ist der Sohn eines Lumpenhändlers, der als ganz besonders brutaler und jähzorniger Säufer geschildert wird, und Hunderte von Krampfanfällen aller Grade gehabt hat. Seine Ehefrau hatte schwer unter ihm zu leiden. Diese war eine gutmütige Frau, die sich ihrer Kinder mit Sorgfalt annahm und nur im Alter etwas geistesschwach wurde. Ihr Vater, ein Landwirt, soll zwanzig Jahre lang gelähmt gewesen sein. Weiteres zur Aszendenz beider Eltern ließ sich nicht ermitteln. Großmanns Mutter war vor ihrer Ehe mit Großmanns Vater bereits einmal verheiratet. Aus dieser Ehe gingen zwei Töchter und ein Sohn hervor. Die eine Tochter leidet an Asthma. Der Sohn beging als Unteroffizier auf Wache die Schändung eines Dienstmädchens, erhielt 15 Jahre Zuchthaus, beging alsbald nach der Entlassung erneute Notzucht an einem Kinde und erhielt abermals 15 Jahre Zuchthaus. Während der Verbüßung dieser Strafe ist dieser Stiefbruder Karl Großmanns gestorben. Die asthmatische Schwester dieses Menschen hat vier Kinder, von denen zwei deutliche epileptische Episoden aufweisen. Die beiden anderen sind gesund. Großmanns Mutter hatte von Großmanns Vater in ihrer zweiten Ehe fünf Kinder. Karl Großmann ist der Älteste. Es folgt ein Bruder, der an Paralyse starb, und von dessen vier Kindern eines geistesschwach ist. Dann folgt eine Schwester, die dem Arzt bei der persönlichen Untersuchung in psychischer Hinsicht auffällig war: übermäßig gesprächig, weitschweifig und heftig. Sie hat eine Tochter, die an Geisteskrankheit leidet, und zwei gesunde Kinder. Die andere Schwester Großmanns ist gesund und kinderlos. Die letzte Schwester ist psychisch auffällig, ohne daß dies näher charakterisiert wird, und hat unter ihren Kindern eine epileptische Idiotin. Es handelt sich also um eine außerordentlich schwere Belastung von seiten beider Eltern.

Großmann wuchs ohne wesentliche Erziehung auf, war in der Schule immer der Letzte und kam nur bis zur dritten Volksschulklasse. Einen Beruf lernte er nicht, da er von seiner ersten Lehrstelle entlief und später nur einige Wochen in dem Berufe als Schlächter aushielt. Er lebte sein ganzes Leben über asozial und unständig und ist 25mal vorbestraft. Die erste Strafe erhielt er mit 18 Jahren wegen Bettelns und Landstreicherei. Im Urteil dieser ersten Strafe heißt es, daß er schon mehrfach wegen Bettelns und Arbeitsscheu vorbestraft sei. Darüber hat sich nichts Näheres feststellen lassen; jedenfalls beginnt die Asozialität Großmanns sehr früh. Es folgen dann mehrere Strafen Großmanns wegen Diebstahls, versuchter Erpressung, Bedrohung, Sachbeschädigung und vor allem vier Strafen wegen einfacher und wegen qualifizierter Körperverletzung (zuletzt ein Jahr Gefängnis). Dies sind also vorwiegend Personen-, Affekt-, Roheits- und wohl auch Rauschdelikte. Mit 24 Jahren erfolgte die erste Zuchthausstrafe wegen Sittlichkeitsverbrechens. Es handelte sich um gewaltsame Unzucht mit einem vierjährigen Mädchen. Dann folgen wieder Strafen wegen Landstreicherei, Bettelns und Hausfriedensbruchs, aber auch wegen Personen- und Sachbeschädigung. Vom 33. Lebensjahr bis zum 36. erlitt Großmann drei schwere Strafen wegen verschiedener Sittlichkeitsverbrechen.

Das erste ist merkwürdig. Er wurde in der Nacht zum 3. Januar 1896 im Ziegenstall eines Gärtners angetroffen. Der Gärtner wurde durch das schmerzliche Schreien der Ziege aufmerksam und fand den Großmann im Stall zu Füßen der Ziege liegend mit einem Mantel bedeckt. Er stellte sich schlafend, aber ein Polizist bemerkte, daß der Hosenschlitz offen stand und daß der Geschlechtsteil der Ziege erheblich angeschwollen war. Das Gericht hielt widernatürliche Unzucht für erwiesen und verurteilte den Großmann in Würdigung der sittlichen Gesunkenheit des dem Landstreichertum verfallenen Angeklagten und wegen der Roheit seiner Gesinnung zu 10 Monaten Gefängnis. Das zweite Delikt, für welches er 15 Monate Gefängnis erhielt, ist ein Unzuchtsdelikt mit einem 12jährigen Mädchen, bei welchem es nicht zu Gewaltakten kam. Kaum war Großmann aus dem Zuchthaus entlassen, da beging er an einem Tage zwei Sittlichkeitsverbrechen. Er lockte am Vormittag ein 10jähriges Mädchen an sich und beging – nicht gewaltsame – Unzucht mit ihr, am Nachmittag des gleichen Tages beging er eine Notzucht an einem viereinhalbjährigen Kinde in einem Abort. Diese Notzucht war von besonderer Roheit: Als das Kind schrie, verstopfte er ihm den Mund mit einem Taschentuch und vollzog dann so gewaltsam den Geschlechtsakt, daß er dem Kinde schwere Weichteilverletzungen beibrachte, an welchen es einige Monate später auch verstorben ist, nachdem es zweimal operiert worden war. Es handelte sich um einen vollkommenen Darmriß mit gleichzeitiger Aufreißung von Mastdarm und Scheidenwand. Außerdem hat er das Kind mit Tripper infiziert. Das Kind wurde jammervoll schreiend mit gespreizten Beinen und sehr stark blutend im Abort gefunden. Großmann hatte es ohne jede Regung des Mitleids da liegen lassen, wo er es gebraucht hatte, und war davongegangen. Bei der Verhaftung fand der Polizeiinspektor Großmanns Hände „derart voll Blut, als wäre er beim Schlachten eines Tieres tätig gewesen". Auch zeigte sein Hosenschlitz und sein Hemd frische Blutspuren. Großmann wurde damals auch gerichtsärztlich beobachtet, jedoch sind die Gutachten bei den Akten nicht mehr vorhanden. Er erhielt 15 Jahre Zuchthaus. Nach Verbüßung dieser Zuchthausstrafe kam er nach Berlin und verübte die eingangs geschilderten Verbrechen.

Aus den Akten über die Vorstrafen Großmanns geht eine außerordentliche Affekterregbarkeit, insbesondere zu zornmütiger Gereiztheit hervor, welche durch Alkoholwirkung noch gesteigert wurde. So wird von dem Zwanzigjährigen bereits gesagt, daß ihm die Herberge wegen seines Betragens verboten werden mußte, daß ihm keine Getränke mehr verabreicht wurden. Einem Wirte, der ihm Getränke verweigerte, gab er eine solche Ohrfeige, daß ihm die Backe anschwoll. Angetrunken machte er großen Lärm, erzeugte einen Menschenauflauf. Auf der Straße schrie und lärmte er. Am anderen Orte heißt es von ihm, daß er sich bei seiner Sistierung heftig widersetzte, nach den Zeugen stieß, sich auf den Boden warf, sich weigerte, weiter zu gehen, und sich auch nicht gütlich zureden ließ, sondern sich immer wieder zu Boden fallen ließ. Schließlich mußte man ihn in eine Droschke tragen. Bei einer Verhaftung „stellte er sich ohnmächtig"; er war angetrunken. Ganz besonders bezeichnend ist sein Verhalten in den Strafvollzügen. Wie vor allem die Nachforschungen Dr. Störmers ergaben, hat er in den Strafvollzügen fortgesetzt Konflikte schwerer und schwerster Art gehabt. Insbesondere während seiner 15jährigen Zuchthausstrafe erhielt er 55 Bestrafungen. Monatelang legte man ihn in Ketten. Es kam ständig sein überaus gewaltsames, impulsives und rohes Temperament zum Durchbruch. Sowohl den Aufsehern, als auch den Mitgefangenen gegenüber ließ er sich zu den schwersten Gewalttätigkeiten hinreißen. Auch er selber wurde dabei vielfach von Mitgefangenen körperlich mißhandelt. Einmal schlug er einem Mitgefangenen ein schweres Handwerkszeug ins Gesicht. Ein andermal stürzte er sich auf einen Aufseher und versuchte ihm den Säbel zu entrei-

ßen, um ihn niederzuschlagen. Bemerkenswert ist psychiatrisch, daß alle diese Dinge aus kleinen Anlässen heraus motiviert und nirgends endogene Verstimmungen mit Sicherheit beobachtet wurden.

In der Beobachtung erwies sich Großmann als geordnet und im allgemeinen ruhig. Seine Auffassung bot hinsichtlich aller der auf konkrete Tatbestände hingehenden Fragen keinerlei Schwierigkeiten; seine Merkfähigkeit und sein Gedächtnis waren ausgezeichnet. Bei seinen Äußerungen fiel immer wieder seine ungewöhnliche Weitschweifigkeit und Umständlichkeit auf. Es war ihm anscheinend versagt, auf irgendeine Frage präzis zu antworten, und wäre es auch nur mit ja oder nein. In ununterbrechbarer Weise, wie ein aufgezogenes Uhrwerk, legte er auf jede Frage mit einer endlosen Antwort los, in der ohne jede Trennung vom Wesentlichen und Unwesentlichen und mit großer formaler Unbeholfenheit eine Fülle von Einzelheiten aneinandergereiht wurden, die mit dem Sinne der Frage oftmals nichts zu tun hatten. Nicht selten ging ihm der Faden völlig verloren. Auch im Verhandlungstermin bot Großmann diese weitschweifige, an lauter Einzelheiten klebende, Belangvolles und Belangloses durcheinanderwirbelnde, formal unbeholfene und schwer unterbrechbare Form der geistigen Produktion. Sie wurde ihm von richterlicher Seite als eine Klugheitsmaßnahme ausgelegt, als ein Raffinement der Verschleierung und der Taktik, und sogar einer der Gerichtsärzte stand dieser Auffassung nicht fern. Eine derartige Möglichkeit ist zwar nicht sicher ausgeschlossen, aber im Zusammenhang mit allem, was wir von der Persönlichkeit Großmanns objektiv wissen, ist es mir doch wahrscheinlicher, ebenso wie den anderen Gerichtsärzten, daß diese Redeweise Großmanns der Ausdruck einer geistigen Schwäche war. Wir finden sowohl beim Epileptiker als beim Imbezillen eine derartige Distinktionsunfähigkeit, eine am Konkreten klebende Intelligenzschwäche formaler Art ja sehr häufig. Die Frage der Intelligenz Großmanns ist jedenfalls durch die gerichtsärztlichen Untersuchungen allein nicht hinreichend geklärt worden, weder in bezug auf deren Umfang, Grad und Qualität. Es soll nicht geleugnet werden daß selbst die Annahme eines angeborenen Schwachsinns auf Grund der geschilderten geistigen Eigenart im Falle der Großmannschen Delikte forensisch belanglos gewesen wäre; denn darin allein hätte noch kein Grund zum Ausschluß der freien Willensbestimmung gelegen. – Viel eindeutiger entschleierte sich die Eigenart seines Affekt- und Willenslebens. Sowohl die affektive Erregbarkeit trat deutlich in Erscheinung, wenn auch nur gelegentlich, als auch ganz besonders ein Defekt im Gefühlsleben, besonders der Sympathiegefühle, des Mitleids und der Gefühlsgrundlagen ethischen Verhaltens – ein Defekt von einer Größe, die erschreckend war. Dauernd hatte Großmann nicht nur nicht das geringste Gefühl für die Schwere seiner Delikte, für ihre sittliche Verworfenheit, sondern er hatte auch keinerlei Gefühl für die Wirkung seiner Worte auf die Zuhörer. Er war niemals auch nur in der leisesten gefühlsmäßigen Fühlung mit Richtern, Geschworenen und Zeugen. So erklärt sich die abstoßende Wirkung seiner Persönlichkeit auf diesen ganzen Menschenkreis nicht allein aus seinen Handlungen, sondern auch aus diesem Gefühlsdefekt, der alle Regungen seiner Persönlichkeit schwer verständlich und widerwärtig machte. So bezeichnete er regelmäßig die Äußerungen der Zeuginnen als „Quatsch" und „stinkige Lügen", um dann in seiner eigenen Darstellung, mit lächerlichen Korrekturen belangloser Einzelheiten, genau dasselbe auszuführen, was die Zeuginnen vorher gesagt hatten. Zum Schluß kam dann stereotyp: „Und überhaupt habe ich sie sehr gut behandelt, das muß die Zeugin selbst zugeben, sie hat sich dürfen Kaffee kochen und ich habe ihr Schrippen gegeben." Oder wenn von seinem Schmutz in der Wohnung die Rede war: „Bei mir ist es ganz sauber, da hätten Sie können vom Fußboden essen, meine Herren." Dies im gleichen Augenblick, wo das Herumliegen von Kadaverteilen während mehrerer Tage feststand! Auch in kleinen Einzelheiten zeigt sich diese Roheit des Gefühlslebens: so wenn Großmann sich aus dem Samtrock einer Getöteten geständlich eine Weste machen ließ „zum Andenken"; oder wenn er die Mädchen veranlaßte, die blutige Wäsche ihrer Vorgängerinnen zu waschen; oder wenn er seine Schrippen auf der gleichen Bank zubereitete, auf welcher er vorher die Leichen zerstückelt hatte; oder wenn er es geradezu selbstverständlich fand, daß die Mädchen, die ihn oder seine Wirtschafterinnen besuchten, sich ihm dafür hingeben mußten; und noch in vielen anderen Einzelzügen. Diese Roheit und Stumpfheit im Punkt alles höherwertigen Fühlens leitete auch die Stellungnahme zu seinem Leben und zu seinen Handlungen. So unfaßbar es klingt, so kam er sich in der ganzen Dauer der Voruntersuchung und der Verhandlung gewissermaßen als das harmlose, unschuldige Opfer der Niedertracht der Zeuginnen vor. Die „verfluchten Huren" hatten sich verabredet, ihn reinzulegen. Neben dieser tückischen Absicht der „Huren" – andere Frauen als „Huren" kennt er überhaupt nicht, und von den männlichen Bekannten und Verwandten derselben spricht er stets nur als von ihren „Luden" – wiegen seine eigenen Delikte nach seiner Meinung gar nichts. Dabei ist er aber sorgsam bemüht, das Motiv dieser Delikte stets als außerhalb des eigentlich sexuellen Gebietes liegend hinzustellen. Großmann hat keine einzige seiner sadistischen Handlungen als im engeren Sinne sexuell motiviert zugegeben; er hat sie entweder abgestritten, oder aus anderen Ursachen zu motivieren versucht. Ein Mädchen wollte er „untersuchen", weil sie über den Unterleib klagte, einer anderen wollte er „eine Salbe einschmieren", einer Dritten wollte er „eine Haut im Geschlechtsteil entfernen", aus reinem Mitleid! Die Quälereien der Mädchen sind ein Lügennetz, welches man ihm über den Kopf geworfen hat, um ihn zu verderben, weil er die vielen Diebstähle der Mädchen angezeigt habe. Von den drei eingestandenen Tötungen – das Geständnis der ersten zieht er übrigens im Verfahren halb und halb zurück – hat er die eine begangen, weil das Mädchen ihn belogen habe, die zweite aus Eifersucht, weil das Mädchen die ihr gespendete Nahrung nicht zu einer Freundin, sondern zu einem Freunde gebracht habe, und die dritte, weil das Mädchen ihn bestohlen habe. Auf die Einzelheiten seiner Ausreden kommt es nicht an, sie sind zum Teil grotesk. Die Ausführung der Taten und sein Verhalten während und nach denselben schildert er in allen drei Tötungsfällen mit allen Einzelheiten. Freilich wissen wir in zwei Fällen nicht, ob er auch nur in einem einzigen Punkte die Wahrheit sagt, und im dritten Falle, nach dessen Ausführung er unmittelbar verhaftet wurde, sagt er bestimmt die Unwahrheit, denn der Sektionsbefund und der vorgefundene Tatbestand widerlegen seine Behauptungen schlagend. Aber es geht doch aus seinem Verhalten hervor, daß er volle Erinnerung an die Einzelheiten besitzt und eine Bewußtseinstrübung zur Zeit der Taten nicht bestand. Auf Erörterungen über Einzelheiten seines Seelenlebens ließ er sich überhaupt nicht ein. Gewiß hat er dieses Verteidigungssystem und die Motivierung seiner Handlungen seiner Handlungen aus nicht geschlechtlichen Gründen nicht etwa aus Schamgefühl oder sonst einer höherwertigen Regung gewählt, sondern aus irgendwelchen anderen unklaren Gründen. Es ist ja bekannt, daß in Verbrecherkreisen selber der Sittlichkeitsverbrecher als ein Mensch geringeren Wertes gilt als andere

Verbrecher. Er wird von ihnen nicht für voll genommen und häufig sogar gemieden. Diese merkwürdige, aber jedem Kenner vertraute Tatsache könnte Großmanns Verhalten ebenso motivieren, wie die irrige Annahme, bei seiner Art der Verteidigung mildere Richter zu finden. Auch seinem sonstigen Vorleben stand Großmann gefühlsmäßig völlig verständnislos gegenüber. Bei den Sittlichkeitsverbrechen, wegen deren er verurteilt war, leugnet er im Verfahren entweder die geschlechtlichen Handlungen oder sucht sie als ganz harmlos hinzustellen.

Sämtliche Gerichtsgutachter waren sich darüber einig, daß es sich um einen schwer belasteten Mann handele, der von Kindheit auf asozial und antisozial war, bei dem starke Defekte des ethischen Verhaltens und des Gefühlslebens überhaupt vorliegen, bei dem eine ungeheure affektive Erregbarkeit immer wieder zum Durchbruch gelangt, und bei dem eine abnorm gesteigerte und perverse Sexualität im Sinne des Sadismus eine Haupttriebfeder seines Handelns bildete. Inwieweit eine geistige Schwäche vorlag, blieb dahingestellt, ebenso die Möglichkeit einer epileptoiden Komponente. In forensischer Hinsicht reichten diese Befunde nicht aus, um generell einen Zweifel an seiner Zurechnungsfähigkeit zu begründen. Zur Zeit der Taten, so wurde allgemein angenommen, bestand Erinnerung an alle Einzelheiten, und starke Affekte krankhafter Art, insbesondere der sexuellen Sphäre, wirkten in der Motivierung entscheidend mit. Die Frage der Überlegung im einzelnen kam durch den Selbstmord Großmanns nicht mehr zur Erörterung. Es gab keinen Gutachter, der auf Grund dieses Materials sich hätte entschließen können, die Zurechnungsfähigkeit Großmanns für die in Frage stehenden Delikte zu verneinen.

Nichtsdestoweniger erschien mir, wie ich hinzufügen möchte: als einzigem Gutachter, der Fall in forensischer Hinsicht nicht genügend geklärt. Ich stellte den Antrag aus § 81 der StrPO. auf eine sechswöchentliche Anstaltsbeobachtung. Der Antrag fand aber bei den Kollegen keine Unterstützung und wurde abgelehnt. Auch heute noch, nach dem Tode Großmanns wenige Stunden nach der Sachverständigendebatte, kann ich von der Überzeugung nicht abkommen, als sei meine damalige Auffassung berechtigt gewesen. Gewiß war Großmann von hervorragenden Männern der forensischen Praxis eingehend studiert worden. Gewiß konnte nichts gründlicher sein als die Erhebungen von Professor Strauch und Dr. Störmer. Ebenso ist die Frage der Anstaltsbeobachtung praktisch nicht sehr belangvoll: denn darüber besteht ja nicht der geringste Zweifel, daß ein Mensch wie Großmann unter keinen Umständen jemals wieder auf die menschliche Gesellschaft losgelassen werden durfte. Mir scheint noch heute der Fall in vierfacher Hinsicht nicht genügend geklärt: Erstens verschleierte das von Großmann gewählte Verteidigungssystem den Hergang der Tötungshandlungen in einer Weise, die ein forensisches Urteil zu seinen Gunsten äußerst erschwerte. Es gibt zwei Möglichkeiten: Entweder hat Großmann, wie die Anklage glaubt, die Mädchen vorsätzlich und mit Überlegung ermordet; d. h. er hat vom Augenblick an, wo er sie anlockte, den Plan ihrer Ermordung aus sexueller Begier gehabt und in der Handlung verwirklicht. Oder er hat zunächst nur sexuelle perverse Triebe gehabt, denen er nachging, und diese Triebe haben ihn im Laufe der einzelnen Triebhandlungen immer weiter fortgerissen, bis die Mädchen ihm unter den Händen starben. Es ist ferner die Frage der Überlegungsfähigkeit im allgemeinen, die bezüglich Großmanns bei allen seinen Handlungen aus sexuellem Triebe oder Affekte generell gestellt werden muß.

Diese Frage könnte eine Antwort nur finden, wenn Großmanns Verteidigungssystem durch ärztliches Eingehen auf seine Eigenart erschüttert würde. – Zweitens müßte man die einzelnen Zeuginnen über sein Verhalten bei sexueller Betätigung ärztlich befragen. Die Zeuginnen waren vor Gericht fast alle schamhaft und befangen, wie es ja natürlich ist. Und selbst die feinfühligsten Befragungen durch den Richter vermögen nicht, wenn sie angesichts einer Anzahl von zuhörenden Männern und unter dem Eindruck des Gerichtsverfahrens stattfinden, diese Befangenheit so zu lösen, wie dies ein ärztliches Gespräch unter vier Augen vermag. Der Eindruck von Großmanns Verhalten in geschlechtlicher Hinsicht auf die in diesen Dingen doch erfahrenen Zeuginnen wäre aber ein besonderer Hinweis auf seine forensische Zurechnungsfähigkeit gewesen. Drittens ist der Fall ja klinisch ungeklärt. Es ist leicht möglich, daß epileptoide Episoden, endogene Verstimmungen usw., in der klinischen Beobachtung in Erscheinung getreten wären, die bei gerichtsärztlichen Besuchen im Gefängnis der Aufmerksamkeit entgehen mußten. Besonders ungeklärt ist ja auch die Frage seiner Intelligenz in klinischer Hinsicht. Und viertens endlich ist seine Alkoholtoleranz eine ungelöste Frage. Auch sie ist forensisch bedeutsam, denn mindestens eine der Tötungen wurde unter starker Mitwirkung des Alkohols begangen. Ich schlug vor, das Alkoholexperiment Kraepelins in der klinischen Beobachtung mit ihm anzustellen. Und ich kann die in der Verhandlung gemachten Einwendungen gegen seine Bedeutung auch heute nicht als berechtigt anerkennen.

So ist der Fall Großmann ärztlich nicht restlos geklärt worden. Und es ist bedauerlich, daß ebenso wie in dem Falle des Massenmörders Schumann auch in diesem Falle die praktischen Bedürfnisse des Verfahrens über das grundsätzliche Interesse der Wissenschaft den Sieg davongetragen haben. Es steht meiner Meinung nach allzusehr im Belieben der Untersuchungsbehörde und der – dem § 81 StrPO. oft prinzipiell nicht günstig gesonnenen – Gerichtsärzte, derartige Ausnahmefälle rätselhafter Art einer notwendigen klinischen Begutachtung zu entziehen, bevor sie abgeurteilt werden. Im Termin ist es meistens zu spät. Gerade von Großmann würde Friedreichs berühmtes Wort zu gelten haben: Die Ehre des Menschengeschlechtes verbietet es, ein derartiges Subjekt als gesund zu bezeichnen. Dies Wort ist gewiß keine Maxime für die Begutachtung; wohl aber drückt es das Gefühl aus, das wohl Jeden angesichts so ungeheuerlicher Verbrechen beschleicht: Jeden möglichen Weg wissenschaftlicher Klärung zu gehen, ehe man dahin resigniert, den Verbrecher als in der Breite des Gesunden befindlich gelten zu lassen.

Mein persönliches Urteil geht dahin, daß Großmann ein epileptoider Imbeziller mit stärksten moralischen Defekten und erethischer Hemmungslosigkeit und Affekterregbarkeit war, bei dem eine sadistische und hypersexuelle Disposition durch seinen Lebensverlauf, insbesondere durch die 15jährige Zuchthausstrafe, eine phantastische Steigerung erfahren hat. Ich habe bezüglich der Tötungshandlungen den Eindruck des überlegten und planmäßigen Vorgehens, nicht bloßer Triebhandlungen. Die Überlegungsfähigkeit zur Zeit der Tötungshandlungen würde ich für herabgesetzt halten, aber bejahen. Es handelt sich um einen Menschen, den von Gilles de Rays und ähnlichen historisch berüchtigten Sexualverbrechern bloß der Mangel an geistigem Niveau trennt. Aber dies ist, wie gesagt, nur ein persönlicher Eindruck.

Ebenso erschütternd wie die Existenz einer derartigen Persönlichkeit war aber während der Verhandlung für jeden Beteiligten etwas anderes: Mit schrecklicher Deutlichkeit erlebte man die Ursachen und den Werdegang der niedersten Prostitution. Man erlebte in einer Weise, die alle Abhandlungen über die Minderwertigkeit und den angeborenen Schwachsinn der Prostituierten Lügen strafte, mit monotoner Regelmäßigkeit bei den vielen Zeuginnen den sozialen Faktor der Prostitution, die Not. Gewiß waren diese Mädchen größtenteils dem Daseinskampf psychisch schlechter angepaßt als der Durchschnitt. Aber von dieser Tatsache bis zu der Monotonie, mit welcher sie aus Hunger und Not in jene schlimmen Quartiere des Berliner Ostens gelangten, voller Angst vor der polizeilichen Reglementierung als ihrem unentrinnbaren Schicksal, klafft doch ein gewaltiger Abgrund. Die Schrecken der Reglementierung, die Schrecken der Obdachlosigkeit und des Hungers, die Schrecken der Arbeitslosigkeit und des Ausgestoßenendaseins aus allen menschlichen Beziehungen – sie waren es, die dem Großmann alle sein Opfer in den Weg führten. Sie haben diesem 60jährigen, verlotterten, abstoßenden Gesellen für ein Butterbrot Dutzende und Dutzende von jungen Geschöpfen für alle seine Quälereien und Scheußlichkeiten zugänglich gemacht. Wer wie ich bisher den endogenen Faktor auch in der Entstehung der sozialen Lebensgestaltung für das Wesentliche hielt, gerade auch in bezug auf das Prostitutionsproblem, der ist, das gestehe ich offen, mit anderer Meinung aus dieser Verhandlung hervorgegangen.

[Es folgen kleinere Mitteilungen, Anregungen und Erörterungen, zunächst auf Seite 149 „Deutsches Nonnenleben" von cand. phil. Richard Samuel.]

* Arthur Kronfeld (1886-1941) war im Institut für Sexualwissenschaft von 1919 bis 1926 tätig als Leiter der „Abteilung für seelische Sexualleiden" mit der Ausrichtung auf Trieb- und Potenzstörungen, allgemeine Nerven- und Gemütsleiden und Psychotherapie. Er fertigte wie Institutsmitbegründer Sanitätsrat Dr. Magnus Hirschfeld, Dr. med. Bernhard Schapiro, Dr. med. Felix Abraham, Dr. med. Walter Wolf, Dr. med. Ludwig Levy-Lenz und Dr. med. Bernd Götz Gutachten zu verschiedenen Zwecken an: für Transvestiten, die damit einen Transvestitenschein bzw. ihre Namensänderung beantragten, für Rekruten, die aufgrund ihrer sexuellen „Veranlagung" ausgemustert werden wollten, für Menschen mit nicht eindeutig ausgebildeten Geschlechtsorganen, die mit Hilfe von Gutachten ihre amtliche Geschlechtzugehörigkeit ändern können, und Gutachten im Auftrage von Gerichten und vor allem von Rechtsanwälten über Straftäter verschiedenster Delinquenz. Bereits für das erste Jahr des Instituts für Sexualwissenschaft gab Hirschfeld an, dass er zusammen mit Institutspsychiater Kronfeld 96 Gutachten in größeren Strafsachen erstellt habe. Der finanzielle Ertrag war nicht gering, beispielsweise waren 150 Mark je Gerichtsgutachten um 1924 üblich. [http://www.hirschfeld.in-berlin.de/institut/de/theorie/theo_23.html]

Laut Informationen der Magnus-Hirschfeld-Gesellschaft e.V. in Berlin – Forschungsstelle zur Geschichte der Sexualwissenschaft – wurden in der Strafsache gegen Großmann von dem Verteidiger Erich Frey als Spezialsachverständige geladen: Bloch, Bonhoeffer, Hirschfeld, Kronfeld, Liepmann, Moll und Leppmann.

Beweismittel:

I. Eigene Angaben des Angeschuldigten.

II. Zeugen:

... .IV.150.	*1. Polizeioberwachtmeister Ernst Engesser, Köpenickerstraße 161, Pol.Ob.Wachtm. auf der Andreaswache*
... .IV.152v.	*2. Polizeioberwachtmeister Klahn, Pol.-Revier 11. in Köpenick*
I.21v.IV.88.	*3. Arbeiter Mannheim Itzig, Langestraße 88.*
IV.87.	*4. dessen Ehefrau Helene geb. Brabandt.*
I.20v.III.62.	*5. Maler Konrad Böhm ebenda, 66.IV.116.*
I.19.	*6. Gespannführer Max Lenim, ebenda,*
I.20.	*7. Chaufeur Clemens Netter, ebenda,*
III.61.	*8. Bürobote Max Neumann, ebenda,*
III.64.	*9. Arbeiter Willi Bendit, Krautstraße 38b/Reichelt,*
III.65v.	*10. Frida Klispel geb. Wendt, Langestraße 88.*
III.76.	*11. Frau Martha Neumann geb. Eschrisch, ebenda,*
III.76v.	*12. Näherin Anni Roestel, ebenda,*
III.79.	*13. Handelsmann Hermann Becker, Kleine Markusstraße 27.*
III.81.	*14. dessen Ehefrau Emma geb. Gieseler, ebenda,*
III.99v.	*15. Hausdiener Max Hartung, Langestraße 88.*
III.105.	*16. Händler Leopold Gärtner, ebenda,*
III.160,163.	*17. Frau Meta Natusch geb. Neumann, Reichenbergerstraße 2.*
III.162.	*18. Frau Elise Arendsee, Naunynstraße 8.*
I.23.Iv.117.	*19. Arbeiter Gustav Schmidt, Kleine Andreasstraße 6.*
I.26.IV.143.	*20. Steinbildhauer Willi Schulz, Pücklerstraße 20.*
I.25.IV.134	*21. Frau Emma Biedermann geb. Poste, Pücklerstraße 20.*
III.20	*22. Arbeiter Otto Krause, Höchstestraße 13,*
III.7.	*23. Frau Klara Matthee geb. Carlitschenk, Langestraße 88,*
III.137.	*24. Frau Johanna Papenkopf, Klein Landsberg, Schillerstr. 3.*
III.4.IV.72.	*25. Martha Balzer. 1.8.1895.Jüterbog geb. (Gef. Barnimstra.)*
III.13.	*26. Margarethe Styczyinski, Schillingstraße*
III.55v.IV.84.	*27. Margarethe Knop, Kleine Markusstraße 3.*
III.69/71.	*28. Marie Woythe, Barnimstraße 20. IV.78.*
III.73.	*29. Lucie Alt, Mulackstraße 17 b/ Knopf,*
III.214.	*30. Elisabeth Pursche geb. Pechmann, geboren 13.4.1885 zu Cöpenick, ohne Wohnung.*
... .IV.128.	*31. Emma Boritzki, Friedrichsfelde Prinzenallee 25 bei Scheebe.*
III.1.	*32. Gertrud Haag, Grüner Weg 60.*
III.25.IV.75.	*33. Helene Briesemeister geb. Greitsebert, Hübnerstr. 14.*
II.49.IV.80.	*34. Hedwig Stiebe, Raupachstraße 2,*
III.33.	*35. Frida Thomas, 30.7.94. Hannover geb. (im Untersuch.)*
IV.85.	*36. Erna Josephs, Weberstraße 10 b/Schulz.*
III.135.	*37. Frau Dora Bedler geb. Bittner, Langestraße 5.*
III.6.IV.74v.	*38. Hulda Seifert, Markusstraße 9.*
IV.77.	*39. Elisabeth Schillinger, Pücklerstraße 16.*
III.210.	*40. Johanna Romey, Waßmannstraße 30 b/Pettke.*

III.30.	*41. Wilhelm Hentschel, Kleine Frankfurterstraße 7.*
III.139.	*42. Frau Marta Henning geb. Weimann, Manteuffelstraße 42.*
IV.86.	*43. Franziska Mückenheim geb. Urbankiewicz, Kornenstr. 78.*
III.39.IV.76.	*44. Emma Preußer, Sorauerstraße 14*
III.57.	*45. Frau Marta Sabin geb. Hans, Langestraße 43.*
III.123.	*46. Ann Mitkowska, Langestraße 87,*
III.16.	*47. Marie Schneider, Kleine Markusstraße 22.*
III.146.IV.79v.	*48. Arbeiterin Marie Hasler, Weberstraße 27 b/Bittner,*
III.235.	*49. Dienstmädchen Emma Baumann in Neu - Dresden bei Fritz Schmidt*
IV.210.	*50. Else Horry, Markusstraße 9 b/Seifert,*
	51. Krim.Kommissar Dr. Riemann, Polizeipräsidium.

III. Sachverständige:

A. Gerichtsärzte.	*1. Med.Rat Dr. Stoermer. (V 105ff)*
	2. Prof. Dr. Strauch. (I.75 ff.IV.210ff.)
	3. Prof. Dr. Fraenkel, II.11ff.IV.5ff.
	4. Dr. Dyrenfurth I.37ff.IV.5ff.IV.24ff.
	5. Prof. Dr. Straßmann. I.37ff.
	6. Dr. Griebel bei der Staatlichen Untersuchungsanstalt I.486.

IV. Beiakten.

Es wird beantragt,

das Hauptverfahren zu eröffnen und die Hauptverhandlung vor dem Schwurgericht des Landgerichts I Berlin stattfinden zu lassen, sowie die Haftfortdauer zu beschließen.

Im Auftrage:

gez: B r ü n i n g .

Die Polizei- und Gerichtsakten zum Fall Großmann befinden sich im Landesarchiv Berlin, Bestand A Pr.Br.Rep. 358-01 (Generalstaatsanwaltschaft bei dem Landgericht Berlin – Strafverfahren von 1919-1933), Bestand A Pr.Br.Rep. 030-03 Nr. 2042, auf Mikrofilm (MF Nr. A 741-744). Zu den Gerichtsärzten: Brandenburgisches Landeshauptarchiv, StAP Pr. Br. Rep. 30 Bln. C Polizeipräsidium Tit 198 B, Nr. 1936, S. 124.

Friedrich Schumann

Schlosser und Wilderer:
Friedrich Schumann (1893-1921)

Der Serienmörder ist ein Medienphänomen des 20. Jahrhunderts. Als Serienmörder werden Menschen bezeichnet, die mit zeitlichem Abstand drei oder mehr Menschen ermordet haben. Im Gegensatz zu den Massen- und Rausch-Mördern plant der Serienmörder seine Taten; es handelt sich meist nicht um Affekttaten. Seit den zwanziger Jahren des 20. Jahrhunderts hat es in Deutschland zahlreiche Serienverbrechen gegeben. Die Mörder sind oft besser unter Spitznamen bekannt: Totmacher, Schlächter von Hannover, Heidemörder.

Berichte über Mordtaten waren geeignet, in der Bevölkerung Entsetzen über den sittlichen Verfall der Nation hervorzurufen. Bemerkenswert ist die relativ große Anzahl von Massenmördern, die insbesondere zu Beginn der Weimarer Republik, in der Zeit nach dem Ersten Weltkrieg, auftrat.

Friedrich Schumann (1893-1921) kann man als ersten Serienmörder der Neuzeit in Deutschland bezeichnen. Inzwischen ist er fast völlig in Vergessenheit geraten. Sein Spitzname: „Der Massenmörder vom Falkenhagener See". Sein Wirkungsort: das heutige Falkensee.

Falkensee heißt seit 1923 der Zusammenschluss der Gemeinden Seegefeld und Falkenhagen. Es liegt im Havelland westlich von Berlin-Spandau. Falkenhagener See und Falkenhagener Forst – Märkische Landschaften mit Wäldern, Feldern und Seen – heute ein Naturschutzgebiet, laden früher wie heute zum Schwimmen, Angeln, Wandern, Spazierengehen und Radfahren ein.

Ansichtskarte von Berlin-Spandau, Partie am Markt, Verlag J. Goldiner, Berlin, gelaufen 1915. Repro: Stefan Ringle

Zwei Jahre lang hatte der aus Spandau stammende verheiratete Schlosser und Träger des Eisernen Kreuzes Friedrich Schumann den Falkenhagener Forst unsicher gemacht und neben einer Serie von Vergewaltigungen und Mordversuchen aus krankhaftem Trieb – wie Carl Großmann auch – zahlreiche Menschen getötet.

Täterpersönlichkeit und Laufbahn waren typisch: Der Vater des am 1. Februar 1893 in Spandau geborenen Schumann war ein Trinker und ebenso der Großvater. Der Vater war wegen vieler Verbrechen, wie Notzucht, Diebstahl und Betrug, vorbestraft.

„Der bekannte und gefürchtete Massenmörder Schumann in der Falkenhagener Gegend soll von einem trunksüchtigen und minderwertigen, auch geistig minderwertigen Vater abstammen“, verlautete später, 1929, in der „Hilfsschule“, einer Monatsschrift „für die gesamten Interessen des Hilfsschulwesens“.

Die Großmutter mütterlicherseits war Epileptikerin, die Mutter eine bigotte Mormonin. Sie galt als eine „gute Frau“. Auch die Mütter der Serienmörder Fritz Haarmann, Peter Kürten, Bruno Lüdke und die vieler anderer Schwerverbrecher waren nach der Meinung ihrer Bekannten und auch ihrer doch sonst so gefühlskalten Söhne gute und liebenswerte Menschen. Forscht man dann aber nach, so finden sich auch in der Familie dieser Mütter fast stets Entartungen, und ihre so genannte Güte ist eine Art Schwachsinn.

„Gewiß kann auch in den erbgesunden Familien einmal atavistische Zurückentwicklung bei einem Individuum auftreten, der Höhlenmensch wieder durchbrechen, aber das ist doch recht selten“, schrieb 1955 der Kriminalroman-Autor Franz von Schmidt, der öfter bei der Berliner Kripo kiebitzen durfte. „Es ist aber nun einmal so, daß es asoziale Stämme gibt, deren Nachkommen unweigerlich auch asozial und kriminell werden müssen. Und ein Unglück für die Menschheit ist es, daß ihre minderwertigsten Vertreter gerade oft die meisten Kinder in die Welt setzen.“

Typisch und eine Warnung für weltfremde „Menschenfreunde“ und für eine zu wohlwollende Justiz war auch das Vorleben Schumanns: Als Kind schon war er jährzornig und litt an Wutkrämpfen. 1908 kam er in Fürsorge-Erziehung. Sechs Monate, dann steckte man ihn in die Lehre als Schlosser.

Im Jahre 1911 wurde eine Frau auf der Chaussee bei Falkenhagen erschossen. Der Täter war der junge Friedrich Schumann. Stotternd gestand er seine Tat, aber: Er habe nur mit einer gerade gekauften Pistole gespielt, diese sei losgegangen, und so habe er die vor ihm gehende Frau nur versehentlich getötet. Er erhielt daher damals nur neun Monate Gefängnis. Dann wurde er wieder auf die Menschheit losgelassen. Die im Jahre 1919 wieder aufgenommenen Ermittlungen ergaben aber, dass die im Jahre 1911 erschossene Frau kurz vor ihrem Tode noch im Besitz einer größeren Geldsumme gewesen war, die dann bei der Leiche nicht mehr gefunden wurde. Es war also glatter Raubmord gewesen, und die Justiz im Jahre 1911 hatte versagt.

Als 1914 der Erste Weltkrieg ausbrach, war er gerade Geselle geworden. Sehr bald drückte man ihm wieder eine Waffe in die Hand, diesmal einen Karabiner und dann ein Maschinengewehr, diesmal Karabiner 7,9. „Vier Jahre durfte ich schießen“, erzählte Schumann später seinem Verteidiger, „für Kaiser und Reich“. Dafür habe er das Eiserne Kreuz 2. Klasse erhalten. Dann sei er heimgekehrt nach Spandau (seine Militärzeit endete 1916). Er hatte bis zuletzt in der Reichsbahn-Ausbesserungswerkstatt Wusterhausen gearbeitet. Er habe Lokomotivführer werden sollen und ein blondes Mädchen geheiratet. Dieses soll von seinen Verbrechen, „vom Wald“, wie er gesagt haben soll, keine Ahnung gehabt haben.

Die späteren Nachforschungen der Berliner Kriminalpolizei ergaben, dass Schumann weitere Verbrechen zur Last fielen: Im September 1916 versuchte Schumann, den Hegemeister Köpke in Dansbrück zu erschießen. Er feuerte acht Schüsse auf den Beamten ab, ohne ihn zu treffen. Im Mai 1917 erschoss er den Nachtwächter Engel in Falkenhagen, als ihn dieser nachts auf der Dorfstraße anhielt. Am 4. Juli 1917 schoss er mehrmals auf die Gendarmeriemeister Geiseler und Lemm. Die beiden Falkenhagener Polizeibeamten hatten vor Ort gerade ein Protokoll über eines seiner früheren Verbrechen aufnehmen wollen.

Kur- und Logierhaus am Falkenhagener See, 1913. Repro: Blazek

Ebenfalls 1917 hat Schumann eine Frau Sch. überfallen und versucht, sie zu vergewaltigen. Während des Kampfes mit der sich heftig wehrenden Frau verlor aber der Angreifer die Potenz, schleppte darüber wütend sein Opfer an den See – „mit dir Aas ist ja doch nischt zu wollen“ – und tauchte den Kopf der Frau so lange unter Wasser, bis sie bewusstlos wurde.

Auch noch im Jahre 1917, einige Wochen später, entkam Schumann eine Frau, die mit ihrem Töchterchen im Forst unterwegs war, nur durch einen Trick. Sie wollte angeblich nur ihr Töchterchen etwas entfernen und dann dem Burschen zu Willen sein, sie entfloh aber, und den sie Verfolgenden verscheuchte der zufällig daherkommende Lehrer Paul.

Nach diesem Fehlschlag trat Schumann nur noch bewaffnet in Erscheinung. Wahllos schoss er auf Förster, Dienstmädchen, Anwohner, Wandervögel, Jagdgesellschaften und Liebespärchen.

Er schoss einem Studenten, der mit seiner Freundin durch den Wald ging, die Hand kaputt, er schoss auf Wanderer, einen Hegemeister und dessen Dienstmädchen, auf eine Frau namens Möbius, die auf dem Balkon ihres Landhauses stand und die origineller Weise mit einem Tesching zurückschoss.

Bei einer Gelegenheit schoss auf eine Jagdgesellschaft, unter der sich ein Amtsvorsteher und Schumanns späteres und letztes Opfer, der Förster (Hilfsförster) Wilhelm Nielbock, befanden. Laut Unterlagen des Stadtarchivs Falkensee vom Jahr 1905 hatte Förster Nielbock im Haus Bergstraße 12-14 in Falkenhagen gelebt.

Im Januar 1918 schoss er mehrmals auf einen Lokomotivführer und seinen Begleiter, als diese versuchten, einen von ihn angelegten Waldbrand zu löschen. Er hatte ein Wochenendhäuschen angezündet und auf die Löschmannschaft geschossen, weil diese „sich dumm anstellte".

Am 22. Juni 1918 erschoss er den oben bereits erwähnten Lehrer Paul in seiner am Falkenhagener See gelegenen Wohnlaube. Der Lehrer hatte ihn diesmal dabei überrascht, als er seine Frau vergewaltigen wollte. Er hatte Schumann dann verfolgt und sich dadurch seinen Hass zugezogen. Schumann zündete nachts die Wohnlaube an, nachdem er den Ausgang vorher verrammelt hatte. Als der Lehrer, seine Frau und seine Tochter durch das Knistern des Feuers erwachten und sich durch den Eingang retten wollten, fanden sie diesen von außen zugestellt. Als der Lehrer die Fensterläden öffnete, wurde er von Schumann erschossen. Auf inständiges Bitten der beiden Frauen nahm er schließlich davon Abstand, auch diese zu ermorden. Es gelang ihnen, die Wohnlaube durch das Fenster zu verlassen und das Feuer zu löschen. Zur selben Zeit versuchte Schumann, seine bei ihm wohnende Schwester durch Gas zu vergiften.

Am 23. Mai 1919 versuchte er, den Forstgehilfen Timm aus Alt-Finkenkrug zu erschießen. Am 8. Juni 1919 ermordete er das Liebespaar Kiewitt-Reich. Nachdem er den Mann erschossen hatte, vergewaltigte er das junge Mädchen, erschoss dann auch dieses und beraubte beide Leichen, die später von der Berliner Kriminalpolizei am Ufer des Falkenhagener Sees ausgegraben wurden.

Ansichtskarte vom Falkenhagener See, 1924 gelaufen. Repro: Blazek

Auf bestialische Weise ermordete Schumann auch das Brautpaar Rietdorf-Biedermann, nachdem er die Frau zuvor noch vergewaltigt hatte.

Wer Schumann in seinem Revier störte, den brachte er um, und zwar mit der Parabellumpistole, die er aus dem Krieg mitgebracht hatte. Wenn es Männer waren, genügte ihm der Mord, waren es aber Frauen, so mussten sie erst ihm gehören, bevor er ihnen dann den „Gnadenschuss" gab.

Der Charakterologe Emil Utitz (1883-1956) befasste sich als erster literarisch mit dem Fall Schumann. Er schrieb 1926:[2]

Zweifelhaft ist dagegen die kriminalpsychologische Etikettierung Schumanns. Schon im Jahre 1911 erschoß er eine im Wald vor ihm gehende Frau, redete sich aber auf unvorsichtiges Manipulieren mit der Waffe hinaus und kam mit einer Gefängnisstrafe von nur neun Monaten davon. In den Jahren 1914, 1915 und 1917 überfiel er in den Wäldern Frauen, die aber den Verletzungen nicht erlagen, sondern mit dem Leben davonkamen. Zwei Polizeibeamte, die er anschoß, blieben ebenfalls am Leben. Der Nachtwächter Vogel wurde dagegen durch Schumanns Kugel getötet. Etwas später erschoß er den Lehrer P. durch die geschlossene Haustür hindurch. Die Liebespaare Kiewill-Reich und Rietdorf-Biedermann, die beim Nächtigen im Walde von diesem Bluthund aufgestöbert wurden, beförderte er ebenfalls mit wohlgezielten Schüssen ins Jenseits.

Am 18. August 1919 schoss Schumann noch einmal auf den Förster Nielbock. Der aber, schon im Sterben, verwundete den wegen einer Ladehemmung flüchtenden Schumann mit einem Schuss aus seiner Schrotflinte an der Schulter. Auf diese Weise hatte der Sterbende noch vor seinem Tod der Polizei einen großen Dienst erwiesen: Als der 26-Jährige mit seiner Verletzung zwei Tage später einen Spandauer Arzt aufsuchte, der in den Zeitungen von der Ermordung des Revierförsters gelesen hatte und die Polizei holen ließ, konnte der lang gesuchte Serienmörder festgenommen werden.

Der Köpenicker Kommissar Otto Busdorf (1878-1957)[3] war 1907 zur Berliner Kripo gekommen, wo er im Dezernat für Wilddieberei arbeitete. Er galt als Spezialist für Förstermorde. 1925 wurde er zum Kriminalkommissar befördert. Seine eigentlich als Lehrbuch gedachten Aufzeichnungen sind heute die wohl bekanntesten und bedeutendsten Werke der Wilddiebsliteratur. In den zwei Bänden von „Wilddieberei und Förstermorde“ (Kameradschaft, Berlin 1929) nimmt

---

[2] Emil Utitz war von 1925 bis 1933 ordentlicher Professor der Philosophie an der Universität Halle-Wittenberg. Das von ihm herausgegebene und 1924 erstmals aufgelegte „Jahrbuch der Charakterologie“ erschien bis 1929 in fünf Bänden – die Jahrgänge 1925/26 wurden zu einem Jahrgang zusammengefasst – und demonstrierte exemplarisch, dass der Charakter eine Plattform für die unterschiedlichsten wissenschaftlichen Ansätze bot, die sich in den zwanziger Jahren um die Entzifferung des Inneren bemühten. (Person, Jutta, Der pathographische Blick – Physiognomik, Atavismustheorien und Kulturkritik 1870-1930, Würzburg 2005, S. 208.)

[3] Otto Busdorf wurde am 16. August 1878 geboren. Nach seiner Schul- und Militärzeit unterzog er sich einer landwirtschaftlichen Berufsausbildung. Unzufrieden mit seiner Tätigkeit in der Landwirtschaft, begab er sich um die Jahrhundertwende auf Wanderschaft. Per Zufall, nämlich wegen einer nicht ganz legalen Nachtruhe auf einer Bank im Berliner Tiergarten, kam er zur Polizei. 1926 wurde Busdorf auf Wunsch des Oberpräsidenten Otto Hörsing im Magdeburger Mordprozess gegen Rudolf Haas erfolgreich tätig (Quelle: Heimatmuseum Köpenick II 248 1 Köp Anklageschrift). Busdorf war zu DDR-Zeiten wegen seiner Beteiligung an der Köpenicker Blutwoche (1933) bis zu seinem Ende in der Strafanstalt Brandenburg-Görden inhaftiert. Viele Stimmen bemühten sich vergeblich um seine Freilassung. Busdorf starb im Gefängnis, und zwar am 19. August 1957 (Register Nr. 828 57 Standesamt Brandenburg), zufällig einen Tag vor seiner ins Auge gefassten vorzeitigen Haftentlassung. Literatur: Erich Hobusch (Hrsg.): Wilddieberei und Förstermorde – Originalfassung seiner Bücher aus 1928-31 von Otto Busdorf, Band I-III, Melsungen 2003.

er sich auch der Verbrechen des Friedrich Schumann an. Über die schicksalhafte Begegnung des Försters Nielbock mit Schumann schreibt er:

In ähnlicher Weise wie in dem vorstehenden Falle hatte der 52-jährige Forstaufseher Nielbock aus Spandau am 18. August 1919 einen Zusammenstoß mit einem äußerst gefährlichen Verbrecher, den später als „Massenmörder" bezeichneten 26 Jahre alten Schlosser Friedrich Schumann. Der Forstaufseher trat gegen 20 Uhr auf dem Hohenhorster Weg im Falkenhagener Forst, in der Nähe des Schießstandes, auf einem Dienstgange einen ihm verdächtig scheinenden Mann, den er mit den Worten anhielt: „Wo wollen Sie denn hin?" Auf die Antwort: „Nach Hause!" deutete Nielbock nach der Ortschaft zu mit den Worten: „Das geht aber dort entlang!" worauf der Fremde entgegnete: „Ich gehe aber hier entlang!" Als sich der verdächtige Mann mit diesen Worten weiter in den Wald hinein begeben wollte, versuchte ihn der Forstaufseher anzuhalten. Da zog der Mann plötzlich eine Parabellumpistole aus der Tasche, schoß den Beamten zweimal in die Brust und flüchtete, als er beim dritten Schuß einen Versager hatte. Der Forstaufseher war trotzdem imstande, sein am Fahrrade angebrachtes Gewehr loszumachen und einen Schrotschuß auf den Fliehenden abzufeuern.

Die beiden Kugeln hatten die linke Brust des Beamten durchbohrt. Er konnte sein Fahrrad aber doch noch 200 Meter bis zur sogenannten „Roten Villa" führen. Die Bewohner sahen ihn kommen und hielten den hin- und hertaumelnden Forstbeamten für betrunken. Als er plötzlich zusammenbrach, bemühten sie sich um ihn und stellten fest, daß er schwer verwundet war. Er konnte noch den Hergang der Tat erzählen und beschrieb den Täter als einen mittelgroßen Mann in feldgrauer Kleidung mit Rucksack. Der Beamte machte auch darauf aufmerksam, daß er den Täter durch den Schrotschuß ebenfalls verwundet habe. Der Arzt ordnete die sofortige Überführung des Schwerverwundeten in das Krankenhaus Spandau an, wo Forstaufseher Nielbock nachts seiner schweren Verletzung erlag.

Die Spandauer Kriminalpolizei rechnete damit, daß der Täter einen Arzt aufsuchen werde, wenn er tatsächlich durch den Schrotschuß verwundet sein sollte. Sie benachrichtigte daher alle Ärzte und Krankenhäuser von dem Vorfall, eine Presseveröffentlichung des Vorgangs unterblieb aber absichtlich, um den Mörder sicher zu machen.

Diese Maßnahmen hatten schon zwei Tage später Erfolg. Als ein Mann mit Schrotschuß im linken Rücken und linken Arm einen Arzt aufsuchen wollte, nahm man ihn fest und erkannte in ihm den Schlosser Schumann.

Die von der Berliner Kriminalpolizei bearbeitete Mordsache gestaltete sich alsbald zu einem großes Aufsehen erregenden Fall. Es konnte festgestellt werden, daß Schumann sein Unwesen in der Gegend von Falkenhagen seit mehreren Jahren getrieben hatte. Die Unsicherheit in der dortigen Gegend hatte die Polizei seit geraumer Zeit veranlaßt, einen besonderen Sicherheitsdienst einzurichten, ohne daß es gelungen war, des unheimlichen Menschen habhaft zu werden. Dem energischen Handeln des zu Tode getroffenen Forstbeamten war es zu verdanken, daß die Gegend von diesem gefährlichen Verbrecher befreit wurde.

Die weiteren Ereignisse jenes Mittwochs sollen sich nach den Schilderungen des Strafverteidigers Dr. jur. und Dr. phil. Erich Frey aus Berlin, Potsdamer Platz, so abgespielt haben:

Um 10.30 Uhr erschien der „kaum mittelgroße, blonde Mann" Schumann im Wartezimmer des praktischen Arztes Dr. Georg Tepling, wohnhaft im damaligen Berliner Stadtkreis Spandau, Potsdamer Straße 42/43. Er trug eine umgearbeitete feldgraue Uniform, dazu einen hellen weichen Hut. In der rechten Hand hielt er einen schlanken Spazierstock aus hellem Holz. Er wies einen Krankenschein der Bezirkskrankenkasse Spandau vor: Der Schein lautete auf den Namen Friedrich Schumann, Schlosser.

„Wissen Sie", habe er gesagt, „ich habe beruflich mit Zündern zu tun, habe Pech gehabt und bin durch Sprengstücke verletzt worden". Dabei habe er auf seinen Oberarm gedeutet.

Das sei, so Frey, in jenen Tagen nichts Ungewöhnliches gewesen. „In den ehemaligen Munitionsfabriken und Arsenalen des Spandauer Bereichs liegen noch Unmengen fertiger und halbfertiger Munition aus dem Kriege herum. Ein großer Teil der männlichen Bevölkerung verschafft sich durch Verkauf des Metalls einen dringend notwendigen Nebenverdienst."

Der Arzt ließ Schumann Rock und Hemd ablegen. Um den linken Oberarm trug der Verletzte einen Verband. Der Arzt entdeckte acht kleine, leicht entzündete Hautwunden. Es waren winzige Löcher, die niemals von Sprengstücken herrühren konnten. Vorsichtig betastete Dr. Tepling den Arm und fühlte mehrere kleine harte Fremdkörper, wahrscheinlich Schrotkörner. „Ich schreibe Sie krank", soll Dr. Tepling gesagt haben, dem der unstete Blick des Besuchers auffiel. „Bitte nehmen Sie schon immer im Verbandszimmer Platz. Ich fürchte, Sie müssen ins Krankenhaus." Ruhig setzte sich Schumann in das Verbandzimmer. Er hatte offenbar starke Schmerzen im Arm.

Derweil ging der Arzt zügig in die Küche. „Renne sofort zur Polizei", habe er seiner Frau gesagt. „Ich glaube, das ist der Kerl, der vor zwei Tagen den Revierförster im Spandauer Forst ermordet hat." Dann ging Dr. Tepling in das Verbandzimmer zurück. Mit der Sonde stellte er fest, dass es sich um Schusskanäle handelte. Deutlich fühlte er jetzt die Schrotkörner. Als er den Verband anlegte, klingelte es draußen.

Aus den Augenwinkeln beobachtete der Arzt den Patienten. Aber der schaute ins Leere, wie jemand, der einen Schmerz verbeißen wollte. „Die beiden Männer vom Elektrizitätswerk", habe die Arztfrau gesagt. „Wegen der Leitung im Schlafzimmer." Die beiden Männer, die jetzt auf Zehenspitzen durch das Verbandzimmer in das anschließende Schlafzimmer gingen, trugen Werkzeugtaschen. Sie machten die Tür leise hinter sich zu. Aber schon wenige Sekunden später ging die Tür wieder auf. Jeder von ihnen hielt in der Rechten einen Revolver, in der Linken eine Blechmarke.

Friedrich Schumann wurde verhaftet wegen Mordes an dem Revierförster Nielbock jun. Einen Fluchtversuch unternahm er nicht.

Das geschah am Vormittag des 20. August 1919. Am Abend meldeten die Zeitungen, dass die Spandauer Kriminalpolizei mit Schumann einen Doppelmörder gefasst habe. Er habe nicht nur den Revierförster Nielbock erschossen, sondern am gleichen Tag auf der Spandauer Chaussee einen Radfahrer ermordet.

> Sterberegister der Ev. Kirchengemeinde Falkensee-Falkenhagen, 25/1919:
>
> ***Wilhelm Nielbock**, Hilfsförster*
> *Sterbedatum: 19. August 1919*
> *Hinterbliebene: Ehefrau, ein großjähriger Sohn, zwei minderjährige Kinder*
> *Gestorben im Krankenhaus zu Spandau*
> *Erschossen in der Falkenhagener Heide durch den Räubermeister Schumann*
> *Beigesetzt von Pfr. Plantikow aus Dallgow*

Gleichzeitig wurde die Vermutung ausgesprochen, dass Schumann für eine Kette rätselhafter Mord- und Gewalttaten verantwortlich gewesen sein könnte, die in den letzten zwei Jahren die Anwohner des Spandauer Forstes und des lieblich gelegenen Falkenhagener Sees in Angst und Schrecken versetzt hatten. Und schon am nächsten Tag schien es gewiss zu sein: Der Massenmörder vom Falkenhagener See war gefasst.

Überall hörte man nun den Namen dessen, der seinen Mitbürgern, seiner Familie und seinen Arbeitskollegen als ein harmloser, arbeitsamer und bescheidener Mensch erschienen war. Jetzt nannte man ihn „Bestie in Menschengestalt", jetzt sollte er mit einem Mal alle Übeltaten begangen haben, die seit Jahren in Spandau und Umgebung verübt worden waren.

← Friedrich Schumann wurde bei seiner Verhaftung bertillonisch vermessen und fotografiert. Das nach dem französischen Anthropologen Alphonse Bertillon benannte Vermessungssystem war in der Kaiserzeit die „wissenschaftliche" Art des Erkennungsdienstes. Es wurde zum Beispiel der Abstand von den Augen zu den Ohren oder die Ellenlänge, oder die Breite der Wangenknochen zueinander, der Augenabstand usw. gemessen. Auf diese Art wurden Angaben zu Körpermaßen einheitlich gesammelt und in „Signalements", also den Fahndungsblättern, und für telegrafische Übermittlungen verwendet. Wurde in Hannover ein Verbrecher gefasst, konnte man (hin und wieder) feststellen, ob er auch in Berlin gesucht wurde. Durch die Einführung der Fotografie und des Telefons konnte man sich die Mühe dann langsam sparen.

Kriminaloberwachtmeister Lahmann vom Morddezernat der Berliner Kriminalpolizei, dem der Fall übertragen wurde, konnte sich vor Zeugen und Beweismaterial kaum retten. Nach zweitägiger Vernehmung teilte er mit, dass Schumann ein volles Geständnis abgelegt habe, und zwar für über 50 Straftaten. Aber schon tags darauf musste er zugeben, dass der Verhaftete nur gestanden habe, auf den Förster Nielbock geschossen zu haben, als dieser ihn beim Wildern ertappt und die Waffe auf ihn angelegt habe.

Aber dann kam der große Schlag: Die zahlreichen Uhren, Ringe, Wäschestücke, die die Berliner Kriminalpolizei – säuberlich sortiert und mit Bändchen verschnürt – in Schumanns Wohnung an der Staakener Straße 6 gefunden hatte, wurden von den Angehörigen derer, die nach einem Ausflug zum Falkenhagener See verschollen geblieben waren, als Eigentum ihrer Kinder oder Geschwister wieder erkannt. Pfadfinder und Wandervögel waren es, verliebte Paare, die an den stillen Seeufern gelagert hatten.

Der „Sammler" von spektakulären Kriminalfällen jener Zeit Franz von Schmidt begegnete Friedrich Schumann wenige Tage nach dessen Verhaftung. Zugegen waren Kommissar Ludwig Werneburg und die Gerichtsärzte Dr. Friedrich Leppmann und Professor Dr. Fritz Strassmann, eine der herausragenden Persönlichkeiten der deutschsprachigen Gerichtsmedizin. Konkret zum Fall leitete er mit einer Bemerkung über den damaligen Regierungsrat und späteren Chef der Berliner Kriminalpolizei Arno Hoppe ein. Seine Erinnerung:

Hoppe war damals im Kommen; er reüssierte bald zum Oberregierungsrat. 1920 wurde er dann Leiter der Kripo Berlin. Auch mein Freund Erich Liebermann von Sonnenberg, der zeit seines Lebens unpolitisch und nur von einem sehr differenzierten Rechtsempfinden besessen war, hatte Gnade vor den neuen Herren im Innenministerium gefunden. Es hieß, der immer auch von mir geschätzte Reichspräsident Fritz Ebert habe sich persönlich für Liebermann eingesetzt. Liebermann hatte in den zwanziger Jahren die Leitung des Falschgeld-, dann des Rauschgift-, dann des Morddezernates und wurde später Leiter von ‚Kapitalverbrechen', bis er dann schließlich die Leitung der gesamten Berliner Kripo übernahm.

Es war an einem der letzten Augusttage 1919, als Hoppe und Liebermann mit mir zu dem in einem Seitenflügel untergebrachten Morddezernat gingen. Da saß auf dem Armesünderstühlchen vor Kommissar Werneburg – im Hintergrund standen die Gerichtsärzte Leppmann und Straßmann – ein junger Mensch, der betont und unbekümmert eine Zigarette rauchte. Es war ein kaum mittelgroßer, schmächtiger, etwa 28 Jahre alter Kerl. Seine untere Kinnpartie war unschön vorgeschoben, der Oberkiefer über den immer verkrampft und trotzig geschlossenen Augen hatten einen stechenden Blick, die Stirn war fliehend, kurz, er machte den Eindruck starker Minderwertigkeit, der sich durch ein starkes Stottern, eine heillose Verkrampftheit und Gehemmtheit noch verstärkte. Der launigen Begrüßung Hoppes begegnete er nur mit einem Ausdruck überheblicher Melancholie in seinem greisenhaft wirkenden Gesicht. Es sollte sich noch zeigen, daß dieser Bengel überhaupt keinen Humor verstand, Lachen geradezu haßte, selbst ohne das geringste menschliche Gefühlsleben lehnte er scheu, mißtrauisch und abwehrend jede Freundlichkeit ab. Dieser Friedrich Schumann war der seit Jahren gefürchtete und gesuchte „Schrecken von Falkenhagen".

Friedrich Schumann gestand vor der Kriminalpolizei und auch vor dem Untersuchungsrichter zunächst eine ganze Reihe von Morden, von Mordversuchen und Notzucht ein. Nur gegen den Vorwurf des gemeinen Diebstahls setzte er sich energisch zur Wehr. Er habe den Toten die Wertsachen lediglich abgenommen, um eine Trophäe zu besitzen.

Man konnte ihm auch nicht nachweisen, dass er etwas von seiner Beute zu Geld gemacht oder für sich verwendet hatte.

Bei seiner Vernehmung durch den Untersuchungsrichter und die Staatsanwaltschaft bezeichnete sich Schumann als „leidenschaftlicher Jäger". Er habe das Wild nur geschossen, „um zu töten", und es einfach liegengelassen. Das gewerbsmäßige Wildern nur zu diesem Zweck ausgeübt zu haben, gestand er ebenfalls ein.

Kurz vor Abschluss der Voruntersuchung widerrief er jedoch alle Geständnisse. Sie seien ihm von den Kriminalbeamten unter schweren Misshandlungen abgepresst worden. Die geistigen Urheber seiner Taten seien die Kriminalisten selber. Sie hätten die Protokolle aufgesetzt, und er habe zu allem „Ja" gesagt, um nicht von ihnen todgeprügelt zu werden. Vor dem Untersuchungsrichter habe er lediglich den Inhalt der polizeilichen Protokolle bejaht, um die endlose Untersuchung zu Ende zu bringen und die Hauptverhandlung endlich herbeizuführen, in der er das Lügengewebe der Polizei zerstören wollte.

Ein Kriminalbeamter, den man verdächtigte, Friedrich Schumann während eines Verhörs geschlagen zu haben, wurde, wie in der „Vossischen Zeitung" (M) vom 13. Juli 1920 verlautete, von seinen Vorgesetzten sofort bei der Staatsanwaltschaft angezeigt.

Schumanns Offizialverteidiger legte sein Mandat nieder. Dr. Erich Frey, der sich vor Gericht durch eine unheimliche Suggestionskraft und geschickte psychologische Behandlung seiner Prozessgegner auszeichnete, wurde sein neuer Verteidiger. Zu seinem Mandat kam er, wie er sich später erinnerte, durch eine flüchtige Begegnung mit dem Direktor beim Landgericht III:

Ich sehe die Szene heute noch vor mir, wie ich an jenem Sonnabend, es war der 3. Juli 1920, unschlüssig vor dem roten Backsteinbau des Kriminalgerichts Berlin-Moabit stand. Ich hatte an diesem Tag keine Verhandlung, aber wie jeden Tag konnte ich nicht anders, ich mußte hierher.

Die beiden Flügeltüren des Eingangs in der Turmstraße öffneten sich zur gleichen Zeit. Die rechte Tür, die zum Landgericht III führte, wurde vom Pförtner offengehalten. Er war aus seiner Loge herausgetreten, um einer Frau den Weg zu zeigen, die sich im zuständigen Gebäude geirrt hatte.

Aus der linken Tür zum Landgericht II traten zur gleichen Zeit zwei vierschrötige Männer in etwas farbigen, in den Schultern allzu stark auswattierten Jacketts. Sie hielten die Tür weit auf und schienen auf jemand zu warten. Ihre gutgenährten Gesichter waren gerötet und strahlten Zufriedenheit aus. Zwei Stammkunden von Moabit, das erkannte ich mit einem Blick, denen eine Sache gut ausgegangen ist.

(...)

Noch immer standen die beiden Türen offen. Durch welche sollte ich gehen? Ich ging durch die rechte zum Landgericht III, ohne mir klarzumachen, warum. Die breiten, hellen Korridore waren an diesem Tag fast menschenleer. Es war

Sonnabend. Ich kreuzte gerade einen Quergang, da hörte ich hinter mir eine fröhliche Stimme: „Hallo, Herr Kollege!"

Ich drehte mich um. Um die Ecke kam ein hochgewachsener Mann im grauen Rock, dem man die umgearbeitete Offiziers-Litewka noch ansah. Ich erkannte einen Kameraden aus dem Krieg, der im selben Marinekorps gewesen war wie ich. Jetzt war er Direktor beim Landgericht III.

Noch ehe ich seinen Gruß erwidern konnte, redete er schon weiter: „Sie schickt der Himmel! Stellen Sie sich vor, diese Schweinerei ... Morgen steigt meine große Schwurgerichtssache. Mord in elf Fällen, im Ganzen vierundfünfzig Anklagepunkte. Und was tut der Herr Verteidiger? Er legt nieder! Heute, sechs Wochen nachdem er die Bestellung zum Offizialverteidiger angenommen hat. Er legt einfach nieder, der Herr, jetzt, wo der ganze Apparat steht. Ein Dutzend Sachverständige, fünfzig Zeugen, die meisten von auswärts. Stellen Sie sich die Scherereien vor. Und was das den Staat wieder für Geld kostet! Lieber Kollege, Sie müssen mir helfen ..."

„Ich?"

„Ja, Sie müssen einspringen und die Offizialverteidigung übernehmen."

Erich Frey auf dem Weg ins Gericht, Tempo 03.04.1929. Entnommen aus: „Anwalt ohne Recht – Schicksale jüdischer Anwälte in Deutschland nach 1933", Begleitheft zur Wanderausstellung des Deutschen Juristentages und der Bundesrechtsanwaltskammer

Ich kannte die Akten nicht und nicht den Mandanten. Gewiß, der bestellte Verteidiger hatte sich die Niederlegung des Mandats reichlich lange überlegt, allzu lange. Aber er würde wohl seine Gründe gehabt haben. Ich sah dem Landgerichtsdirektor in die Augen. Im Krieg war er Major gewesen, und ich hatte die Schulterstücke eines Kapitänleutnants getragen. Er hatte mich den höheren Rang nie fühlen lassen. Ich grinste ihn an. „Dienstlicher Befehl?"

„Nein", sagte er, „eine Bitte. Kommen Sie mit, damit ich Ihnen die Akten übergebe. In anderthalb Tagen schaffen Sie es." Ich sagte: „Ja."

Von diesem Augenblick an war ich Offizialverteidiger des wegen Massenmords angeklagten Schlossers Friedrich Schumann aus der Staakener Straße 6 in Berlin-Spandau, des Massenmörders vom Falkenhagener See.

Ich bat um Einsicht in die Akten. Die Anklageschrift des Staatsanwalts Dr. Steinbrecher enthielt vierundfünfzig Anklagepunkte: elf vollendete Morde, drei-

zehn versuchte Morde, zahlreiche Notzuchtverbrechen, Brandstiftungen und Einbrüche.

Es war, wie man in Moabit sagte, eine schöne Latte. Eine grausige Latte ... Der blinde Zufall, oder vielmehr eine ganze Kette von Zufällen, die ich lieber Schicksal nennen möchte, hatte mich über Nacht zu einer der Hauptpersonen des Prozesses gemacht, dem ganz Berlin entgegenfieberte.

In zwei Tagen, am Montag um neun Uhr, sollte ich im großen Schwurgerichtssaal mit dem Staatsanwalt um den Kopf Friedrich Schumanns kämpfen. Und von diesem Augenblick an stand zwischen dem Kriegskameraden, dem ich soeben aus einer unangenehmen Situation geholfen hatte, und mir die Schranke, die im deutschen Gericht Verteidiger und Richter trennt. Er hieß Pioletti und war einer der vornehmsten der vielen hervorragenden Vorsitzenden, denen ich in meinen Tausenden von Prozessen gegenübergestanden habe.

Ich fuhr nach Hause. Meiner Frau sagte ich, daß im Laufe der nächsten beiden Tage unser teuer im Schleichhandel erworbener Kaffee draufgehen würde und daß ich im Übrigen nicht gestört sein wolle. Diese letzte Bitte galt vor allem unseren Hunden, dem Dobermann „Harras“ und dem Seidenspitz „Fix“, den sonst unbeschränkten Herrschern über meine Freizeit.

Ich schlug die Akte Schumann auf. Als ich die ersten Seiten gelesen hatte, wußte ich, daß mir die Menschheit ein Buch mit sieben Siegeln geblieben war ...

Das Landgericht Berlin III befand sich am Tegeler Weg 17-21 in dem Gebäude, in dem nach der Teilung der Stadt das für die drei Westsektoren Berlins zuständige Landgericht Berlin eingerichtet wurde; zum Bezirk des Landgerichts Berlin III gehörten die Amtsgerichtsbezirke Spandau, Charlottenburg, Lichtenberg, Pankow und Wedding. Alle Strafabteilungen der drei Berliner Landgerichte waren in dem von Dr. Frey beschrieben Kriminalgericht an der Turmstraße eingerichtet.

Und dann kam am nächsten Tag die erste Begegnung mit dem Verbrecher:

Friedrich Schumann hatte ein Recht auf meine Hilfe. Ich hatte kein Recht, sie ihm zu verweigern, so undankbar die Aufgabe auch sein mochte. Das Schreiben, in dem ich zum Offizialverteidiger bestellt war, gab mir das Recht, den Angeklagten im Untersuchungsgefängnis zu sprechen. Ich fuhr nach Moabit.

Wenn ich an jenem Sonntagnachmittag des Jahres 1920 nicht gewußt hätte, wer mir gegenübertrat, ich hätte den schmächtig gebauten jungen Menschen, der da in die Besucherzelle des Untersuchungsgefängnisses geführt wurde, nicht für einen gefährlichen Massenmörder gehalten. Für einen Defraudanten vielleicht, für einen Gelegenheitsdieb, für einen jener zahllosen Gestrauchelten, die damals die Gefängnisse bevölkerten ...

Aber dann sah ich seine Augen. Es waren die Augen eines gefangenen Tieres, die wild, unruhig, witternd über mich hinglitten. Er hatte blaßblondes Haar, um Kinn und Backen einen Anflug von Bart. Seine Kopfform zeigte keine deutlichen Züge von Degeneration, vielleicht trat das Kinn etwas zu stark zurück. Ich sollte dieses Gesicht noch unzählige Male sehen und die erschütternden Verwandlungen erleben, deren es fähig war.

„Ich bin zu Ihrem neuen Offizialverteidiger bestellt worden", sagte ich. „Bitte, nehmen Sie Platz."

Die Zelle enthielt einen breiten Tisch, auf jeder Seite einen Stuhl. Schumann war ungefesselt. Aber ich wußte, daß ich nichts zu befürchten hatte.

„Wie geht es Ihnen gesundheitlich?", fragte ich.

„Danke, ich kann nicht klagen."

„Wie ist das Essen?"

Er zuckte mit den Schultern: „Na, wie das eben jetzt ist. Draußen haben sie ja auch nicht viel zu beißen."

Er sprach ruhig, überlegt, fließend, ohne jeden Dialekt. Seine Sprache klang beinahe gepflegt. Die eines intelligenten jungen Arbeiters, der viel liest.

„Sie werden also morgen der Verhandlung folgen können?"

Er nickte mit dem Kopf.

„Sind Sie aufgeregt?"

„Nein, warum?" Das klang abwehrend, feindlich.

„Es geht um Ihren Kopf!"

„Das ist mir egal", sagte er ruhig.

„Wie kann Ihnen das egal sein, wenn Sie unschuldig sind?"

„Man glaubt mir ja doch nicht!"

„Die Beweise der Anklagebehörde sind stark."

„Kunststück ... Die Beamten leben ja davon ... Die haben darin Übung."

„Und die Gegenstände, die man bei Ihnen gefunden hat?"

„Die habe ich gefunden."

„Und die Zeugen, die Sie erkannt haben?"

„Die haben sich geirrt."

Der Prozess fand vom 5. bis 13. Juli 1920 vor der Schwurgerichtskammer des Landgerichts III in Berlin-Moabit unter Vorsitz des Landgerichtsdirektors Georg Pioletti statt. Die Berliner Zeitungen bezeichneten Schumann als noch „kaum jemals in der Strafrechtsgeschichte dagewesenen Fall". Und doch wurde nur ein Teil seiner Verbrechen in diesem Prozess verhandelt.

Nach den Erinnerungen von Strafverteidiger Dr. Frey hat sich die Verhandlung wie folgt dargestellt: Die Eröffnung der Verhandlung gegen Friedrich Schumann im großen Schwurgerichtssaal des Landgerichts III ging mit jener Mischung aus düsterem Pomp und preußisch-knapper Geschäftsmäßigkeit vor sich, die für den Betreib in Berlin-Moabit typisch war.

Der Andrang des Publikums war ungeheuer. Wie immer überwog auf den Zuschauerbänken das weibliche Element. Auf dem Zuschauertisch lagen zwei offene Lederkoffer, gefüllt mit Kleidungs- und Wäschestücken der Opfer, daneben, matt glänzend, die Parabellumpistole und der Feldstecher Schumanns.

Jetzt öffnete sich die Tür hinter der Anklagebank. Aus dem Untersuchungsgefängnis, das durch einen unterirdischen Gang und ein besonderes Treppenhaus mit den Gerichtssälen verbunden war, wurde Schumann hereingeführt. Beim Verlesen des Eröffnungsbeschlusses saß er da, ohne sich zu rühren. Er sah den Männern und Frauen, deren Söhne und Töchter er getötet hatte, kalt und gleichmütig ins Gesicht.

Die Geschworenen, zwölf Männer aus dem Volk, wurden ausgelost. Dr. Frey bat den Vorsitzenden um das Wort zu einer Erklärung. Er sagte:

Als ich die Anklage las, gab es für mich nur eine Frage: Entweder ist das Wesen, dem diese Taten zur Last gelegt werden können, kein Mensch, sondern eine Bestie, ein Tiger. Oder aber ... es ist ein Mensch. Dann aber kann er nur unter einem ihm selbst nicht erklärbaren, unwiderstehlichen Zwang gehandelt haben. Oder er ist ein Irrer, ein Wahnsinniger, dessen Krankheit nach dem gegenwärtigen Stande der psychiatrischen Wissenschaft nicht genügend erkennbar ist. Zwei anerkannte Fachleute auf dem Gebiet der gerichtlichen Medizin, die Geheimräte Dr. Hoffmann und Professor Straßmann, haben in einem Gutachten geäußert, dass vielleicht eine gewisse Minderwertigkeit vorliegt, aber der Paragraph 51 nicht in Anwendung komme, der einen die freie Willensbestimmung ausschließenden Zustand bei dem Täter erfordert. Bei aller Hochachtung vor diesen beiden Herren kann ich mich mit diesem Gutachten nicht zufrieden geben. Nach reiflicher Überlegung kann ich meiner Pflicht als Verteidiger nur dann gerecht werden, wenn ich jetzt hier den Antrag stelle, ein Gutachten der obersten preußischen Medizinalbehörde, des Medizinalkollegiums, einzuholen.

Als er geendet hatte, war es in dem großen Schwurgerichtssaal totenstill geworden. Selbst die vielen Frauen auf den Publikumsbänken spürten, worauf Freys Antrag hinauslief. Sollte hier, gleich zu Beginn der Verhandlung, diese Bestie auf der Anklagebank ihrer gerechten Strafe entzogen werden?

Landgerichtsdirektor Pioletti sah etwas erstaunt zu Dr. Frey herüber. Dann zog sich das Gericht zur Beratung zurück. Als die Richter nach Minuten atemloser Spannung zurückkehrten, verkündete Landgerichtsdirektor Pioletti, das schwarze Barett auf dem Kopf: „Der Antrag der Verteidigung wird abgelehnt. Jedoch wurde beschlossen, noch einen bekannten Psychiater und einen Gerichtsmediziner hinzuzuziehen."

Am zweiten Tag des Prozesses, der acht Tage dauernd sollte, gaben die beiden neuen Sachverständigen ihr Gutachten ab. Sie hatten Schumann je eine halbe Stunde beobachtet. Ihr Urteil: „zurechnungsfähig".

Dann marschierten die Zeugen auf – eine Prozession von unendlichem Leid, die Schumann ungerührt an sich vorüberziehen ließ. Er verzog auch keine Miene, sondern blieb mit verschränkten Armen ungerührt stehen, als sich die Mutter des ermordeten Schlossers Robert Kiewitt auf ihn stürzen wollte.

Im deutschen Gerichtssaal saß der Verteidiger unmittelbar vor seinem Klienten. Die Vernehmung des alten Spandauer Försters Nielbock, dessen Sohn Schumanns letztes Opfer gewesen war, war eben beendet. Schluchzend, mit von Tränen erstickter Stimme, hatte der Förster den guten Charakter seines Jungen geschildert. Landgerichtsdirektor Pioletti war gerührt. Er beugte sich zu dem alten Mann vor und sagte: „Das Gericht versteht und ehrt Ihren Schmerz." Weinend nahm der Mann in der ersten Reihe der Publikumsbänke Platz.

Mitreißende Szenen spielten sich nun ab. Dem Vater des Revierförsters Nielbock konnte im letzten Moment die Pistole aus der Hand gerungen werden, mit der er in Richtung Schumann angelegt hatte. Dr. Frey hatte sich gerade erhoben, da hörte ein hinter sich unterdrücktes Rufen. Als er herumfuhr, fiel aus der Hand des Försters der Revolver zu Boden. Es war die Frau des Verteidigers, die hinter Nielbock saß, die ihm die Waffe aus der Hand geschlagen hatte.

An Schumann ging der erschütternde Vorfall spurlos vorüber. Er blieb dabei, dass ihm seine Geständnisse von den Kriminalpolizisten mit Misshandlungen abgepresst worden seien. Doch niemand glaubte ihm.

Lediglich die Ausführungen des medizinischen Sachverständigen Prof. Liepmann, die die Vossische Zeitung wie folgt zusammenfasste, deuten auf eine merkwürdige Ambivalenz in Bezug auf die Thematik von Vererbung und Verbrechen hin: „Er habe bei dem Angeklagten eine Belastung mittleren Grades festgestellt; freilich sei man in neuerer Zeit von der Überschätzung solcher erblicher Belastungen abgekommen." [Der Falkenhagener Massenmörder. Neue Sachverständigen-Gutachten, Vossische Zeitung, 13. Juli 1920 (AA).]

Acht Tage kämpfte Dr. Frey einen aussichtlosen Kampf. Er kämpfte dafür, dass trotz aller Last der Beweise und trotz allen Abscheus Schumann das Recht wurde, das jedem Menschen zusteht: solange als unschuldig zu gelten, bis das Gericht über ihn sein Urteil gesprochen hat und dieses Urteil rechtskräftig geworden ist.

Dr. Frey erinnerte sich: „Die Zeitungen nannten meinen Namen. Meine Anträge wurden gelobt, glossiert oder auch verdammt. Eines Tages, als ich den Gerichtssaal verließ, hörte ich, wie sich hinter mir zwei Damen aus dem Publikum unterhielten. ‚Woher der Schumann nur das Geld hat, sich einen so teuren Anwalt zu halten?' Ich war nach der Verhandlung erschöpft und erregt, sonst hätte ich wahrscheinlich geschwiegen. Aber so drehte ich mich um und sagte: ‚Wenn Sie's genau wissen wollen, ich bekomme für den ganzen Prozess 16 Mark. Und die zahlt die Staatskasse.'"

16 Mark war das Honorar eines Offizialverteidigers, ohne Rücksicht darauf, ob der Prozess eine Stunde oder eine Woche dauerte.

Am achten Tag sprachen die Geschworenen Schumann wegen 34 Delikten schuldig, in sechs von den elf Fällen, die ihm zur Last gelegt waren, des Mordes, in elf Fällen des versuchten Mordes, in sechs Fällen der Notzucht, in acht des schweren Diebstahls. In fünf Mordfällen waren die Geschworenen dem Antrag des Verteidigers gefolgt und hatten Schumanns Schuld als nicht erwiesen angesehen.

Die Fesseln waren Schumann abgenommen worden, als der Wahrspruch des Geschworenen-Obmanns erging. Er drehte dem Gericht den Rücken zu, als interessiere ihn das Ganz nicht.

Der Staatsanwalt stellte seinen Antrag: sechsmal zum Tode, lebenslängliches Zuchthaus, zehn Jahre Zuchthaus, zahllose Gefängnisstrafen.

Dr. Frey, von Landgerichtsdirektor Pioletti angesprochen, antwortete: „Die Verteidigung verzichtet auf Anträge.“ Dies war die Ankündigung, dass er Revision gegen das Urteil einlegen würde – Schumanns letzte Chance. Auf die Frage: „Haben Sie noch etwas zu sagen, Angeklagter?“, schwieg Schumann.

Das Gericht zog sich zur Beratung zurück. Das Licht der Kronleuchter flammte auf. Über dem erhitzten Raum lagerte unerträgliche Spannung. Der Uhrzeiger sprang auf acht, als der Gerichtshof in den Saal zurückkam. Das Urteil: sechsmal zum Tode, lebenslängliches Zuchthaus, zahllose Nebenstrafen ...

Ein Aufatmen ging durch den Saal. Schumann bat seinen Verteidiger, keine Revision einzulegen. Das hielt Dr. Frey aber nicht davon ab, aus vielerlei Gründen, wie er sich später erinnerte: „Das Verfahren hatte tatsächlich große Mängel gehabt. Die Frage der Unzurechnungsfähigkeit war nicht genügend geklärt worden, und die Sache mit Lahmann erschien auch nach dem Urteil mehr als zweifelhaft. Die Revision hatte unbedingt Aussicht auf Erfolg.“

Die Revision gegen das Urteil im Schumann-Prozess wurde angemeldet. Dr. Frey besuchte Schumann mehrmals im Strafgefängnis Plötzensee. Er drängte auf Erledigung der Revision.

Mitte August, fünf Wochen nach dem Urteil, fand Schumanns Offizialverteidiger auf seinem Schreibtisch einen Brief. Er riss den Umschlag mit dem Kontrollstempel des Gefängnisses auf und las:

Sehr verehrter Herr Dr. Dr.!

Ich habe jetzt lange genug gewartet. Ich verzichte auf Revision und wünsche deren Rücknahme. Ebenso widerspreche ich einem von Ihnen beabsichtigten Gnadengesuch, da ich meiner Meinung nach unschuldig verurteilt worden bin und das Gericht für meine Todesstrafe die Verantwortung trägt. Ich beanspruche als mein Recht, daß bald der Tod mich treffe ...

Hochachtungsvoll Friedrich Schumann

Dr. Frey fuhr daraufhin nach Plötzensee. Er erreichte aber keine Gemütsänderung bei Schumann. Er zog die Revision also zurück und teilte der Justizbehörde Schumanns Wunsch mit, bald hingerichtet zu werden.

Im Justizministerium zögerte man aber aus vielerlei Gründen. Am Ende hat man den Verurteilten insgesamt 13 Monate, Nacht für Nacht, auf seine Hinrichtung warten lassen.

Der aus dem Rheinland kommende Staatssekretär Dr. Hugo Am Zehnhoff (1855-1930, Bild rechts), dem das Recht der Begnadigung zustand, konnte sich offensichtlich im Fall Schumann nicht entscheiden. Der spätere Reichsgerichtsrat Fritz Hartung (1884-1973), damals wissenschaftliche Hilfskraft im Preußischen Justizministerium, erinnerte sich, dass Am Zehnhoff „sehr zur Milde geneigt“ und vor allem Todesurteilen gegenüber sehr zurückhaltend gewesen sei.

Der frühere Rechtsanwalt beim Oberlandesgerichtsanwalt in Köln, später in Düsseldorf, Am Zehnhoff, war vom 26. Januar 1919 bis zum 7. Dezember 1924 preußischer Landtagsabgeordneter für das Zentrum. Er galt als vorzüglicher Fachmann und sachlich, sodass kein Ministerpräsident auf ihn verzichten wollte. Das Amt des Chefs des Preußischen Justizministeriums im Kabinett Otto Braun hatte er bereits im März 1919 übernommen, ihm zur Seite standen zunächst nachgeordnet als Unterstaatssekretär der Wirkliche Geheime Rat Dr. h. c. Oskar Mügel und der Parlamentarische Unterstaatssekretär Arnold Freymuth.

Das Justizministerium hatte seinen Sitz in Berlin W 8, an der Wilhelmstraße 55.

Die Staatsministerien in der Legislaturperiode der Landesversammlung

25. März 1919-29. März 1920, Ministerium Hirsch

Präsident des Staatsministeriums: Paul Hirsch, SPD, Handelsminister: Otto Fischbeck, DDP, Landwirtschaftsminister: Dr. Otto Braun, SPD, Wissenschaftsminister: Dr. Konrad Haenisch, SPD, Finanzminister: Dr. Albert Südekum, SPD, Minister des Innern: Dr. Wolfgang Heine, SPD, Justizminister Dr. Hugo Am Zehnhoff, Zentrum, Minister der öffentlichen Arbeiten: Dr. Rudolf Oeser, DDP, Wohlfahrtsminister: Dr. Adam Stegerwald, Zentrum, Kriegsminister: Walter Reinhardt, o.P. (bis 18.09.1919), ohne Geschäftsbereich: Otto Huë.

Die Staatsminister stellten ihre Ämter dem Präsidenten der Landesversammlung am 26. März 1920 zur Verfügung, erklärten sich auf Wunsch jedoch bereit, sie bis zur Neubildung des Staatsministeriums weiterzuführen.

Quellen:

Bertold Spuler: Regenten und Regierungen der Welt, Würzburg 1964, S. 473 ff
Horst Möller: Parlamentarismus in Preußen 1919-1932, Düsseldorf 1985, S. 606 ff.

Der österreichische Schriftsteller und Journalist Stefan Großmann (1875-1935) schrieb im Heft 18 (7. Mai 1921) der erst im Jahr zuvor geschaffenen politischen Wochenschrift „Das Tage-Buch“, die kritisch die Machtverhältnisse der Weimarer Republik beleuchtete, über die zögerliche Haltung des Justizministers. Dass Schumann seinen schnellen Tod wünschte, scheint inzwischen allseits bekannt gewesen zu sein:

Schumann verlangt seinen Tod

Vor ein paar Tagen hat man in Preußen endlich ein männliches Wort gehört. Ein Mann will sein Schicksal haben! Er will lieber sofort sterben als nicht wis-

sen, was mit ihm geschieht. Er fordert seinen schnellen Tod. Versteht sich, daß es kein Bürger ist, sondern ein Verbrecher: der Massenmörder Schumann, der vor fast zehn Monaten von deutschen Geschworenen zum Tode durch das Beil verurteilt worden ist. Er sitzt seit dem Juli 1920 in Plötzensee und wartet, daß das ihm zugesagte Todesurteil vollstreckt werde. Er hat nie um Gnade gebeten. Er hat nur von Zeit zu Zeit daran erinnert, daß er ein Recht auf seinen Tod habe.

Der preußische Justizminister, der nach der Verfassung anstelle des früheren Königs von Preußen das Begnadigungsrecht auszuüben hat, kann sich seit dreiviertel Jahren nicht entschließen, ob Schumann um einen Kopf kürzer gemacht werden soll oder nicht. Der Grund dieses Zögerns liegt nicht in Schumann. Der war ein Raubmörder ohne idealistische Beschönigung. Kein Nachfahr Karl Moors, kein kommunistisch drapierter Welterlösungsraubmörder, sondern ein simpler unverstellter Wegelagerer, der im Falkenhagener Forst hauste und dort von Zeit zu Zeit auf Beute loszog, harmlose Paare hinterrücks anschoss und dann plünderte. Ein psychologisch uninteressanter Fall. Bemerkenswert höchstens daß er bei seiner Frau ein zweites, bürgerliches Leben führte und daß die Gattin, die wohl gelegentlich mal einen instinktiven Schrecken vor seinen Wutausfällen bekam, im großen Ganzen glaubte, mit einem kreuzbraven, gutmütigen Burschen verheiratet zu sein. (Ach, was Alles sehen Gattinnen nicht?) Dieser viereckige Kerl frei von Reue, ein Tier ohne Fantasie und ohne Gedächtnis, hatte im August 1920 ein durch feierlichen Spruch erworbenes Anrecht auf seinen Tod erworben und er hat, eben weil ihm Vorstellungskraft fehlte, vielleicht auch, weil ihm aufgedämmert ist, daß seine Tierheit in die menschliche Gesellschaft nicht einzuordnen ist, die Hinrichtung wiederholt gefordert. Sein Gegenspieler, der preußische Justizminister, kann sich jedoch nicht entschließen. Er verweigert ihm die Begnadigung, er verweigert ihm aber auch den Tod.

„Er kann sich nicht entschließen". Das Wort muß über der Pforte dieses Zeitalters stehen. Herr Am Zehnhoff, der preußische Justizminister, ist offenbar ein durchaus moderner Mensch. Der Gedanke, ein Todesurteil zu bestätigen, stört wahrscheinlich seine Verdauung, vielleicht sogar den Schlaf seiner Nächte. Er ist nicht bloß Zentrumsmann, er ist vielleicht gar eine christliche Seele. Es widerstrebt ihm, verantwortlich für den Beilhieb des Scharfrichters zu sein. Also müßte er begnadigen? Aber der Verurteilte ist keiner Gnade würdig, will auch keine Gnade, und die Partei- und Landtagsgenossen der Majorität würden den sensitiven Minister nicht wenig bespötteln, der nicht beherzt genug ist, einen ganz gewöhnlichen Wald- und Wiesenmörder dem Henker zu übergeben. So entsteht das Ergebnis, der Mann, der nach der Verfassung allein berechtigt ist, Gnade zu üben, ist der Gnade nicht fähig. Er erledigt den Akt mit dem Verantwortlichkeitsgefühl des Beamten, der schwächer ist als das an ihn herantretenden Problem, will sagen: Er schiebt die Entscheidung hinaus. In einem ganz simpeln und kleinen Fall ereignet sich im preußischen Justizministerium, was sich in diesen Tagen in allen entscheidenden Ämtern ereignet: Der zur Entscheidung Befugte und Berufene weicht der Entschließung aus.

Aber der Herr Justizminister irrt, wie seine entschlußkranken Kollegen irren: Keine Entcheidung (sic!) ist auch eine! Er kann nach neun Monaten des Auf-

schiebens den Falkenhagener Mörder nicht mehr hinrichten lassen. Diese neun Monate Leben eines zum Tode Verurteilten bedeuten eine Strafverschärfung so entsetzlicher Art, daß der Herr Minister dem Schumann früher den Tod, nun aber das Leben schuldig ist. Der Verbrecher selbst verlangt freilich auch heute sein Ende. In einer Eingabe, in der er an innerer Festigkeit seinen Begnadiger übertrifft, sagt Schumann, er sei Soldat gewesen, fürchte also den Tod nicht, und eine Todesstrafe gäbe es für ihn nicht, sondern nur eine Beförderung vom Leben zum Tode ... In den neun Monaten nach seinem Todesurteil muß der Verurteilte nicht wenig gegrübelt haben, denn er philosophierte in seiner Eingabe: Ist Todesstrafe überhaupt eine Strafe? Niemand weiß, ob es ein Fortleben im Jenseits gibt und ob es nicht lebenswerter ist als das Erdendasein? Aber, ruft der Verurteilte dem Minister zu, entscheiden Sie sich, lassen Sie das Urteil vollstrecken und, ruft er mit schauderlichem Witz, befreien Sie mich aus diesem Zustand des „Hangens und Bangens in schwebender Pein".

Der Herr Minister wird sich entscheiden müssen. Beamter, der er ist, kann er sich freilich darauf berufen, daß es keine gesetzliche Vorschrift gibt, die ihn zwinge, sich innerhalb eines bestimmten Zeitraumes zur Gnade oder zur Bestätigung des Urteils zu entschließen. Aber dieses Ausweichen vor der Verantwortung könnte zur Tradition und damit zu einer unerhörten Strafverschärfung werden. Ein zum Tode Verurteilter mag gar kein Recht mehr haben außer dem Recht auf seinen Tod. Kennt Herr Minister die Nächte des Verurteilten? Vielleicht ist auch dieser stumpfe Sträfling allmählich von der Qual der Hinrichtungsvorstellung geängstet? Vielleicht mimt er nur den Festen? Aber selbst wenn es sich hier um einen Organismus mit Nashorn-Nerven handelt, so dürfte der Herr Minister nicht das Schauspiel der Ohnmacht der Macht vorführen. Was er heute tut, darauf wird ein ebenso entschlußkranker Nachfolger sich morgen berufen, seine Impotenz zur Gnade oder zum Tode wird morgen Tradition sein. Die Mörder werden dann nicht mehr zum Tode durch das Beil, sondern zum Tode durch lebenslängliche Angst verurteilt werden.

Der Herr Minister wird sich an dem Herrn Mörder ein Beispiel nehmen müssen: Der hat sich über Tod und Leben des Anderen schnell entschieden.

Wenig später schrieb Stefan Großmann erneut über die Entwicklungen im Justizministerium. Dass Schumann bereits hingerichtet worden sei, wie Großmann schrieb, widerspricht den Erinnerungen von Dr. Erich Frey (Großmann nennt als Tag der Hinrichtung den 9. Mai, Busdorf spricht vom 10. Mai 1921):

Schumann erhält seinen Tod

Der preußische Justizminister Am Zehnhoff hat ein sanftes Rühren in der Brust gefühlt. Ich hatte ihm den Aufsatz „Schumann verlangt seinen Kopf" im Heft 18 des „Tage-Buch" zugeschickt, befreundete Abgeordnete hatten eine Anfrage an den entschluß-kranken Minister vorbereitet, da – nach fast neun Monaten, in denen Schumann immer wieder seine Hinrichtung verlangt hat – entschloß sich Minister gnädigst zur Ungnade. Er ließ den Akt nicht langer liegen. Er entschloß sich, sich zu entschließen. Er gewährte dem zum Tode Verurteilten seinen Tod. Am 9. Mai wurde der sechsfache Mörder Friedrich Schumann in Moabit hingerichtet.

Der Herr Minister wurde beglückwünscht. Sein Entschluß ist ein Neunmonatkind gewesen. Immerhin, es ist zur Welt gekommen! Billiger und menschlicher Denkende als der Herr Justizminister ... Herr am Zehnhoff habe ... Fall bürokratischer Bequemlichkeit. Immerhin, Herr Am Zehnhoff entschloß sich! Wie gut, daß der Akt Schumann wenigstens im neunten Monat nach dem Todesurteil dem christgläubigen Justizminister in die Hände gefallen ist!"

Der Akt hätte sich ja gründlicher verkriechen, die Frist hätte ja auch zwei, drei, neun Jahre dauern können.

Fritz Hartung erinnerte sich: „Ich habe nur einen Fall erlebt, in dem er [Am Zehnhoff] es ablehnte, bei einem Todesurteil Gnade zu üben. Es handelte sich dabei um den ‚Massenmörder von Falkenhagen', einen Mann, der an den einsamen Seen um Berlin herum in etwa 7 oder 8 Fällen Liebespaare, die dort zelteten, überfallen, zunächst den Mann erschossen, dann das Mädchen vergewaltigt und anschließend gleichfalls ermordet und schließlich die Leichen ausgeraubt hatte. Vor soviel Verworfenheit und kaltherziger Grausamkeit versagte auch das milde Herz dieses gütigen alten Herrn. Ich hatte, da ich Sachbearbeiter war, den Bericht an das Staatsministerium zu fertigen und den Fall dann in der nächsten Sitzung des Staatsministeriums vorzutragen. Und hier muß ich dem langjährigen Preußischen Ministerpräsidenten Otto Braun (ich werde seiner und seiner hohen Verdienste um die Aufrechterhaltung der Staatsordnung noch an anderer Stelle zu gedenken haben) widersprechen. Er schreibt in seinen Erinnerungen, er habe *niemals* für ein Todesurteil gestimmt. Im Falle des Massenmörders von Falkenhagen hat auch er die Hand erhoben, als es zur Abstimmung darüber kam, ob das Urteil vollstreckt werden solle; der einzige, der *hier* gegen die Vollstreckung stimmte, war m. E. nach Karl Severing."[4]

Der von Hartung erwähnte Carl Severing (1875-1952) war ein Sozialdemokrat aus Westfalen mit preußischen Tugenden. Von 1920 bis 1926 prägte er als Innenminister durch seine Demokratisierungspolitik von Verwaltung und Polizei die Politik des Freistaates Preußens entscheidend mit.

---

[4] In der Weimarer Republik (1918-1933) hielt man an der Todesstrafe fest. Eine Debatte hierüber begann in der Weimarer Nationalversammlung am 16. Juli 1919. Bei der Abstimmung stimmten 128 Abgeordnete dafür, die Todesstrafe abzuschaffen, und 153 dagegen. (Peerenboom, Else, „Zur Frage der Todesstrafe", in: Die Christliche Frau, 26. Jahrgang, 1928, S. 22-29.) In den Jahren der Weimarer Republik ergingen insgesamt 1132 Todesurteile, darunter in den aufgewühlten Nachkriegsjahren von 1919 bis 1924 allein 664. (Wagner, Walter, Der Volksgerichtshof im nationalsozialistischen Staat, Quellen und Darstellungen zur Zeitgeschichte, Band 16,3, Stuttgart 1974, S. 803.) Vgl. Hannover, Heinrich; Hannover-Drück, Elisabeth, Politische Justiz 1918-1933, Frankfurt 1966.

Als Erich Frey Ende Mai 1921 erfuhr, dass Friedrich Schumann demnächst, und zwar Ende August des Jahres, hingerichtet werden sollte, fuhr er drei Tage später zum Strafgefängnis Plötzensee und sagte Schumann, als er mit ihm allein war, dass er noch drei Monate leben dürfe. „Leben muss", habe jener ihn verbessert und dann gesagt: „Aber ich bin Ihnen ja so dankbar. Jetzt kann ich wieder schlafen. Ich werde ruhig sterben."

Stefan Großmann notierte unterm 10. August 1921 im „Tage-Buch", dass der Kriminalschriftsteller Hans Hyan (1868-1944) ihm eine kleine Schrift geschickt habe, die er über den Mörder Schumann verfasst habe. „Das ist der Mann der nach dem Todesurteil neun Monate auf seine Hinrichtung oder Begnadigung warten mußte. Hyan erzählt in seiner Broschüre, daß Schumann im Schwurgerichtssaal, während über Tod und Leben verhandelt wurde, von den heftigsten sexuellen Wallungen und ..."

Am Vorabend des Tages der Hinrichtung, am Sonntag, dem 26. August 1921, kam Erich Frey – entgegen des dringenden Anratens seines Arztes, der sein Nierenleiden mit einer Kur in Bad Kissingen behandelte – nach Plötzensee, um den Todeskandidaten in Station III, Zelle 301, letztmalig zu besuchen.

Frey erinnerte sich, dass der Gang zu den Todeszellen des Strafgefängnisses schmal gewesen sei. Zelle 301 habe ganz am Ende gelegen, dicht neben der Tür zum Hof III, in dessen Mitte der hölzerne Hinrichtungs-Schuppen stand. An der schweren Zellentür habe ein Beamter gewartet.

Durch eine vergitterte Öffnung habe er in die Todeszelle blicken können. In dem dreimal vier Meter großen Raum hätten drei Männer gesessen. Zwei von ihnen hätten die grüngraue Uniform der Aufseher getragen, der dritte die graublaue Sträflingskluft – mit einem weißen Stoffstreifen, wie eine Epaulette aufgenäht (das Zeichen der Mörder). Das war Friedrich Schumann. Er schien Frey schmächtig, das Gesicht indes völlig fremd: „Als ich Schumann zuletzt gesehen hatte, war er ein bleiches Wrack gewesen, zermürbt von Monaten der Ungewißheit, von endlosen Nächten ohne Schlaf. Jetzt sah er beinahe gesund aus. Die Augen waren klar und ruhig. Jetzt, wo er noch fünf Stunden zu leben hatte ..."

Vermutlich gegen Mitternacht hatte der Direktor des Strafgefängnisses dem Delinquenten eröffnet, dass er am nächsten Morgen hingerichtet werde.

Als Dr. Frey zu ihm herein trat, wurde dem Todeskandidaten wenig später die Henkersmahlzeit gebracht: Bouletten mit Teltower Rübchen und zum Nachtisch ein schön suppiges Grieß-Flammeri (ein weißer Puddingberg) mit Blaubeer-Kompott. Zudem gab es „eine richtige Weiße mit Schuss" (Weißbier mit Himbeersaft), serviert im Weißbierglas. Fast eine halbe Stunde soll Schumann mit seiner hölzernen Gabel zu Werke gegangen sein.

Als er fertig gewesen sei, habe Schumann seinem Verteidiger gestanden, noch weitere 14 Morde, also insgesamt 25, begangen zu haben. Unter diesen Umständen will Dr. Frey auf Schumann eingeredet haben, dass er nicht hingerichtet werden würde wegen der nunmehr geltenden Bestimmungen des Paragraphen 51 des Reichsstrafgesetzbuches (Zurechnungsfähigkeit), sondern in die Irrenanstalt eingewiesen werden würde, weil kein normaler Mensch 25 Morde begehen würde.

Schumann nutzte die ihm verbleibenden Stunden, um alles zu Papier zu bringen, nachdem Dr. Frey ihm versprochen hatte, vor seinem Tode keinen Gebrauch davon zu machen.

Im Morgengrauen setzte der Schreiber den Stift ab. Der Verteidiger las: „Mein erster Mord am 14. Mai 1908. Hertha Balzuweit, meine Kusine. Im Wald bei der Laubenkolonie ‚Frieden'. Mit dem Tesching erschossen."

Auf die Frage, ob das nicht ein Unfall gewesen sei, antwortete Schumann, es sei damals sein 16. Geburtstag gewesen, den die Familie in der Laube gefeiert habe. Von seiner Mutter habe er eine Büchse von kleinem Kaliber (Tesching), Kaliber 22, erhalten. Außerdem seien seine Tante Alma und ihre Tochter, seine Kusine Hertha, zu Gast gewesen. Sie sei ein Jahr jünger gewesen als er, habe an ihre Zöpfe Stickgarn geflochten, damit sie länger aussahen, und er habe sie nicht leiden können.

„Er erzählte monoton, sachlich und doch faszinierend", erinnerte sich Dr. Frey. „Er berichtete, wie er an einem heißen Tag im Mai mit der Kusine zum Spielen geschickt wurde. Wie ihr lautes Rufes durch den Wald ihn zur Wut bringt ... und wie er den neuen Tesching abdrückt."

Der Polizei habe er gesagt, dass er seine Kusine für ein Reh gehalten habe. Und: „Das stimmte aber nicht. Ich habe mich geärgert, weil sie im Wald so laut geschrieen hat. Das tut man doch nicht. Da hab' ich geschossen ..."

Die Fälle nennt Dr. Frey nicht im Einzelnen. Er habe die grausige Liste allerdings Schumann vorgelesen. Dieser habe jeweils als Grund angegeben: „Sie hat mich bei der Jagd gestört ... Der hat mir die Vögel verscheucht, als ich ihnen zuhören wollte ... Die haben so laut gelacht ... Begegnete mir im Wald und hat mich so schnippisch angeguckt ... Er hat mich gestört, als ich dem Mädel nachgehen wollte ..."

Schumanns Frau soll von seinen Verbrechen keine Ahnung gehabt haben.

Inzwischen war es nach der Wahrnehmung von Dr. Frey fünf Uhr morgens. Friedrich Schumann hatte demnach noch eine Stunde zu leben.

Sanitätsrat Dr. med. Leo Lehnsen untersuchte den zum Tode Verurteilten, da nur völlig gesunde Menschen hingerichtet werden durften. Lehnsen war nicht nur Gefängnisarzt in Plötzensee, zufällig war er auch der Hausarzt von Erich Frey.

Den Abschied habe ihm der Todeskandidat leicht gemacht, erinnerte sich Dr. Frey später. Seine letzten an ihn gerichteten Worte seien gewesen: „Na, dann vielen Dank für alles", habe er gesagt. Er habe seine Hand erst gehoben, als Frey ihm seine entgegengehalten habe. „Viel Glück im Leben ... Und machen Sie sich nicht so viel Gedanken um mich, es lohnt sich nicht." Dr. Frey habe kein Wort hervorgebracht, habe sich rasch umgewandt und sei hinausgegangen.

Dr. Frey erinnerte sich an die nun folgende flüchtige Begegnung mit dem Scharfrichter: „Am Ende des Ganges mußte ich einem breitschultrigen Manne

Platz machen. Er sah wie ein Transportarbeiter aus, der hochgeknöpfte Gehrock wirkte merkwürdig an ihm. Sein kurzgeschorener Schädel saß auf einem faltigen Stiernacken. Trotz des fahlen Lichts wirkte er braungebrannt und gesund. Noch nie hatte ich Scharfrichter Gröpeler (sic!) aus Magdeburg gesehen. Aber als er mit einer flüchtig angedeuteten Verbeugung an mir vorüberging, wußte ich, daß er es war. Wer am Kriminalgericht zu tun hatte, wußte über Gröpeler Bescheid. Er war Pferdeschlächter gewesen. Jetzt besaß er eine gutgehende Kürschnerei in Magdeburg. Vom Staat bezog er monatlich ein kleines Fixum und mußte dafür mit seinem riesigen Beil und drei geübten Gehilfen auf Anforderung der Staatsanwaltschaften zur Verfügung stehen. Für jede Hinrichtung bekam er dreihundert Mark und die Spesen ... Gröpeler ging, um sich seinen Klienten anzuschauen. ‚Bei dem können Se ruhich reinjehen', hörte ich den Beamten zu Gröpeler sagen. ‚Der hat keene Nerven!'"

Am 27. August 1921 um 6 Uhr morgens wurde Friedrich Schumann schließlich von dem preußischen Scharfrichter Carl Gröpler durch das Handbeil hingerichtet.*

Hans Hyan schilderte 1924 in seinem Buch „Tiermenschen" typische Massenmörder, wie Großmann und Schumann *(Bild rechts)*.

Typisch war es, dass Friedrich Schumann wie alle schweren Sexualverbrecher, seien es Kürten, Haarmann oder Großmann, jede Perversion und Abnormität in seinem Gefühlsleben abstritt, immer wieder beteuerte, „ich bin ganz normal", und wütend wurde, wenn man ihm den § 51 des Reichsstrafgesetzbuches zubilligen wollte.

Die von Schumann zu allen Bluttaten benutzte Parabellumpistole mit selbst angefertigtem Anschlagbrett wurde später im „Kriminalmuseum" des Berliner Polizeipräsidiums ausgestellt.

Schumanns Name und sein Ende gerieten bald in Vergessenheit, insbesondere, was das Jahr seines Todes angeht. So berichtete die „Weltbühne" 1931: „Ich will hier länger zurückliegende Fälle gar nicht erörtern, wie den des Arbeiters Schumann, der wegen sieben erwiesener Morde 1920 hingerichtet wurde."

Von 1936 datieren Anfragen aus Brüssel und Lörrach beim Preußischen Landeskriminalamt nach Angaben über die Mörder Friedrich Schumann, Karl Denke und den österreichischen Serienmörder Hugo Schenk (1849-1884), vermutlich für eine astrologische Studie. Die Akte, LAB A Pr.Br.Rep. 030-03 Nr. 1564, enthält unter anderem Schriftwechsel, zum Teil in französischer Sprache.

Schumanns Ehefrau scheint das Haus Staakener Straße 6 nach den Ereignissen verlassen zu haben. Im Berliner Adressbuch von 1925, das nun auch Spandau als Teil der Stadtgemeinde Berlin mit begreift, tauchen als Hausbewohner der Viehhändler May aus Nauen als Eigentümer, Witwe M. Becker, der Invalide K.

Böhlke, Former Karl Ebel, Schlosser W. Ebel, Witwe E. Guse, Zollsekretär a.D. H. Haack, Fleischermeister F. Lucas, Kontoristin/Schneiderin Emilie Schimansky, Arbeiter P. Sollock, Obersteuersekretär C. Stewin, Werkzeugmacher M. Walter und Pensionär F. Zerbst auf.

Der freie Regisseur und Autor Helmut Barz behandelt den Fall Schumann am Rande in seinem ersten und 2006 erschienenen Roman, „Weißes Blut“, einer Hommage an die Klassiker der Schauerliteratur. Außerdem hat der Schriftsteller Horst Bosetzky einen Kriminalroman über Schumann veröffentlicht: „Der Lustmörder“ (Jaron Verlag, April 2009, http://www.horstbosetzky.de).

Der Fall Schumann gehört zu den Unterlagen der Kriminalpolizei im Bestand des Berliner Polizeipräsidiums Rep. 30 Berlin C Tit. 198 B Mordkommission. Dieser Bestand wurde im Jahre 2001 im Zuge einer Bestandsabgrenzung an das Landesarchiv Berlin, Eichborndamm 115-121, 13403 Berlin, abgegeben. Seine Findbuchnummer lautet: A Pr.Br.Rep. 030-03 Nr. 76. Die Akte enthält ein Merkblatt, eine Auflistung seiner Taten und einen Bericht (Laufzeit: 1919-1924).

Fotos von Friedrich Schumann sind, wenn sie zu behördlichen Akten gelangten, in den Untersuchungs- oder in den Strafverfahrensakten der mit dem Fall befassten Polizeibehörden und Staatsanwaltschaften zu vermuten. Insoweit müssten, so das Brandenburgische Landeshauptarchiv gegenüber dem Autor, Recherchen in dieser Richtung bei den für diese Behörden zuständigen Staats- bzw. Landesarchiven angesetzt werden.

* Der Nachfolger des Berliner Scharfrichters Lorenz Schwietz, dessen früherer Gehilfe Paul Spaethe aus Breslau, soll nach den Informationen des britischen Historikers Richard J. Evans (* 1947) die Hinrichtung an Schumann vollzogen haben. Diese Darstellung steht im Widerspruch zu den Wahrnehmungen von Dr. Erich Frey. Spaethe, 1875 geboren, war seit 1912 Scharfrichter gewesen. Mit dem preußischen Justizfiskus schloss er ab 1. Januar 1921 einen Dreijahresvertrag ab. Dotierung: 5000 Mark jährlich plus 100 Mark pro Hinrichtung und 240 Mark für die Gehilfen bei Exekution außerhalb Breslaus. Seine Frau starb im Januar 1924. Er sah keinen Ausweg und erschoss sich am 29. Januar 1925 in Breslau mit seinem Revolver (dasselbe tat 1925 sein Vorgänger, Schwietz). (Evans, Richard J., Rituale der Vergeltung – Die Todesstrafe in der deutschen Geschichte 1532-1987, Berlin 2001, S. 661.)

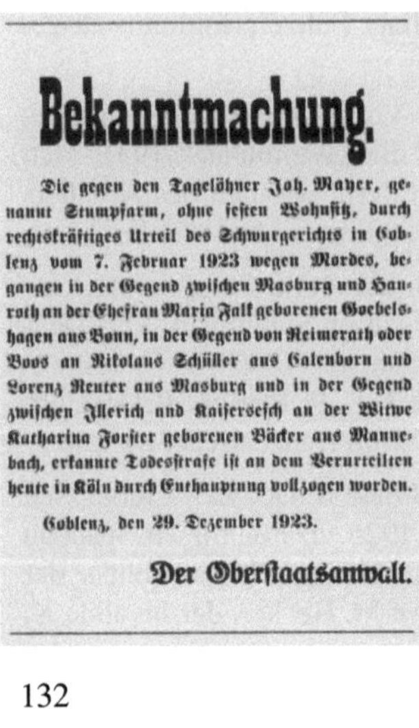

Bekanntmachung.

Die gegen den Tagelöhner Joh. Mayer, genannt Stumpfarm, ohne festen Wohnsitz, durch rechtskräftiges Urteil des Schwurgerichts in Coblenz vom 7. Februar 1923 wegen Mordes, begangen in der Gegend zwischen Masburg und Hauroth an der Ehefrau Maria Falk geborenen Goebelshagen aus Bonn, in der Gegend von Reimerath oder Boos an Nikolaus Schüller aus Calenborn und Lorenz Reuter aus Masburg und in der Gegend zwischen Illerich und Kaisersesch an der Witwe Katharina Forster geborenen Bäcker aus Mannebach, erkannte Todesstrafe ist an dem Verurteilten heute in Köln durch Enthauptung vollzogen worden.

Coblenz, den 29. Dezember 1923.

Der Oberstaatsanwalt.

Paul Spaethe aus Breslau hatte auch dieses Urteil vollstreckt. Johann Mayer, genannt der „Stumpfarm“, war 37 Jahre alt, als man ihn zum Schafott führte.

Karl Denke

Ein Abstecher nach Münsterberg in Schlesien im Jahre 1924. Die Serienmörder Schumann und Großmann waren inzwischen tot, in Hannover war soeben, vom 4. bis 19. Dezember 1924 der Prozess gegen Fritz Haarmann und seinen Freund Hans Grans geführt worden. Und in Münsterberg kam nun ein Fall von Kannibalismus ans Tageslicht.

Karl Denke hatte dort unter der Maske des rechtschaffenen Bürgers abscheuliche Untaten begangen. Der Privatdozent Dr. Friedrich Pietrusky, damals Assistent am Gerichtsärztlichen Institut der Universität Breslau, hatte sich in seinem Beitrag „Über kriminelle Leichenzerstückelung – Der Fall Denke", vorgetragen auf dem Kongress für gerichtliche und soziale Medizin 1925 in Bonn und abgedruckt 1926 in der Deutschen Zeitschrift für die gesamte gerichtliche Medizin, eingehend mit dem Mörder beschäftigt. Insgesamt ergibt sich folgendes Bild:

Geboren wurde Karl Denke als dritter Sohn eines kleinen aber verhältnismäßig wohlhabenden Stellenbesitzers in Oberkunzendorf im Kreis Münsterberg in Schlesien, laut Vermerk auf dem Totenschein am 11. Februar 1860. Nachdem er aus der Schule entlassen war, arbeitete Denke in der väterlichen Wirtschaft. Die Neigung, für sich allein zu sein, steigerte sich immer mehr. Er war verschlossen und blieb jedem Verkehr mit Altersgenossen wie auch mit anderen fern. Das Gasthaus besuchte er nie. Als er 22 Jahre alt war, entfernte er sich heimlich aus dem Elternhaus. Bei seinen Nachbarn war er als gutmütiger Sonderling bekannt, der von den Erträgen seines Gartens und dem Verkauf von Brotschüsseln lebte. Unter Landstreichern und Handwerksburschen galt er als mildtätig. Er wurde allgemein „Vater Denke" genannt. In der Inflation verkaufte er seinen Besitz und lebte in einer Stube seines früheren Hauses. Alles im Haushalt besorgte er sich selbst, nur seine Wäsche ließ er waschen. Offensichtlich hatte Denke nie mit Mädchen verkehrt und galt als ausgesprochener Weiberfeind.

1880 folgte Denkes Umzug nach dem kleinen Ort Münsterberg im Regierungsbezirk Breslau, wo er sich das Haus Teichstraße 10 (heute Stawowna Straße) kaufte. Als Denkes Vater im Jahr 1895 starb und sein älterer Bruder das landwirtschaftliche Anwesen erbte, erwarb Denke mit seinem Erbteil eine kleine Landwirtschaft mit Gärtnerei; doch kam er offensichtlich damit nicht gut zurecht. Er veräußerte den Besitz wieder.

Karl Denke galt in der Ortschaft als ein zwar etwas sonderlicher und verschlossener Mann, der aber in der Kirchengemeinde als Kreuzträger bei Prozessionen und Beerdigungen sich eines gewissen Ansehens erfreute.

21 Jahre lang mordete der unauffällige Bürger Denke unentdeckt in seinem Haus. Laut seinen Aufzeichnungen im „Mordbuch" kamen in diesem Zeitraum 31 Menschen, zumeist Obdachlose, unter seiner Hand zu Tode. Die Eintragungen beginnen am 21. Februar 1903 (Ida, steht für das Opfer Ida Launer) und enden ohne Namensangabe am 17. November 1924. Die Aufzeichnung ist chronologisch geordnet. Eine Nummerierung ist erst von elf ab erfolgt. Bei den Frauen ist nur der Vorname vermerkt, die Notizen bei den Männern sind viel eingehender, gewöhnlich mit Geburtsdatum, Ort und Stand des Betreffenden.

Beim Versuch, den 41 Jahre alten arbeitslosen Steinsetzer Vincenz Olivier aus Strehlen in Schlesien umzubringen, scheiterte Karl Denke am 21. Dezember 1924. Er wurde endlich verhaftet. Tags darauf erhängte er sich in seiner Zelle, und zwar mit einem Taschentuch. Er war tot, ohne sich je zu seinen Taten geäußert zu haben.

Erst drei Tage nach seinem Selbstmord sollten seine schrecklichen Taten ans Licht kommen. Die Polizei fand in seiner Wohnung zahlreiche Überreste menschlicher Knochen, die Denke geschlachtet und regelrecht „verarbeitet“ hatte, nicht nur zu Mahlzeiten, sondern auch zu aus Haut gefertigten Gebrauchsartikeln.

Bei der Durchsuchung der Wohnräume Denkes fand man „in einem großen Holzkübel eingesalzene Fleischstücke“, die sich nach genauer wissenschaftlicher Untersuchung im Breslauer Laboratorium unwiderleglich als von Menschen herrührend erwiesen.

Die Mordserie des Karl Denke, wohl eine der blutigsten der deutschen Geschichte, erlangte in der folgenden Zeit enorme öffentliche Aufmerksamkeit. Ganz Schlesien stand wenig später unter dem Eindruck der Aufdeckung der grausigen Einzelheiten in der „Denke-Affäre“. Bertolt Brecht hatte den Fall in den Zeitungen verfolgt und selbst darüber geschrieben.

In den ab Heiligabend 1924 veröffentlichten Zeitungsberichten wurden „gelblich-braune Hosenträger“ erwähnt, „die nach genauester Untersuchung aus reiner Menschenhaut“ gefertigt waren. Denke selbst trug, als man seine Leiche herunter nahm, die gleichen Hosenträger aus Menschenhaut. [Einige Texte sind abgedruckt in: Bertolt Brecht, Jan Knopf (Hrsg.), Brecht-Journal, Band 1, Frankfurt 1983, S. 63 f.]

Dr. Pietrusky, der Denkes Leichnam obduzierte, sah in Denke einen debilen Psychopathen, dessen sexuelle Perversion ihn zum Serienmörder und Kannibalen werden ließ: „Hier der duldsame, friedfertige, gutmütige alte Sonderling, dort die mordgierige Bestie, die Menschen meuchelte, fraß und aus ihrer Haut Riemen schnitt. Beides zu gleicher Zeit in einer Person, das ist Denke. Ob die Diagnose Schizophrenie die richtige ist, kann mit Sicherheit nicht gesagt werden, wahrscheinlich ist sie. Nach allem aber werden wir in Karl Denke nicht das verabscheuungswürdige Ungeheuer sehen müssen, sondern einen Unglücklichen, der nach ewigen, ehernen, großen Gesetzen seines Daseins Kreise vollenden mußte.“

Auf dem Flur zu den Arrestzellen: Der tote Karl Denke erscheint als ein mürrischer Mann mit gekämmtem Bart und dickem Mantel im Holzsarg. Polizeifoto nach seinem Freitod

Carl Großmann

Andreasplatz: Platz in der Stralauer Vorstadt von Berlin, Schmuckplatz mit Rondell, Marmorbank und Springbrunnen, erhielt seinen Namen nach der vorbeiführenden Andreasstraße am 25. März 1865, bis 1888 Veranstaltungsort der regelmäßigen Wochenmärkte des Stralauer Viertels, im Zuge der Neubebauung des Viertels verschwand der Platz nach 1945 vollständig aus dem Berliner Stadtbild.

Victor Auburtin: (1870-1928). Deutscher Journalist und Schriftsteller, war seit 1911 Redakteur und Korrespondent des legendären Berliner Tageblatts. Kurt Tucholsky schrieb in seinen Kritiken und Rezensionen (1914): „Wenn man Herrn Victor Auburtin, den pariser Korrespondenten des ›*Berliner Tageblatts*‹, in Frieden ließe, wenn man ihm eine der ägäischen Inseln zum Wohnsitz anwiese – wer weiß, ob er eine Zeile schriebe." (Siehe auch Klute, Hilmar: „Der Kulturkonservative", in der Serie: Große Journalisten [IX], Süddeutsche Zeitung vom 03.02.2003.)

Berliner Tageblatt: Das Berliner Tageblatt wurde von Rudolf Mosse gegründet und erschien erstmals am 1. Januar 1872. Es diente zunächst als Anzeigenblatt der Geschäftswelt. 1939 wurde die Publikation eingestellt.

Karl Denke: (1860-1924). Kleiner Landwirt in Münsterberg (Schlesien), der im Laufe mehrerer Jahre insgesamt 31 Männer ermordet hat, beging Selbstmord.

Paul Fraenckel: (1871-1941). Die Gerichtsmedizin während der Weimarer Republik war in Berlin noch von einer Generation von Gerichtsmedizinern geprägt, die dieses Fach überhaupt erstmals hatten institutionalisieren können. Der jüdische Gerichtsmediziner Prof. Dr. Paul Fraenckel, im Wintersemester 1929/30 kommissarischer Leiter der Unterrichtsanstalt für Staatsarzneikunde, genoss als Gerichtsarzt und Wissenschaftler gleichermaßen großes Ansehen. Er war seit 1914 Professor an der Universität Berlin und jahrelang Mitherausgeber der „Deutschen Zeitschrift für die gesamte gerichtliche Medizin". Wissenschaftlich arbeitete Fraenckel vor allem über die Blut- und Sekretspuren sowie über Vergiftungen. Am 10. September 1941 verübte er mit einer Überdosis Morphium und Veronal Selbstmord. (Jacobs, Peter, „Das Prokop-Haus", Berliner Zeitung vom 11. Dezember 2004.)

Erich Frey: (1882-1964). Dr. Erich Frey war neben Max Alsberg (1877-1933) der bekannteste Verteidiger im Berlin der zwanziger Jahre. Der Anwalt trat von 1920 bis zu seiner Emigration nach Chile im Jahre 1933 als Verteidiger in zahlreichen Sensationsprozessen auf und erwirkte 1928 für den wegen Doppelmordes angeklagten Primaner Paul Krantz Freispruch. Dr. Frey verteidigte die Serienmörder Friedrich Schumann (1921), Carl Großmann (1921) und Fritz Haarmann (1924). Unbedingt lesenswert ist seine im Herbst 1959 abgeschlossene Autobiographie „Ich beantrage Freispruch".

Ernst Gennat: (1880-1939). Beamter der Berliner Kriminalpolizei, gilt als Nestor der Mordkriminalistik. Als er 1925, nach 21 Dienstjahren, zum Kriminalpolizeirat befördert wurde, konnte er seine eigene „Inspektion M“ organisieren. Die Mordkommission erhielt eine der Praxis angepasste Struktur. Das „Mordauto“ wurde eingerichtet, ein Fahrzeug, in dem alle Werkzeuge und Materialien untergebracht waren, die am Tatort benötigt wurden. Bestandteil der Inspektion wurde das Leichenschauhaus, die Vermisstenzentrale und Gennats „Zentralkartei für Todesermittlungssachen“, in der aus Gerichts- und Polizeiakten, Fahndungslisten, Zeitungen und Zeitschriften, amtlichen Veröffentlichungen und Plakaten alle erfassbaren Todesfälle dokumentiert wurden. Mit Ausdauer und seiner geradezu „unheimlichen Kenntnis der Mörderpsychologie“ wurden viele Kapitalverbrechen in Berlin und Preußen aufgeklärt. (Hahn, Peter: „Kriminalrat war spezialisiert auf Mord“, in: Märkische Allgemeine vom 31.12.2004. Über Ernst Gennat lies ausführlich: Stürickow, Regina, „Der Dicke von der Mordkommission“, in: Damals – Das aktuelle Magazin für Geschichte und Kultur, 9/2000, S. 32 ff., außerdem: Stürickow, Regina, Der Kommissar vom Alexanderplatz – Kriminalfälle im historischen Berlin, Berlin 2000.)

Constant Griebel: (1876-1965). Professor, langjähriger Mitarbeiter und ehemaliger Abteilungsleiter an der Staatlichen Nahrungsmittel-Untersuchungsanstalt in Berlin-Charlottenburg, Inhaber der Joseph-König-Gedenkmünze der Gesellschaft Deutscher Chemiker und Inhaber des Verdienstkreuzes des Verdienstordens der Bundesrepublik Deutschland, hat die serologischen Methoden zur Unterscheidung der Proteine bearbeitet. 1903 promovierte er mit einer Arbeit über den Kaffeegerbstoff. 46 Jahre lang, bis zum 30. Juni 1949, war er am Preußischen Landesanstalt für Lebensmittel-, Arzneimittel- und gerichtliche Chemie in Charlottenburg tätig. Er wurde 1924 zum wissenschaftlichen Mitglied und Professor und 1928 zum Abteilungsleiter ernannt. Nach seiner Pensionierung hospitierte er noch zehn Jahre. Am 7. Dezember 1965 verstarb Griebel in Berlin vor Vollendung seines 90. Geburtstages.

Carl Großmann (auch Grossmann): (1863-1922). Triebtäter, Serienmörder, ermordete möglicherweise über 20 Frauen, zerstückelte die Leichen, warf sie ins Wasser, beging im Verlauf der Gerichtsverhandlung in seiner Zelle Selbstmord.

Friedrich Haarmann: (1879-1925). Friedrich „Fritz“ Haarmann brachte zwischen 1918 und 1924 mindestens 24 Jungen und Männer um, mit denen er zumeist vorher sexuell verkehrt hatte. Seine Taten konnten jedoch nie ganz aufgeklärt werden. Von seiner schaurigen Persönlichkeit geht allerdings noch heute eine unheimliche Faszination aus.

Magnus Hirschfeld: (1868-1935). Arzt, Sexualforscher und Mitbegründer der ersten Homosexuellen-Bewegung.

H. Hoffmann: Langjähriger, verdienter Gerichtsarzt, altbewährter und zuverlässiger Medizinalrat (Friedländer, Hugo, Interessante Kriminal-Prozesse von kulturhistorischer Bedeutung, 1911-1921, Band 12 (Hedwig Müller, unter Mordanklage vom 7. bis 13. Oktober 1913, „Ein Liebesdrama im Berliner

Tiergarten“, S. 195-255). Mitwirkender bei der Erstellung von „Medizin und Strafrecht – ein Handbuch für Juristen, Laienrichter und Ärzte“ (9. Band der Encyklopädie der modernen Kriminalistik, 1911), nahm Obduktionen vor.

Wolfgang Jeep: (1872-1928). Landgerichtsrat, Direktor am Landgericht 1 in Berlin. Landgerichtspräsident war damals der Geheime Oberjustizrat Karl Eichner.

Kasseler Rippenspeer: Fleischgericht, gepökeltes und geräuchertes Schweinebruststück mit Rippen, Zutaten (etwa sechs Portionen): anderthalb Kilogramm Kasseler Kotelettstück, 1 Zwiebel, 1 Tomate, 1 Bund Suppengrün, 1 Lorbeerblatt, 400 Milliliter heißes Wasser, Salz, frisch gemahlener Pfeffer.

Arthur Kronfeld: (1886-1941). Facharzt für Nervenkrankheiten in Berlin, ein Pionier der Psychologie, Sexualwissenschaft und schulenunabhängiger Psychotherapie.

Peter Kürten: (1883-1931). Berüchtigter Serienmörder: In den Jahren 1929 und 1930 versetzte Peter Kürten, der „Vampir von Düsseldorf“, der sich einmal selbst als „wildes Tier“ bezeichnet hatte, die Düsseldorfer Bevölkerung in Angst und Schrecken. Neun für 1913 und 1930 nachgewiesene Morde sowie weitere sieben Mordversuche gingen auf sein Konto, außerdem rund 70 weitere Straftaten, wie Körperverletzungen und Brandstiftung. Kürten wurde am 24. Mai 1930 am Rochusmarkt in Pempelfort verhaftet, am 22. April 1931 vom Schwurgericht Düsseldorf zum Tode verurteilt und am 2. Juli des Jahres im Kölner Gefängnis Klingelpütz mit dem Fallbeil hingerichtet. (Literatur: Berg, Karl [Gerichtsmediziner, 1868-1936], Der Sadist: Der Fall Peter Kürten – Gerichtsärztliches und Kriminalpsychologisches zu den Taten des Düsseldorfer Mörders Peter Kürten, mit zwei Artikelserien des Kriminal-Polizeirats Ernst Gennat und der Verteidigungsrede von Dr. Alex Wehner [jeweils 1931], hrsg. von Michael Farin, München 2004.)

Leichenschauhaus: Das erste Berliner Leichenschauhaus für die Stadtphysici, die Vorgänger der heutigen Rechtsmediziner, wurde 1811 errichtet. Es befand sich auf dem Gelände des Koppenschen Armenfriedhofs und wurde auch für Sektionen genutzt. Wegen dort unzumutbarer Bedingungen wurden ab 1839 Räume des Leichen- und Sektionshauses der Charité für diesen Zweck genutzt. Am 22. Januar 1886 wurde der Neubau des polizeilichen Leichenschauhauses an der „Communication am Neuen Thor 19“ (heute Hannoversche Straße 6), auf einem Teil des ehemaligen Charité-Friedhofsgeländes) in Betrieb genommen. Die praktische Unterrichtsanstalt für die Staatsarzneikunde (gegründet aufgrund der Genehmigung des preußischen Kultusministers vom 11. Februar 1833) und der Gerichtsärztliche Dienst kamen hier gleichzeitig unter. Damit war eine Sammelstelle für die gewaltsam Gestorbenen geschaffen worden: Unfallopfer, Erschlagene, Erdrosselte, Ertrunkene, Verbrannte, ausgesetzte Neugeborene und einsam gestorbene Selbstmörder. Ab 1886 kühlte man das anfallende menschliche Strandgut der fiebrigen Gründerjahre mittels Ammoniakanlagen, schnallte die oft unbekannten Toten auf Pritschen und stellte sie hinter Glasscheiben zum Zwecke der Identifizierung aus. (Vgl. Hartwig, Sven, Institut für Rechtsmedizin – Historie, 2008, http://remed.charite.de/institut/historie.)

Luisenstädtischer Kanal: Historischer innerstädtischer Kanal in der Berliner Luisenstadt, der die Spree mit dem Landwehrkanal verband.

Moabit: Das Moabiter Zellengefängnis (Königliche Strafanstalt Moabit), nach dem Vorbild der Haftanstalt in Pentonville bei London entstanden, ist im Zweiten Weltkrieg sehr stark beschädigt und 1955 abgerissen worden.

Neuruppin: Kreisstadt des brandenburgischen Landkreises Ostprignitz-Ruppin. Nachdem am 26. August 1787 Neuruppin einem großen Brand zum Opfer gefallen war, erfolgte ein Wiederaufbau der Stadt. Geburtsort von Baumeister Karl-Friedrich Schinkel (1781-1841) und Dichter Theodor Fontane (1819-1898).

Prager Tagblatt: Deutschsprachige Zeitung aus Prag, größte liberal-demokratische deutschsprachige Tageszeitung Böhmens, erschien 1876 bis 1939.

Walter Rathenau: (1867-1922). Reichsaußenminister ab 31. Januar 1922, zählt neben Max Weber, Friedrich Naumann und Gustav Stresemann zu den herausragenden Persönlichkeiten der Geschichte der deutschen Demokratie.

Dora Röber: Berliner Kriminelle, Ehefrau des Kaufmanns Josef Röber, Kurfürstendamm 141, hatte ihre Töchter zum Stehlen in Geschäfte mitgenommen und ihre Schwiegersöhne erpresst, 1923 wurde sie zu fünf Jahren Gefängnis verurteilt, Dr. Frey, ihr Verteidiger, widmet ihr die Seiten 100 ff. in seinen Erinnerungen.

Anastasia Romanowa: (1901-1918). Vierte Tochter von Zar Nikolaus II. und seiner Frau Alexandra Fjodorowna.

Schlesischer Bahnhof: 1881 bis 1950 Name des Berliner Ostbahnhofs, im Volksmund wurde der Bahnhof auch „Kathol'scher Bahnhoff“ genannt.

Friedrich Schumann: (1893-1921). Serienmörder, wurde 1920 angeklagt, im Wald bei Falkensee am nordwestlichen Rand von Berlin elf Morde und 13 versuchte Morde, Vergewaltigungen und Brandstiftungen begangen zu haben (Vossische Zeitung vom 11. April 1920), gab kurz vor seiner Hinrichtung (die war am 27. August 1921) die Morde zu.

Sodomie: Widernatürliche Unzucht mit Tieren.

Steuerdefraudation: Steuerhinterziehung.

Strafanstalt Sonnenburg (Słońsk): Sonnenburg (bei Küstrin/Kostrzyn, östlich der Oder) hatte seit 1832 ein Zuchthaus, das ab 1933 als Konzentrationslager und später als gefürchtetes geheimes Zuchthaus bis 1945 weiter bestand. Das Konzentrationslager Sonnenburg wurde am 23. April 1934 geschlossen. 814 Gefangene wurden 1945 ohne Urteil vor dem Eintreffen der Roten Armee dort erschossen.

Fritz Strassmann: (1858-1940). Erster Präsident der deutschen Gesellschaft für gerichtliche Medizin. Er war ein Schüler des Geheimen Medizinalrats Carl Limans (1818-1891) und seit 1884 in Berlin tätig. Mit 33 Jahren, nach dem Tod seines Lehrers (22. November 1891), zunächst stellvertretender Leiter und ab 1894 Leiter der „praktischen Unterrichtsanstalt für die Staatsarzneikunde". Sein herausragendes Werk war das „Lehrbuch der gerichtlichen Medicin" von 1895. Strassmann, bis 1926 Leiter der im Leichenschauhaus angesiedelten Unterrichtsanstalt, erklärte im Dezember 1933 seinen Austritt aus dem Judentum, in der Hoffnung, rassistischer Verfolgung zu entgehen. Ohne Erfolg: 1935 entzogen ihm die Behörden die Lehrbefugnis. Er starb in seiner Zehlendorfer Wohnung vereinsamt am 30. Januar 1940. (Vgl. Geserick, Gunther, „Zum 150. Geburtstag von Fritz Strassmann (1858-1940)", in: Rechtsmedizin Nr. 5/2008, S. 387 ff.)

Robert Störmer: Medizinalrat, Gerichtsarzt. Seine gutachtliche Tätigkeit ist bereits seit 1900 bekundet: Mit seinem Berliner Kollegen Sanitätsrat Dr. Hugo Mittenzweig fuhr er als Königlicher Gerichts-Physikus damals nach Konitz, um eine Nachobduktion des Leichnams des mittels Hals- und Zwerchfellschnitt geschächteten Ober-Tertianers Ernst Winter vorzunehmen. 1924 trug er bereits den Titel Geheimrat. Am 18. Dezember 1930 bat Medizinalrat Dr. med. Störmer um seine Entlassung aus dem Dienst. (Vgl. Brocke, Michael [Hrsg.]; Heitmann, Margret [Hrsg.]; Lordick, Harald [Hrsg.], Zur Geschichte und Kultur der Juden in Ost- und Westpreußen, Hildesheim u. a. 2000, S. 554.)

Curt Strauch: (1868-1931). Berliner Gerichtsarzt und späterer Ordinarius für forensische Medizin in Berlin. Er hat sich auf dem Gebiet der Kriminalistik durch seine Kenntnisse und Erfahrungen eine angesehene Stellung erworben und auf diesem Gebiet wissenschaftlich Hervorragendes geleistet. Strauch bearbeitete den anthropologischen Abschnitt der 1901 herausgegeben Rudolf-Virchow-Bibliographie und übernahm den Auftrag zur Ordnung und Inventur der 1905 neu gebildeten „Rudolf-Virchow-Sammlung der Berliner Anthropologischen Gesellschaft". Er starb am 31. Dezember 1931 im Alter von 63 Jahren. (Vgl. Jeske, Gregor, Die gerichtliche und soziale Medizin in Berlin von 1930 bis 1954 unter Victor Müller-Heß, Dissertation, Berlin 2008.)

Weißensee: Berliner Ortsteil, Standort des St. Joseph-Krankenhauses, dieses wurde 1893 vom katholischen Orden der Brüder vom heiligen Alexius (Alexianerbrüder) als „Heilanstalt für nerven- und gemütskranke Herren" auf dem Gelände eines Bauerngehöfts eröffnet. Der erste Bauabschnitt der Heilanstalt wurde am 17. Dezember 1892 eingeweiht.

Ludwig Werneburg: Beamter der Berliner Kriminalpolizei, in den zwanziger Jahren Leiter der Inspektion B (Raubüberfälle), stellvertretender Leiter von Ernst Gennats Inspektion A (Mord und Körperverletzung), ermittelnder Kommissar im Fall Carl Großmann. Die Kommissare Rudolf Lissigkeit (Leiter der Mordinspektion) und Werneburg wurden durch das schnelle Lösen einiger Raubmordfälle bekannt. Als Leiter der Potsdamer Kriminalpolizei wurde Werneburg am 30. Juni 1934 nach der vermeintlichen Ermordung des früheren Reichskanzlers und Generals der Infanterie Kurt von Schleicher (Röhm-Putsch) hinzugezogen. Vgl.: o.A., Der Raubmord in Berlin N, in: Berliner Tageblatt (Morgen-Ausgabe) 04.03.1932, S. 7.

Zeisig: (Carduelis spinus) gehört zur Familie der Finkenvögel, zur Unterordnung der Singvögel und zur Ordnung der Sperlingsvögel.

Hugo Am Zehnhoff: (1855-1930). Deutscher Jurist und Politiker (Zentrum), 1919-1927 preußischer Staatsminister der Justiz.

Carl Gröpler: (1868-1946). Führender Scharfrichter in Deutschland zur Zeit der nationalsozialistischen Machtergreifung. Er war von 1906 bis 1937 preußischer Scharfrichter und nahm Hinrichtungen in Preußen, Mecklenburg, Oldenburg, Braunschweig und den Hansestädten vor. Bei diesem Scharfrichter, dem „roten Richter", mit welchem Namen Theodor Lessing ihn 1925 benannte, handelte es sich um, wie es heißt, eine breitschultrige, kräftige Gestalt mit rötlichem Schnurrbart und militärisch kurzem Haarschnitt.

Stefan Großmann: (1875-1935). Österreichischer Theatergründer und Gründer des „Tage-Buchs" im Jahre 1920. Großmann, aus jüdischer Familie stammend, aufgewachsen im kaiserlichen Wien, dort und später im kaiserlichen Berlin als Schriftsteller und Journalist tätig, starb am 3. Januar 1935 in Wien im Exil.

Hans Hyan: (1868-1944). Schriftsteller und Kabarettist, zunächst als Kaufmann tätig, dann freier Schriftsteller. Seine auf den Zeitschriften- bzw. Zeitungsrahmen zugeschnittenen Kriminal-Shortstories behinderten zwar nicht die Buch-, offenbar aber eine Leihbibliotheksverwertung. Kosch, Wilhelm (Begr.), Deutsches Literatur-Lexikon (Halle 1927), weist 45 Buchveröffentlichungen Hyans vor 1918 nach. Hyans Ehefrau, Käte Hyan, vertonte die Lieder ihres Mannes, die er vortrug, und begleitete ihn.

Arthur Leppmann: (1854-1921). Dr. med., Medizinalrat, Königlicher Physikus und ärztlicher Leiter der Beobachtungsanstalt für geisteskranke Gefangene, Moabit-Berlin.

Bruno Lüdke: (1908-1944). Angeblicher Serienmörder. Ihm wurden von der Polizei angeblich 53 Morde nachgewiesen; gestanden hatte er 84 Morde. Er galt als geistig behindert und unzurechnungsfähig, es war ihm gleichgültig, für wie viele Morde er verantwortlich gemacht wurde. Eine neuere Untersuchung des niederländischen Hauptkommissars Johannes Albertus (Jan) Blaauw („Seriemoordenaar", 1994) legt nahe, dass der Fall des „schwachsinnigen", 1940 zwangskastrierten Lüdke von nationalsozialistischen Stellen bewusst konstruiert wurde, um der Polizei die Ermittlungsarbeit bei zahllosen unaufgeklärten Morden zu ersparen und diese in besserem Licht erscheinen zu lassen.

Tesching: [das]. Kleinkalibergewehr bzw. -pistole.

Vossische Zeitung: Überregional angesehene Berliner Zeitung, deren Erscheinen 1934 eingestellt werden musste. Sie vertrat die Positionen des liberalen Bürgertums. In der Berliner Presselandschaft nahm sie eine historisch begründete Sonderrolle ein: Sie war – über ihre direkten Vorgänger – die älteste Zeitung der Stadt, deren Gründungsgeschichte bis in das frühe 17. Jahrhundert zurückreichte. Das Blatt ging 1751 an den Schwiegersohn Johann Andreas Rüdigers, Christian Friedrich Voss (von hier her rührt der spätere Name Vossische Zeitung).

Literatur über Carl Großmann

- Ingo Bach: „Stadttour 7 – Von Revolten und Gangsterkriegen im rauen Osten", www.tagesspiegel.de/berlin, 2003
- Michael Bienert; Elke Linda Buchholz: Die zwanziger Jahre in Berlin – Ein Wegweiser durch die Stadt, Berlin 2005, S. 243
- Horst Bosetzky: Die Bestie vom Schlesischen Bahnhof, Berlin 2004
- Jan Feustel: Raub und Mord im Kiez – Historische Friedrichshainer Kriminalfälle, hrsg. vom Kulturamt Friedrichshain/Heimatmuseum, Berlin 1996
- Erich Frey: Ich beantrage Freispruch – Aus den Erinnerungen des Strafverteidigers Dr. Dr. Erich Frey, Hamburg 1960, S. 42
- Gunther Geserick; Klaus Vendura; Ingo Wirth: Zeitzeuge Tod – Spektakuläre Fälle der Berliner Gerichtsmedizin, Leipzig 2001, 5., aktualisierte Auflage: 2009
- Marcus Gießmann: „Gesellschaftliche Konstruktion von Serienmord", in: Zu Phänomenologie, rechtlicher Qualifizierung, Erklärungsansätzen und gesellschaftlichen Interpedenzen des Serienmordes, Diplomarbeit, 2008, S. 111
- Jens-Axel Götze: Die Höhle des Monsters, www.friedrichshainer-chronik.de, September 2008
- Fred Hasselmann: „Der Kommissar liebte Stachelbeerkuchen", Berliner Zeitung, 14. Februar 1996, Textarchiv im Internet
- Graham Huggan; Stephan Klasen: Perspectives on endangerment, Hildesheim 2005, S. 100
- Otto Kaus: Der Fall Großmann, Band 13 in: Der Mord am polizeiagenten Blau, von Eduard Trautner, 1924
- Hsi-huey Liang: Die Berliner Polizei in der Weimarer Republik, Veröffentlichungen der Historischen Kommission zu Berlin, Band 47, New York 1997, S. 149
- Neue Jahrbücher für Wissenschaft und Jugendbildung, Leipzig 1931, S. 238
- Marlies Sparmann: „Lange Straße", Rubrik in: Friedrichshainer Chronik – Geschichte(n) aus einem Stadtbezirk, 2008
- Emil Szittya: Selbstmörder – Ein Beitrag zur Kulturgeschichte aller Zeiten und Völker, 2. Auflage, Leipzig 1925, S. 300
- Maria Tatar: Lustmord Sexual Murder in Weimar Germany, Princeton 1995, S. 42: Tatar will wissen, dass Großmann, dessen Vornamen sie bereits falsch angibt (Wilhelm), als „Blaubart der Schlesischen Eisenbahn" bezeichnet worden sei. Nach ihren Informationen habe man Großmann 1921 wegen 14 Morden und Fällen von Kannibalismus angeklagt. Wolfgang Hardtwig übernimmt die falsche Bezeichnung Großmanns unkritisch 2005.
- Torsten Thissen: „Der Mädchenfänger von Berlin", www.welt.de/vermischtes/article1870282/Der_Maedchenfaenger_von_Berlin.html, 6. April 2008
- Kurt Tucholsky: „Eins, zwei, drei – g'suffa –!", in: Glossen und Essays – Gesammelte Schriften (1907-1935), 1922
- Emil Utitz: Jahrbuch der Charakterologie, Berlin 1926, S. 350, 352
- Erich Wulffen: „Die berühmtesten Sexualprozesse der Nachkriegszeit", in: Zwischen zwei Katastrophen – Sittengeschichte des 20. Jahrhunderts, Band 2, 2., durchgehend neu bearbeitete Auflage, Hanau a. M. 1966, S. 493
- Vossische Zeitung (A) vom 22. August 1921
- „The Carl Grossmann Sexual Murder Case, 1921", Vortrag von Sace Elizabeth Elder im Panel: „Gender, Class, and Violent Crime in Weimar Berlin", 24th Annual Conference of the German Studies Association Conference, Houston, Texas, 5.-8. Oktober 2000, „Criminals or Victims?: Female Witnesses in the Carl Grossmann Sexual Murder Case, Berlin 1921",Vortrag von Sace Elizabeth Elder beim Tenth Annual Graduate Symposium on Gender and Women's History, Urbana, Illinois, 24. März 2000

Literatur über Friedrich Schumann

- Helmut Barz: Weißes Blut – Phantastischer Roman, München 2006
- Horst Bosetzky; Jan Eik: Haste schon jehört? – Berliner Merk- und Denkwürdigkeiten, Berlin 2005, S. 226
- Horst Bosetzky: Der Lustmörder – Kappes sechster Fall, Berlin 2009
- Heinrich Breloer; Horst Königstein: Blutgeld – Materialien zu einer deutschen Geschichte, Köln 1982, S. 75
- Kerstin Brückweh: Mordlust – Serienmorde, Gewalt und Emotionen im 20. Jahrhundert, Frankfurt/Main 2006, S. 137
- Otto Busdorf: Wilddieberei und Förstermorde, Berlin 1929, Reprintausgabe aller drei Bände, hrsg. von Erich Hobusch, Teil II, Melsungen 2003, S. 169 ff.
- Siegfried Fischer-Fabian: Müssen Berliner so sein – Ein Bekenntnis in Porträts, Berlin 1960, S. 33
- Günter Freudenberg: Kultur und Kulturwissenschaft – Untersuchung über den Gegenstand und die Theorie der Kulturwissenschaft, Baltimore 1971, S. 85
- Erich Frey: „Der Zwang zum Töten", in: Ich beantrage Freispruch – Aus den Erinnerungen des Strafverteidigers Dr. Dr. Erich Frey, Hamburg 1960, S. 13 ff.

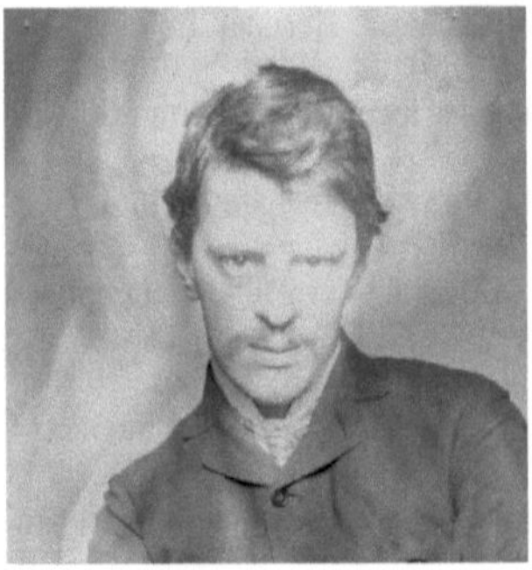

Stefan Großmann. Foto: Christina Wesemann

- Stefan Großmann: „Schumann verlangt seinen Tod", in: Das Tage-Buch, 2. Jahrgang, Berlin 1921, Nachdruck, Königstein 1981, S. 559-561, 631, 1004
- Fritz Hartung: Jurist unter vier Reichen, Carl Heymanns, Köln, Berlin, Bonn, München 1971, S. 40 f.
- Hans Hyan: Tiermenschen – Erinnerungen deutscher Kriminalisten, Leipzig 1924
- Kathrin Kompisch und Frank Otto: Bestien des Boulevards – Die Deutschen und ihre Serienmörder, Leipzig 2003
- Birgit Kreutzahler: Das Bild des Verbrechers in Romanen der Weimarer Republik – eine Untersuchung vor dem Hintergrund anderer gesellschaftlicher Verbrecherbilder und gesellschaftlicher Grundzüge der Weimarer Republik, Frankfurt am Main, New York 1987, S. 44
- Theodor Lessing: Haarmann – Geschichte eines Werwolfs (zuerst 1925), hrsg. von Rainer Marwedel, Frankfurt/Main 1989
- Hsi-huey Liang: Die Berliner Polizei in der Weimarer Republik, Veröffentlichungen der Historischen Kommission zu Berlin, Band 47, New York 1997, S. 130
- Peter & Julia Murakami: Lexikon der Serienmörder – 450 Fallstudien einer pathologischen Tötungsart, 2. Auflage, München 2000, S. 165
- Eugen Ortner (1890-1947): Der Fall des Massenmörders Schumann, angekündigt für Band 14 in der Reihe „Außenseiter der Gesellschaft – Die Verbrechen der Gegenwart" des Verlags „Die Schmiede", Berlin 1925, Beitrag blieb unveröffentlicht
- Frank J. Robert; Alexandra Thomas (Hrsg.): Serienmord – Kriminologische und kulturwissenschaftliche Skizzierungen eines ungeheuerlichen Phänomens, München 2004
- Wolfgang Schild: Berühmte Berliner Kriminalprozesse der zwanziger Jahre, in: Friedrich Ebel (Hrsg.): Rechtsentwicklungen in Berlin – Acht Vorträge, gehalten anlässlich der 750-Jahrfeier Berlins, Berlin 1988, S. 163
- Franz von Schmidt: Vorgeführt erscheint – Erlebte Kriminalistik, Stuttgart 1955, S. 168 ff.
- Wolfgang Schüler (Hrsg.): Serienmörder in Deutschland, mit Beiträgen von Gunther Geserick, Stephan Harbort und Hans Pfeiffer, Leipzig 2006

- Daniel Siemens: Metropole und Verbrechen – Die Gerichtsreportage in Berlin, Paris und Chicago 1919-1933, Stuttgart 2007, S. 136 ff.
- Wagner, Richard, Illustrierte Geschichte von Falkensee, Falkensee 2003, S. 99
- Badisches Generallandesarchiv Karlsruhe (GLA) 234/6610: Ausschnitt aus Nr. 147 der „Volksstimme" vom 5. Juni 1921
- Die Schwurgerichts-Verhandlungen gegen den Schlosser Schumann, Vossische Zeitung, 11. April 1920 (M), 5. Juli 1920 (AA), 13. Juli 1920 (M)
- Der Massenmörder Schumann, Berliner Lokal-Anzeiger, 5. Juli 1920 (Abendausgabe)
- Der Massenmörder Schumann, Berliner Lokal-Anzeiger, 9. Juli 1920 (Abendausgabe)
- Schumann zum Tode verurteilt, Berliner Lokal-Anzeiger, 14. Juli 1920 (Morgenausgabe)
- Bilder-Lexikon Kulturgeschichte, Literatur und Kunst, Sexualwissenschaft, hrsg. vom Institut für Sexualforschung in Wien, Wien 1930, S. 728

Preis 5 Pfennig — Extra-Blatt — Preis 5 Pfennig

Berliner Lokal-Anzeiger

Umsturz in Berlin.

Ein Ultimatum an die Regierung.

Die Regierung geflüchtet.

Heute nacht ist die Marinebrigade Ehrhardt von Döberitz nach Berlin marschiert. Sie stellte der Regierung ein Ultimatum, das früh 7 Uhr ablief. Zu diesem Zeitpunkt erklärte die Brigade, an der Siegessäule anzurücken. Die Regierung lehnte das Ultimatum ab und verließ, ohne ihre Ämter niederzulegen, um ½6 Uhr im Automobil Berlin. Die Brigade Ehrhardt ist früh 7 Uhr, ohne Widerstand zu finden, mit schwarz-weiß-roten Fahnen in Berlin eingerückt und hat das Regierungsviertel im weiten Kreise streng abgesperrt.

- Kleinere Mitteilungen, in: Archiv für Kriminologie (Kriminalanthropologie und Kriminalstatistik), Band 87, veröffentlicht von F.C.W. (Friedrich Christian Wilhelm) Vogel, Leipzig 1930, S. 185 f., mit einer ausführlichen Darstellung der Verbrechen des „Wilderers, Mörders und Sittlichkeitsverbrechers Schuman (sic!)", dazu Abbildung 4 auf S. 157
- Die Hilfsschule: Monatsschrift für die gesamten Interessen des Hilfsschulwesens, hrsg. vom Verband der Hilfsschulen Deutschlands, XXV. Jahrgang 1929, S. 465
- Sozialistische Monatshefte, veröffentlicht vom Verlag der Sozialistischen Monatshefte, 1925, S. 517
- Die Weltbühne: Wochenschrift für Politik, Kunst, Wirtschaft, 27. Jahrgang, Königstein/Ts. 1931, S. 615
- Zeitschrift für Kinderforschung, Langensalza 1935, S. 311
- Zeitschrift für Sexualwissenschaft und Sexualpolitik, hrsg. von der Internationalen Gesellschaft für Sexualforschung, Ärztlichen Gesellschaft für Sexualwissenschaft und Eugenik, Band IX, 1923, S. 148
- Berliner Adressbücher (http://adressbuch.zlb.de/)
- Tagespresse von 1919-21 (http://anno.onb.ac.at/, http://dfg-viewer.de/)
- http://www.mordort.de/magazin/
- http://www.anwaltsgeschichte.de/kriminal-magazin/

Im Buch verwendete Abkürzungen:

Abt.	Abteilung
Act.	Akten
A.G.	Amtsgericht
Bayr.	Bayreuth
Bd.	Band
bezw., bzw.	beziehungsweise
Bl.	Blatt
Charlbg.	Charlottenburg
dergl.	dergleichen
Dr.	Doktor
Dr. med.	(medicinae), Doktor der Medizin
ect.	richtig: etc., et cetera, und so weiter
Febr.	Februar
ff.	folgende
G.	(im Gutachten:) Großmann
geb.	geboren (am)
Gef., Gf.	(im Gutachten:) Gefängnis
hrsg.	herausgegeben
I.-A.	Irren-Anstalt
J.	Jahren
Krhs.	Krankenhaus (Weißensee)
M	Mark
Mon.	Monate
N.W.	(Berlin) Nordwest
o.A.	ohne Autorenangabe
Okt.	Oktober
p.	besagter (-n)
Prof.	Professor
RStGB	Reichstrafgesetzbuch
St.	Sankt
St.A.	Staatsanwaltschaft
u.a.	hier: und andere
usw.	und so weiter
Vgl.	Vergleiche

DER VERFASSER

Matthias Blazek

Heimatkundler.

Veröffentlichungen:

Dörfer im Schatten der Müggenburg, 1997.
L'Histoire des Sapeurs-Pompiers de Fontainebleau, 1999.
Ahnsbeck, 2003.
Dorfgeschichte Wiedenrode, 2004.
Die Geschichte der Bezirksregierung Hannover im Spiegel der Verwaltungsreformen, 2004.
Dorfchronik Nienhof, 2005.
Schillerslage, 2005.
75 Jahre Ortsfeuerwehr Wienhausen, 2005.
Hexenprozesse – Galgenberge – Hinrichtungen – Kriminaljustiz im Fürstentum Lüneburg und im Königreich Hannover, 2006.
Das niedersächsische Bandkompendium 1963-2003, 2006.
Das Löschwesen im Bereich des ehemaligen Fürstentums Lüneburg von den Anfängen bis 1900, 2006.
Das Kurfürstentum Hannover und die Jahre der Fremdherrschaft 1803-1813, 2007.
75 Jahre Niedersächsische Landesfeuerwehrschule Celle 1931-2006, 2007.
Celle – Neu entdeckt, 2007.
Geschichten und Ereignisse um die Celler Neustadt, 2008.
Die Hinrichtungsstätte des Amtes Meinersen, 2008.
Haarmann und Grans – Der Fall, die Beteiligten und die Presseberichterstattung, 2009.
Helmerkamp – unser Dorf, 2009.
Unter dem Hakenkreuz: Die deutschen Feuerwehren 1933-1945, 2009.
Zahlreiche weitere Aufsätze und Quellenveröffentlichungen zur niedersächsischen Landesgeschichte.

Matthias Blazek:
Von der Landdrostey zur Bezirksregierung – Die Geschichte der Bezirksregierung Hannover im Spiegel der Verwaltungsreformen

Sie bestanden etwas über 180 Jahre: die niedersächsischen Bezirksregierungen. Zum 31. Dezember 2004 wurde das Ende der traditionellen Mittelbehörde besiegelt. Erstmals liegt nunmehr ein ausführliches Werk zur Geschichte der Bezirksregierung Hannover vor.

Matthias Blazek, geboren 1966 in Celle, Abitur 1987 an der Lutherschule Hannover, Studium an der Fachhochschule für Allgemeine Verwaltung in Hildesheim, verheiratet, drei Kinder, Publizist, Verfasser zahlreicher Dorf- und Verbandschroniken und Autor des „Sachsenspiegels" der Celleschen Zeitung, hat sich in mühevoller Archivarbeit einem Thema gewidmet, das nunmehr auf 100 Seiten abgedruckt ist und einen interessanten wie fundierten Einblick in die Geschichte der Behörde und der Landeshauptstadt selbst gewährt.

Alles in allem liegt hier ein Nachschlagewerk für Verwaltungsmitarbeiter und Heimatkundler vor.

ISB N: 3-89821-357-9
ibidem, Stuttgart 2004, 102 S., 14,90 €

Matthias Blazek:
Hexenprozesse – Galgenberge – Hinrichtungen – Kriminaljustiz im Fürstentum Lüneburg und im Königreich Hannover

„Ich gebe zu, dass ich von vielen Kapiteln nur die Überschriften gelesen habe. Von Inquisitionen und Hinrichtungen, von Hexenverbrennungen und Martern, von Räubern, Mördern und von ihren Scharfrichtern konnte ich keine weiteren Details mehr ertragen. Aber diesen wahrhaft peinlichen Bereich der Heimatgeschichte nicht auszublenden, sondern öffentlich zugänglich zu machen, ist ohne Zweifel verdienstvoll."
Wathlinger Echo

Realität, Heimatgeschichte und Spannung in einem: Matthias Blazek fesselt den Leser mit seinem neuen Werk, „Hexenprozesse – Galgenberge – Hinrichtungen – Kriminaljustiz im Fürstentum Lüneburg und im Königreich Hannover". Der Chronist und Heimatkundler aus Adelheidsdorf hat die Ergebnisse seiner umfangreichen Recherchen in den niedersächsischen Archiven zu Papier gebracht. Zahlreiche Einzelschicksale aus den Orten um Celle, Uelzen, Lüneburg, Burgdorf, Lüchow und Dannenberg hat er zu Papier gebracht. Lücken in den Dorfchroniken werden geschlossen, wenn die Kriminalverbrechen angesprochen werden. Zu guter Letzt erfährt der Fall des Nickel List eine völlig neue Bewertung durch die Zuziehung weitgehend unberücksichtigter Quellen.

ISB N: 3-89821-587-3
ibidem, Stuttgart 2006, 320 S., 29,90 €

Matthias Blazek:
Das Kurfürstentum Hannover und die Jahre der Fremdherrschaft 1803-1813

„Schließlich kann man Matthias Blazeks Buch auch deshalb lesen, weil es – bei aller Genauigkeit – unterhaltsam ist."
Schaumburger Wochenblatt

Diese Arbeit nimmt sich der Epoche der französischen Fremdherrschaft, der „Franzosenzeit", der Jahre 1803 bis 1813 an. Es war die Zeit, in der der Kaiser der Franzosen Napoleon I. Niedersachsen in sein Kaiserreich einverleibte und für seinen jüngsten Bruder ein neues Königreich, das Königreich Westphalen, schuf. Das Kurfürstentum Hannover hatte sehr unter den Kontributionen zu leiden, die Franzosen nisteten sich scharenweise in den Häusern ein und ließen es sich gut gehen. Erst die Völkerschlacht bei Leipzig im Jahre 1813 setzte dem Treiben ein Ende.

Obwohl beispielsweise während des letzten Krieges wesentliche Akten aus der französischen Besatzungszeit 1803/04 in unseren Archiven verloren gegangen sind, können wir anhand des verbliebenen Materials doch noch mancherlei Einblicke in diese Zeit gewinnen und einige Schlaglichter auf die damaligen Verhältnisse in unserer Heimat werfen.

ISB N: 3-89821-777-9
ibidem, Stuttgart 2007, 152 S., 14,90 €

Matthias Blazek:
Die Hinrichtungsstätte des Amtes Meinersen

Inwieweit die in alten Karten eingezeichneten „Gerichte“ auch zwingend Richtstätten waren, auf denen „arme Sünder“ vom Leben zum Tod befördert wurden, ist nicht immer mit Bestimmtheit zu sagen, da die Quellenlage in Bezug auf die Kriminalgerichtsbarkeit in den Ämtern allgemein recht spärlich ist.

In Bezug auf Ohof ist die Aktenlage eindeutig. Diese Hinrichtungsstätte stellt in den Lüneburgischen Landen einen Sonderfall dar. Hier, an der Grenze Meinersens gegen Peine, war die Hinrichtungspraxis enorm. Bis zum Jahre 1829 wurden dort vermutlich fast 70 Kriminelle ins Jenseits befördert.

Matthias Blazek hat sich in mühevoller Archivarbeit einem Thema gewidmet, das nunmehr auf 150 Seiten abgedruckt ist und einen interessanten wie fundierten Einblick in diesen Abschnitt der niedersächsischen Landesgeschichte gewährt. Ein Register hilft dem Leser bei der Suche nach Angaben aus den 46 Dörfern des Amtes Meinersen. Auch das Amtsgericht Meinersen (1852-1959) ist ausführlich beschrieben.

Alles in allem liegt hier ein Nachschlagewerk für Chronisten und Heimatkundler vor.

ISB N: 978-3-89821-957-0
ibidem, Stuttgart 2008, 150 S., 19,90 €

Matthias Blazek:
Haarmann und Grans – Der Fall, die Beteiligten und die Presseberichterstattung

Der Fall um Haarmann wurde zum aufsehenerregendsten Kriminalfall seiner Zeit. Die genaue Zahl seiner Opfer konnte nie ermittelt werden, da Haarmann im Größenwahn und, um den Ermittlern zu gefallen, auch Morde gestand, die er nie begangen hatte und andererseits aus Scham das Töten von Kindern immer abstritt.

Dieses Buch setzt neue Schwerpunkte. Hier steht weniger die Vorgeschichte im Vordergrund als die Ereignisse seit Haarmanns Festsetzung. Erstmals wird der komplette Presserummel um den „Werwolf von Hannover“ ausgewertet. Bisher in der Literatur widersprüchlich dargestellte Informationen sind in diesem Buch auf Quellen basierend abgebildet.

Dem Journalisten Matthias Blazek, Jahrgang 1966, ist mit diesem Buch ein besonderes Werk gelungen, das das vorhandene Schrifttum über jenen homosexuellen Kaufmann aus Hannover, der Leid über viele Familien gebracht hat, sinnvoll ergänzt.

ISB N: 978-3-89821-967-9
ibidem, Stuttgart 2009, 152 S., 15,90 €

Danke:

Iris Basien
Eva Bischoff
Dr. phil. Kerstin Brückweh
Ralf Dose
Dr. Bärbel Fest
Dr. med. Sven Hartwig
Gabriele Helbig
Erich Hobusch
Kathrin Kompisch
Dirk Küster
Dr. Joachim Linder
Reinhard W. Moosdorf
Prof. Dr. Stefan Pollak
Hans-Ulrich Rhinow
Frank Schmidt
Pfarrer Olaf Schmidt
Felix Schuermann
Dr. Daniel Siemens
Annette Thomas
Christina Wesemann Wittgenstein

***ibidem*-Verlag**
Melchiorstr. 15
D-70439 Stuttgart
info@ibidem-verlag.de

www.ibidem-verlag.de
www.ibidem.eu
www.edition-noema.de
www.autorenbetreuung.de